MANUEL FRINCONI

MIGLIORA LE TUE FINANZE

I Segreti per Utilizzare Efficacemente
gli Strumenti Finanziari

Titolo

"MIGLIORA LE TUE FINANZE"

Autore

Manuel Frinconi

Editore

Bruno Editore

Sito internet

www.BrunoEditore.it

ATTENZIONE: investire in Borsa è rischioso

Le strategie riportate in questo libro sono frutto di anni di studi e specializzazioni, quindi non è garantito il raggiungimento dei medesimi risultati economici. I risultati passati ottenuti dall'autore non forniscono alcun tipo di garanzia per i guadagni futuri.

Il lettore si assume piena responsabilità delle proprie scelte economiche e finanziarie, consapevole dei rischi connessi a qualsiasi forma di investimento in Borsa.

I casi di studio e gli esempi contenuti nel testo sono frutto di notizie e opinioni che possono essere modificate in qualsiasi momento senza preavviso e non costituiscono sollecitazione all'acquisto o alla vendita di valori mobiliari e al pubblico risparmio.

L'unico scopo è di fornire elementi di studio sull'andamento dei mercati, pertanto non possono essere considerate come previsioni certe e non mettono al riparo dal rischio insito nelle operazioni di investimento in titoli.

L'Autore e l'Editore declinano ogni responsabilità su eventuali inesattezze dei dati riportati, danni, perdite economiche, danni diretti o indiretti derivanti dall'uso o dalla divulgazione delle informazioni contenute in questo libro.

Sommario

INTRODUZIONE

Dedico questo libro a tutti coloro che sono stati miei clienti, che mi hanno dato fiducia, fidandosi ed affidandosi alla mia professionalità, riponendo in me tutte le loro aspettative, offrendomi la possibilità di contribuire alla condivisione, e realizzazione di tutte le loro esigenze e i loro obiettivi. È stato un "viaggio" meraviglioso, umano prima che professionale. Ma soprattutto, dedico questo libro a tutti coloro che, dopo avermi conosciuto, hanno scelto di "non diventare" miei clienti (all'inizio della mia attività).

Perché i loro "rifiuti", nonostante io fossi certo della mia preparazione, dedizione e onestà, mi hanno inevitabilmente costretto a riflettere, a rivedere me stesso nei miei difetti, nei miei limiti, e in tutto quello che in me, potesse non andare. Le persone con cui interagiamo sono sempre uno specchio fedele di quanto, della nostra persona, viene percepito. E ho scoperto che spesso, quello che sono, non coincideva con quanto gli altri percepivano

riguardo la mia persona.
Di qui la riflessione che ha dato luogo ad una analisi “spietata” su me stesso. Grazie a coloro che mi hanno rifiutato, ho compiuto un percorso di crescita personale che mi ha fatto diventare quello che sono oggi: un uomo maggiormente consapevole ed attento ai diversi modi di vedere le cose, e di intendere la vita.

Mi hanno “insegnato” l’arte dell’ascolto, e soprattutto, a non essere ostaggio dei miei pregiudizi e preconcetti, molti dei quali, operano su noi inconsapevolmente in quanto facenti parte della nostra cultura, tradizionale, familiare. Mi hanno insegnato che la fiducia, è qualcosa di estremamente prezioso, quindi importante, e che non è sufficiente una solida preparazione professionale per meritarla.

La fiducia, deve essere prima nella persona, e poi nella sua preparazione. Non si concede la fiducia ad un buon professionista che non sia anche una buona persona. Mancherebbe l’elemento “sintonia” che è fondamentale perché una persona possa aprirsi ed affidarsi ad un consulente. Perché si va a trattare di un qualcosa che è quanto più intimo e delicato si possa immaginare: il denaro, strumento col quale le persone vivono, soddisfano esigenze, realizzano obiettivi, e sogni nel cassetto. Grazie a loro, ho capito che ogni persona è un mondo a parte, complesso, profondo, che risponde a logiche differenti, ma non per questo meno meritevole di altre.

Mi hanno insegnato ad essere aperto mentalmente, e grazie alle loro diversità, mi hanno arricchito enormemente, costringendomi ad diventare un uomo migliore. I loro rifiuti, sono stati il mio tesoro più prezioso.

Colgo l'occasione per scusarmi con loro, se non sono stato all'altezza, se non ho avuto la giusta umiltà di "viverli" come avrei dovuto fare. Se non ho ottenuto la loro fiducia, la colpa è stata solo mia, perché non l'ho saputa meritare.

Segreto n. 1: se vuoi il meglio, devi meritare il meglio: devi diventare ogni giorno migliore rispetto a ieri. L'umiltà è lo strumento che ti consente di migliorare.

GIORNO 1:
Vedere per capire

L'idea di scrivere questo libro mi è venuta per due precise ragioni, una oggettiva, e una soggettiva. Ma la prima, quella oggettiva, la definisco terribilmente "allarmante": l'evidente crescente incapacità da parte dello Stato, nel provvedere a quei bisogni (ed esigenze) considerati basilari per i cittadini, a cui si è accompagnata un'evoluzione profonda e radicale dei "sistemi" a tutti i livelli: sociali, economici culturali e finanziari; rappresentano entrambi due fattori cosi importanti, ed influenti, tali da poter arrivare fino ad ipotecare le sorti del nostro futuro.

Detti sistemi hanno subito dei mutamenti così importanti, sia nel bene che nel male (iniziati evidentemente nel secolo scorso), da non aver precedenti nella storia. Ancora più preoccupante è il mancato adeguamento a suddetti mutamenti sia da parte dei governi, sia da parte delle masse, che non si accorgono di quanto i "tempi", siano cambiati e in che misura. Non a caso, le classi dirigenti, non sanno come farvi fronte, mentre la gente, appare sempre più spaesata, confusa. Ma quel che è peggio, è la pericolosa "ignoranza" economica e finanziaria in cui la maggior parte delle persone si ostina nel voler permanere. La quale sarà causa principale, a mio avviso, di prossime ulteriori profonde spaccature economiche e sociali, aumentando in tal modo il divario fra ricchi, classe medie e poveri.

Molti ancora "confidano" nel concetto di "Stato assistenziale", che "deve" fornire assistenza e servizi in diversi settori ritenuti basilari. Perché a questo si era abituati. Purtroppo, non sarà più cosi. Già non è più cosi, almeno non come prima. E sarà sempre peggio. I segnali di questa tendenza sono già più che evidenti.

Perché? La realtà è che i problemi odierni, quelli per cui si parla tanto (da anni) di riforme "inderogabili" sono sorti "almeno" 30 anni fa, e non sono mai stati affrontati seriamente, in quanto provvedere alla loro risoluzione, sarebbe risultato troppo "doloroso" per la gente, e quindi "impopolare" politicamente. Per questo motivo ogni generazione politica, ne ha rimandato la soluzione a quelle successive. Nel frattempo, i problemi sociali e non, naturalmente, si sono ingigantiti, fino ad assumere le proporzioni che tutti conosciamo. Il risultato? Oggi, quei problemi sono diventati troppo grandi, praticamente ingestibili ed di difficilissima soluzione. E non possono essere risolti se non tramite delle riforme così pesanti e radicali, da stravolgere nuovamente ed ulteriormente gli attuali sistemi che si reggono in piedi solo tramite la costante adozione di soluzioni provvisorie che si susseguono l'un l'altra per tappare le falle che stanno facendo affondare la "barca" Italia.

L'entrata del nostro paese nell'euro, sta facendo emergere velocemente tutto questo. Perché non possiamo fare più come ci pare, ne sopravvivere con soluzione tampone, provvisorie. Non è l'adozione della moneta unica a creare problemi agli Italiani. Pensate che in Francia o in Germania, abbiano avuto gli stessi problemi quando hanno sostituito le singole monete con l'Euro ? No.

Motivo per cui, oggi più che mai, le classi dirigenti del nostro paese, tutte ed indistintamente, oltre a non voler rischiare il suicidio politico, non sono oggettivamente più in grado di impostare riforme veramente risolutive, e sono quindi costrette a mentire, o a continuare a proporre ed adottare soluzioni "tampone", mai radicali e risolutive.

Ad esempio, per ridurre l'inquinamento atmosferico, quello che doveva essere un rimedio momentaneo, come la circolazione delle auto a targhe alterne, o le cosiddette domeniche ecologiche, è diventato definitivo. Da dieci anni. Perché oggi, costerebbe troppo adeguare tutti i sistemi produttivi per ridurre le varie emissioni. Non si è provveduto quando si doveva e poteva, ad esempio, imponendo a suo tempo, i depuratori alle fabbriche e industrie, o dotare di sistemi di riduzione o controllo delle emissioni varie; oramai, il problema è diventato globale e per certi versi non più procrastinabile.

Aggravato dal fatto che oggi, paesi come Cina, India, stanno contribuendo enormemente a questo tipo di inquinamento. Perché stanno procedendo a quelle trasformazioni industriali che l'occidente ha vissuto a partire dal secondo dopoguerra. Solo che quei due paesi, assieme, hanno in percentuale, il 30% della popolazione mondiale, pertanto gli effetti di questa evoluzione, influenzano enormemente il resto del mondo, anche in termini d'inquinamento. Il fenomeno ha assunto proporzioni tali, da non poter essere risolto se non tramite drastiche decisioni. Risultato: a causa di questo lassismo, stiamo distruggendo il nostro pianeta.

Basti pensare anche al fatto che, come tutti sanno, il sistema pensionistico a breve, non sarà più in grado di assicurare e garantire una pensione che possa definirsi tale, nonostante saremo costretti ad allungare il corso della nostra vita lavorativa; prima il rapporto fra lavoratori e pensionati era a favore dei primi. Quindi i secondi percepivano una pensione in base al "sistema retributivo" (ossia una rendita all'80% della media della retribuzione degli ultimi anni di lavoro, quindi a fine carriera, con stipendi al massimo delle rispettive qualifiche).

Oggi, invece le rendite, sono agganciate al sistema "contributivo", ossia non più in base a quanto percepirai a fine carriera, ma solo ed esclusivamente in base a quanto **verserai** nel corso della tua vita lavorativa. Quindi dovrai versare sempre di più. Ma non finisce qui: dato che il numero dei pensionati ha superato di gran lunga quello dei lavoratori attivi (a causa dell'allungamento della vita media, cui è corrisposto per due decenni un basso indice di natalità), gli importi delle pensioni, saranno sempre più magre. La media verificata, destinata ad aumentare, è che ogni lavoratore già mantiene "almeno" due pensionati. Ogni generazione lavorativa, paga le pensioni alla precedente. Finché c'è equilibrio fra il numero dei pensionati e numero di lavoratori il sistema funziona. Ma se l'equilibrio si altera e si sbilancia nei confronti dei pensionati, il discorso si complica. Perché non bastano i soldi. Ed è quello che sta accadendo. Già da anni.

Inoltre, la politica dei governi per ragioni sociali, è: meglio poco ma a tutti, che di più ma non a tutti. Perché il loro problema, è solamente quello di evitare agitazioni sociali. Se cosi non fosse, avrebbero provveduto da tempo, a sistemare la faccenda della riforma pensionistica, non credi?

Si dice che non ci sono i soldi: come mai, visto l'enorme quantità di danaro che ognuno di noi versa agli appositi enti? In pratica con i soldi che noi oggi versiamo, lo Stato paga chi è già in pensione. Ma con i vecchi criteri. Ossia paga importi calcolati con il vecchio sistema, quello retributivo, che per lo Stato, quindi per noi, è molto più oneroso di quello contributivo. Per carità: è giusto che, chi ha lavorato per decenni, percepisca quanto maturato secondo quanto previsto dalla normativa dell'epoca (anche perché se non si salvassero i diritti acquisiti, non ci sarebbe certezza del diritto), ma, ai giovani, domani, chi pagherà le pensioni?

Se è vero che ogni generazione "attiva", paga le pensioni alla precedente, dal momento che le cose sono cambiate, come sarà possibile ottenere una pensione decente? **Non sarà possibile**. Se inoltre, nel mondo del lavoro, oggi si entra decisamente più "tardi" rispetto a ieri, e con retribuzioni palesemente inferiori e inadeguate rispetto al costo della vita, e se percepiremo una pensione in base a quanto verseremo, già appare evidente di quanto e come le pensioni future saranno totalmente insufficienti a garantire un minimo di sopravvivenza.

È stato stimato che una persona che entrasse oggi nel mondo del lavoro, con la normativa attuale (suscettibile di "peggioramento"), andrebbe in pensione con non più del 40% della sua retribuzione. Se versasse quanto deve, naturalmente. Oggi quindi, già sai che dovrai versare molto di più rispetto a quanto versavano i tuoi genitori, per avere una pensione, ma sai anche che a causa dell'evoluzione demografica del nostro paese, se sei fortunato, per i motivi esposti, percepirai un importo pensionistico pari a meno della metà dello stipendio. Conclusione sulle pensioni: verserai di più, rispetto ai tuoi genitori, e percepirai una rendita nettamente inferiore. Il problema è che per versare molto di più, dovresti guadagnare molto di più, mentre la realtà, ci mostra come invece le retribuzioni, oltre ad esser rimaste ferme da anni, rispetto al costo della vita, perdano sempre più il loro già misero potere d'acquisto.

Segreto n. 2: il non voler vedere o sapere, non risolve i problemi: ne rimanda solo la presa di coscienza e l'impostazione della loro risoluzione, con costi infinitamente più elevati.

Ma non è finita qui. Sta scomparendo il concetto della "sicurezza" del posto fisso, perché per offrire posti di lavoro, chi assume (aziende, imprese e industrie) deve essere in grado di produrre denaro, generare utili e profitti; oggi tuttavia, il lavoratore costa molto più rispetto al passato, i mezzi di produzione costano di più, le materie prime costano di più. Costando tutto molto di più, i prezzi aumentano necessariamente, quindi chi produce è costantemente alla ricerca di voci di spesa da tagliare e/o ridurre.

Ecco come in contesti simili, escono "soluzioni giuridiche" come la famosa "Legge Biagi" la quale pur nascendo con obiettivi logici e sensati, viene tuttavia applicata in maniera distorta. Inoltre il passaggio dall'era industriale all'era informatica, sta comportando non pochi problemi di adattamento, al tradizionale sistema produttivo. Senza contare che le nuove tecniche di produzione richiedono sempre meno l'intervento della manodopera umana.

Lo Stato, per primo, che non solo non "produce", ma spreca "malamente" i soldi dei contribuenti, ha fatto volutamente del precariato il suo strumento principale per risparmiare, ridurre i costi offrendo nel contempo un "contentino" alle persone che reclamano lavoro (per non rischiare agitazioni sociali, si è inventato anche i "lavori socialmente utili", o ha favorito il proliferare delle tanto discusse cooperative che gestiscono appalti, statali e locali fornendo appunto "manodopera") pagando al contempo stipendi da fame, privando totalmente i lavoratori delle più elementari garanzie. Sì, hai capito bene: lo Stato ha legalizzato il precariato, utilizzando impropriamente gli strumenti previsti dalla Legge Biagi e dalla relativa connessa normativa vigente (contratti vari, come co.co.co; co.co.pro. e contratti tutti a progetto).

Per secoli, si sono combattute battaglie sociali per migliorare le condizioni lavorative delle persone, ed oggi, siamo tornati indietro di decenni, vanificando tutti gli sforzi compiuti nel tempo, per ottenere dignità lavorativa. Il paradosso è che tutto questo, oggi, è stato assunto con "legge". Non è la legge Biagi ad essere devastante.

È come la si applica a renderla tale. Il concetto di flessibilità, di per se, ha una sua logica. Ma la flessibilità, come era nelle intenzioni di chi ha scritto la legge, doveva essere applicata a favore del lavoratore, per coniugare sempre più le esigenze lavorative del singolo con quelle mutate del mercato. Solo che lo Stato, ha scelto di utilizzare questo strumento in maniera diversa dallo scopo per cui fu ideato: per pagare meno la gente, quindi per risparmiare, privandola dei diritti e garanzie più elementari per cui si è lottato per anni, togliendo dignità al lavoratore. Avrai sentito nominare il termine "esternalizzazione".

Anche le aziende, sia chiaro, per larga parte, lo applicano in maniera distorta, ossia per ridurre le spese: hai fatto caso che quando annunciano tagli di costi (i maggiori sono rappresentate proprio dal personale) il valore dei relativi titoli in borsa, sale immediatamente? Perché riducono una fra le voci di spesa più impegnative: il costo del lavoro.

Segreto n. 3 : abbandona il concetto di Stato assistenziale, o il fatto che un lavoro "ti spetti di diritto". Prima capisci che sei tu, il "datore" della tua vita, prima saprai cercare e trovare soluzioni alternative.

Ma andiamo oltre. Non sarà più garantita **l'assistenza sanitaria,** visti i costi insostenibili che essa comporta, che assieme alla previdenza, rappresentano le voci di spesa più incisive nel bilancio dello Stato, per non parlare della crescente perdita del potere d'acquisto dei salari e delle retribuzioni, la quale farà si che si accentui sempre più il divario fra classi ricche, medie e povere, e porterà a ridurre fino quasi a far scomparire la cosiddetta classe media, colonna portante per decenni del nostro paese.

Potrei continuare ancora a lungo a elencare spiegare quelli che saranno gli elementi destabilizzanti del nostro sistema culturale, sociale, economico, frutto del volontario lassismo e della pessima gestione delle classi politiche dirigenti che negli ultimi 40 anni si sono succedute, e dell'inerzia dei cittadini di fronte a tutto questo. Ma sono certo che li conosciate tutti, in quanto palesemente evidenti; anche se troppo spesso, si fa finta di non vederli, o si preferisce "rimandarne" la presa di coscienza.

Come hanno fatto i nostri padri e i nostri nonni. Si, è colpa loro se oggi siamo in queste condizioni. Avete notato che nel nostro paese, la classe dirigente sia politica, che imprenditoriale, e industriale, è decisamente sopra molti "anta"? All'estero non è così. In Italia sì. Ma di chi è la colpa? Nostra, perché tutti ci lamentiamo ma nessuno s'impegna per cambiare lo stato delle cose. Perché continuiamo a "delegare" ad altri, quelli che chiamo i "grandi vecchi", le scelte della nostra vita sociale. A quelle persone che invece ci hanno portato negli anni, a raggiungere le attuali condizioni, le cui prospettive, se non cambiamo rotta, si presentano ancora peggiori.

È ora che prendiamo in mano le redini della nostra vita, dal momento che nessuno lo farà per noi, e che il futuro, se si prosegue su questa linea di condotta, sarà certamente fosco e plumbeo. A parere mio, fare come gli struzzi, ossia mettere la testa sotto la sabbia, nella speranza che il problemi si risolvano, o peggio ancora, che qualcuno li risolva per noi, è totalmente irresponsabile, da folli.

Nessuno penserà a noi. Tutto evidenzia questo. E se non lo facciamo noi per noi stessi, cosa ci porta a pensare che qualcun altro lo farebbe per noi? Lo Stato? Ma lo Stato, che comunque non ha più soldi per rimediare agli errori commessi nel tempo, siamo comunque, sempre noi. Non è un'entità astratta. Finché non accettiamo questo, non cresceremo. Tutti sappiamo come vanno le cose, e quanto si dovrebbe fare, per rimetterle a posto, o almeno su binari corretti, ma nessuno lo ha fatto. Né si accenna a farlo, a livello sociale, strutturale, ed economico. Quindi, è inutile lamentarsi. Non risolverebbe i problemi.

Credo sia più intelligente, oltre che l'unica cosa da fare, adoperarsi per interagire con le mutate e mutande condizioni, a prescindere dal se piacciano o meno, al fine di costruire e/o migliorare la propria posizione, per non doversi un domani ritrovare con il "cerino" in mano, senza avere a quel punto, più tempo e denaro, per impostare soluzioni ai problemi che, inevitabilmente, ci troveremo a dover affrontare, se non si inizia a provvedere oggi.

Socrate soleva dire: **un problema non esiste se si sa come impostarlo**. Perché se lo si imposta in maniera corretta, la sua risoluzione, non può che esserne l'unica conseguenza logica ! Questo non significa non importarsene del mondo, dei problemi sociali o degli altri.

C'è un detto che dice: **se vuoi cambiare il mondo, inizia cambiando te stesso**. Ed è da li che intendo iniziare. Da noi stessi. Perché noi siamo lo Stato, noi, siamo il futuro.

Segreto n. 4: se vuoi cambiare lo stato delle cose, inizia col cambiare te stesso: così facendo già vedrai le cose diversamente. Ciò che per alcuni sarà una negatività, per te, potrà rappresentare un'opportunità. È dalle inefficienze di un sistema che nascono delle occasioni.

Facendo qualcosa per noi stessi, automaticamente, la facciamo anche per gli altri, perché noi stessi, facciamo parte di "tutti" gli altri. In caso contrario, rischi di finire nella moltitudine delle persone il cui sport preferito è quello di lamentarsi continuamente, senza tuttavia aver fatto nulla di concreto per cambiare la situazione personale di cui si lamentano. A te la scelta. Questo libro non nasce con l'intenzione di "risolvere" magicamente i problemi economici e finanziari di nessuno, ne propone segreti o alchimie per diventare facilmente milionari (anche se è possibile, in quanto i criteri sono i medesimi). Nasce dall'esigenza di farne prendere piena coscienza e di

impostarne la risoluzione in maniera corretta e definitiva. Per il motivo che ha ispirato Socrate ad enunciare quella sua massima.
E personalmente aggiungerei che, spesso, **più che le soluzioni, sono importanti le domande che ci si pone.** Se ti poni domande non corrette, giungi a soluzioni non idonee. Per cui, la giusta domanda, conduce ad una corretta risposta. Le evoluzioni umane, sono sempre partite dalle domande che l'uomo si è fatto, mettendo in discussione anche l'ordine naturale delle cose. Pensa a quando si riteneva che la terra fosse piatta. O al fatto che l'uomo non potesse volare.

Se l'uomo si fosse arreso all'evidenza dei suoi limiti, accettandoli, non sarebbe evoluto come lo è oggi. Eppure oggi, si vola, si va anche nello spazio. Piccolo e fragile, l'uomo è in cima alla catena alimentare, è il padrone di questo mondo. E ciò è stato possibile solo perché non si è arreso all'evidenza dei suoi limiti, che ha superato con la sua intelligenza e creatività.

Una volta impostati ed avviati gli elementi volti ad ottenere la risoluzione dei problemi (economici, finanziari, patrimoniali), se condividi il percorso che mi accingo ad illustrarti, saranno la tua determinazione e volontà a consentirti di intraprendere il cammino che ti condurrà al miglioramento della tua situazione economico, patrimoniale e finanziaria. E sarà relativamente facile e perfino divertente.

Ma se è vero che prima di cambiare il mondo, devi cambiare te stesso, allora, è proprio da lì che dobbiamo iniziare. Perché tu, e solo tu, sarai l'artefice del tuo successo o insuccesso. Nessun altro. Questo è il prezzo della libertà: la consapevolezza delle proprie scelte, e l'assunzione di responsabilità delle medesime. Non che criticare quello che non funziona, sia sbagliato, anzi, serve a migliorare (o dovrebbe), ma da qui a non fare nulla per se stessi proprio quando le cose non vanno, lo ritengo un atteggiamento autolesionistico e perfino suicida, finanziariamente parlando.

Un giorno potresti svegliarti e renderti conto di non avere più tempo per impostare la risoluzione dei tuoi problemi, la soddisfazione delle tue esigenze o peggio ancora, per risolvere entrambi. Cosa farai se dovesse accadere, senza avere più tempo per rimediare? Prevedo che nei prossimi decenni, ci saranno milioni di nuovi poveri. Già oggi, si sente ai telegiornali che il nostro paese si sta impoverendo, che la gente non ce la fa ad arrivare alla fine del mese. Sarà sempre peggio. Perché la gente "aspetta" che le cose cambino e non si adopera per cambiare, adducendo come scusa, che non si può combattere contro il sistema. E chi ti ha detto di farlo?

Comincia a impostare la soluzione dei "tuoi" problemi, non di quelli del sistema. **Il sistema è dato dalla somma dei singoli e se ognuno provvedesse per se stesso, già sarebbe un risultato, perché avremmo sempre meno persone in difficoltà. È l'unica cosa che tu possa ragionevolmente fare. Se e quando ognuno inizierà a comprendere questo, il sistema stesso, cambierà. Come si può pensare di cambiare un sistema, se non siamo in grado di cambiare noi stessi?**

Ma da cosa nasce questa mia voglia di divulgare, spiegare, ed aiutare altri per condurli verso una maggior serenità finanziaria? Desidero condividere con te, la mia esperienza professionale, perché ti possa essere d'aiuto e di stimolo, in questo processo di cambiamento necessario. Sono stato **promotore finanziario** per diversi anni. Nella mia professione ho aiutato finanziariamente migliaia di persone (clienti effettivi), ho fatto consulenza ad altrettante persone (clienti potenziali o non stabili). Sono anche **consulente immobiliare** ed oltre a gestire il mio patrimonio immobiliare ho aiutato altri in questo settore nell'acquisto della prima casa, e di immobili ad uso investimento. Sono titolare di una società, in cui ho fatto confluire i denari di persone che, stanche delle altalene delle borse, volevano investire senza rischio, o oscillazioni da capogiro.

Quello che più mi ha fatto riflettere negli anni, è stata la mancanza di "cultura finanziaria", e di istruzione negli elementi base della economia e finanza personale da parte della stragrande maggioranza della gente. Perché non lo ha mai insegnato nessuno. Non se ne parla della necessità d'istruire le persone in materie economiche. A scuola e all'università non lo insegnano. Ma soprattutto quel che più mi preoccupa, è la ostinata intenzione più o meno cosciente nel voler permanere in questo stato di "ignoranza"da parte delle persone.

E, come è noto, l'ignoranza è la madre di quasi tutte le sciocchezze, di errori grossolani e macroscopici, che possono costare molto cari. A molti, sono costati davvero cari. Basti pensare a coloro che oggi si trovano nei guai per aver stipulato mutui a tasso variabile, o a coloro che sono rimasti intrappolati dall'acquisto di bond argentini, di obbligazioni Parmalat e Cirio, o a coloro che hanno acquistato dei titoli azionari, il cui valore si è più che dimezzato (come Telecom, Tiscali, Seat, ecc).

Molte persone hanno investito la loro liquidazione o i risparmi di una vita, e si ritrovano con il niente o poco più di niente, in mano. Naturalmente si dice e si pensa che la colpa sia "solo" di chi ha proposto l'investimento perché ci si fidava di chi ha fatto sottoscrivere investimenti fallimentari, ma non è sempre così. L'ignoranza, la presunzione (tipica dei "fai da te"), o **il delegare interamente ad altri,** senza essere in grado di poter valutare come e in che modo, gli "altri" agiscono quando gestiscono il tuo denaro o i tuoi interessi, sono tutti fattori non meno influenti, che hanno contribuito a ottenere risultati deludenti o disastrosi. O comunque non produttivi. In questi casi, si è quindi pienamente corresponsabili nei disastri riportati. Non ho mai sentito dire a nessuno: "È anche colpa mia, ho sbagliato, avrei dovuto informarmi meglio, sono stato sprovveduto, imprudente, superfiale, ho agito senza capire e conoscere, valutare, controllare, ecc". È sempre e solo colpa degli altri, del mercato, del sistema. Questo tipo di atteggiamento non solo non aiuta a comprendere gli errori commessi (solo da essi purtroppo e/o per fortuna, s'impara), ma non consente neppure di rimediare. Se a seguito di una perdita finanziaria, non si effettua una riflessione approfondita in merito, ti chiedo: a cosa serve l'esperienza? E se non comprendi l'errore, come fai a rimediare?

Spesso la gente, invece di riflettere per capire, quindi per rimediare all'accaduto, rimane impantanata nella propria emotività, e ritiene "pericolosi" gli investimenti. Troppo facile. Perché per correggere degli errori, occorre prima riconoscerli. Occorre prendere atto, rivedere, rivalutare come, dove, e perché le cose non sono andate per il verso giusto. Ma questo, implica necessariamente una dura rimessa in discussione.

È chiaro che nessuno "deve" diventare un professionista del settore, e che ognuno di noi ha il proprio lavoro, pertanto è già sufficientemente "occupato", ma ritengo indispensabile, oltre che utile, adoperarmi al fine di trasferire un minimo di conoscenza in campo economico e finanziario, per far si che **maggiori informazioni consentano migliori decisioni.** Ed impediscano quindi il verificarsi di situazioni di risparmi bruciati da scelte d'investimento superficiali, errate, non congrue o non in linea con le proprie caratteristiche/necessità o semplicemente con quanto desidera l'investitore; situazioni che potrebbero essere quindi tranquillamente evitate. Con un po' di buon senso e un minimo di cultura che consenta di capire quale potrebbe essere un investimento adatto alle proprie caratteristiche, ritengo possibile sia evitare disastri finanziari, sia al contempo, migliorare le condizioni finanziarie di moltissime persone.

Proprio come intendevo ed agivo quando esercitavo la professione di Promotore Finanziario. Solo che allora, necessariamente fornivo questi servizi solo per i miei clienti, effettivi o potenziali. Oggi, desidero offrire a chiunque ne abbia voglia e bisogno, la mia esperienza. Perché il denaro, è solo un mezzo, uno strumento, come tanti altri.

La soddisfazione, e l'assolvimento della funzione di un qualsiasi strumento (dalla penna, alla macchina, al frigorifero) derivano solo ed esclusivamente dal corretto utilizzo del medesimo. Per il denaro non è diverso. Ecco perché desidero insegnarti i criteri e le regole che ne disciplinano il corretto "funzionamento", perché tu possa utilizzarlo e gestirlo in maniera appropriata.

Segreto n. 5: maggiori informazioni consentono sempre migliori decisioni.

Oltre alla conoscenza che intendo trasferirti, l'altro elemento fondamentale per completare una "sana" istruzione finanziaria, che consenta una esatta visione delle cose per poter procedere ad una corretta pianificazione finanziaria, sarà la tua presa di coscienza del fatto che, **per cambiare o migliorare il tuo stato attuale, devi prima modificare, integrare, o riformulare il tuo modo di pensare, e quindi di vedere le cose, in campo economico e finanziario.** Laddove si renda necessario, naturalmente.

Dovrai “disimparare” molto di quanto finora hai imparato, che ti hanno detto, e molti dei precetti tradizionali ed educativi che ti sono stati inculcati, a scuola, alle università, dai tuoi genitori. Perché il problema del denaro, non è nel denaro stesso (è un semplice mezzo), ma nelle persone: nel come lo gestiscono, concepiscono, utilizzano. I tempi stanno mutando rapidamente, e occorre che anche tu, ti adegui per potervi interagire correttamente. Il mondo non sarà mai più quello di prima, e soprattutto, “corre” così velocemente che non ti consente di rimanerne all’esterno, al di fuori. Se lo fai, sei tagliato fuori, completamente. Ti costerebbe troppo caro, economicamente.

Gli attuali sistemi educativi come scuole, università, non sono in grado di insegnarti a gestire le tue finanze, perché sono di tipo “tradizionale”, ossia incardinati su programmi didattico-formativi veramente datati, oramai desueti. Appartenenti ad epoche completamente diverse, rispetto a quella odierna, sotto tutti i punti di vista.

Non dico naturalmente che non sia importante studiare Dante o Manzoni, ma se accanto a certe materie, inserissero ad esempio lezioni come "elementi di pianificazione e programmazione finanziaria", o simili, forse, avremmo più persone in grado di capire, valutare, ed agire fin dalla giovane età, impostando da subito quelle fondamenta base economiche e finanziarie, che consentirebbe loro di "costruire" il proprio benessere e la propria serenità finanziaria. A prescindere da come va lo "Stato". Per non trovarsi a dover provvedere (ammesso che sia possibile) quando può essere troppo tardi.

Vuoi un ulteriore esempio sul perché lo Stato, oltre a non poter risolvere i tuoi problemi, non intende farlo? Ti accontento: si dice (a ragione) che il nostro paese, abbia un debito pubblico elevatissimo e che ogni anno paghiamo cifre impensabili come interessi su quel debito. **Eppure sarebbe facilissimo dimezzarlo**. Non sono un genio: osservo come altri paesi hanno risolto il problema: vendendo il patrimonio immobiliare non strategico (tanto lo Stato, non è in grado di riscuotere gli affitti e non conosce neppure l'entità del proprio patrimonio immobiliare nella sua completa interezza), e le sue partecipazioni non strategiche in aziende (come quelle ex IRI).

Solo il patrimonio immobiliare (che non sa far fruttare e che costa moltissimo in termine di oneri di mantenimento) è stato valutato per un importo pari quasi alla metà del nostro debito pubblico, a cui si aggiungerebbero i proventi delle cessioni di partecipazioni non strategiche in aziende. Pari ad altri centinaia di milioni di euro. Vedi quanto e come sarebbe facile ridurre di molto il nostro debito pubblico? In tal modo ridurremmo quel debito a meno della metà, rispetto ai valori attuali. E non saremmo più costretti a pagare interessi salatissimi su quel debito. Ma il nostro Stato non lo fa, nonostante altri paesi abbiano percorso questa strada. L'ultimo a procedere in tal senso, lo scorso anno, è stato il Comune di Parigi.

Chiediti il perché, visto che non viene mai detto. Azzardo una risposta: sarebbe impopolare e politicamente non opportuno, procedere a tale operazioni! Lo sai che in Italia, gran parte degli Istituti autonomi delle case popolari sono stati commissariati perché lo Stato non riesce a riscuotere le pigioni?

Allora meglio svendere le aziende statali per fare "cassa" (privatizzazione maldestra di Telecom, svendita di Alitalia, perdita di controllo su aziende d'interesse sociale nazionale), e mostrare alla gente come, grazie al governo di turno, le cose, i conti pubblici, vanno meglio! **Ci vogliono soldi per le infrastrutture?** Ovvio. Se non ne abbiamo dove e come si reperiscono quei soldi? Occorre sempre guardare a come hanno fatto gli altri paesi: la Spagna, ad esempio, poco più di un decennio fa, economicamente era a pezzi, come la Grecia. Oggi, è un paese ricco e avanzato. Come ha fatto? Utilizzando i fondi della Comunità Economica Europea. Anche la Spagna non aveva soldi, eppure ha realizzato ugualmente quello che doveva, utilizzando fondi all'uopo destinati dalla Comunità Economica Europea.

Fondi a cui ogni paese della (ex) Comunità aveva diritto, in quanto partecipava alla loro costituzione versando denaro. Ma noi, li abbiamo utilizzati poco o nulla. E quando li abbiamo utilizzati, lo abbiamo fatto in maniera maldestra: ricordi quando costruirono l'aeroporto di Malpensa a Milano? Ma come mai da noi non solo non sono stati utilizzati, ma anzi, volutamente sono state divulgate pochissime informazioni in merito?

Lo sai che l'Italia è stato uno dei paesi che ha meno utilizzato i fondi europei previsti per lo sviluppo? A ciascuno la sua risposta. È evidente che lo Stato non provvederà né penserà al tuo benessere. Ne intende farlo finché è gestito da una classe dirigente così mediocre, impreparata e troppo spesso dalla più che dubbia moralità, così attenta unicamente alle proprie "poltrone" e troppo spesso ad interessi personali economici e non. Basta osservare come, più volte denunciato in maniera dovutamente circostanziata, da scrittori e noti giornalisti, la percentuale fra il numero complessivo di parlamentari esistente e il numero degli "onorevoli" inquisiti, sia così elevata. In questo, al mondo, non abbiamo eguali!

È vero che nessuno è colpevole fino a prova contraria, ma a mio avviso, se esiste un numero così elevato di parlamentari inquisiti, ciò dovrebbe far riflettere, oltre che sull'incapacità dei medesimi a gestire la cosa pubblica, anche sulla moralità ed etica dei nostri politici.

Per tante ragioni quindi, il nostro "Stato" (che dovremmo essere "noi" se ne fossimo consapevoli, invece di immaginarlo come un'entità astratta) continua imperterrito a sprecare le risorse nonostante i maggiori gettiti fiscali, coincidenti con le sempre più stringenti "spremiture" fiscali nei confronti dei cittadini contribuenti. Mentre la spesa pubblica continua a rimanere elevata e i costi della politica sono sempre in aumento. A te tuttavia, i politici, chiedono di tirare la cinghia, mentre "loro" si aumentano spesso le retribuzioni, e disperdono le risorse ottenute tramite sempre maggiori tosature fiscali nei confronti dei cittadini, gestendo pessimamente la cosa pubblica. Basta leggere il libro "la casta" e quelli di altri autori, in materia.

Non si tratta di opinioni, ma di fatti. Questo, è allarmante. Mi piacerebbe sapere dai giovani del napoletano, cosa pensano delle istituzioni che dovrebbero rappresentare la gente e gestire la cosa pubblica suo loro conto; del fatto che li lasciano vivere nell'immondizia da decenni. E che, nel sottosuolo della Campania, ci sono sepolti tanti di quei rifiuti tossici e nocivi da aver fatto impennare l'incidenza di patologie mortali, come tumori ecc.

E ancora, chi dovrebbe intervenire da decenni, la definisce "emergenza"! Ma è solo uno dei tanti esempi riguardo al fatto che sei solo tu che devi provvedere a te stesso. Quindi, a seguito di quanto appare così evidente, ancora sei convinto o speri che lo Stato pensi a te? Io non ci farei affidamento.
Oggi i vari titoli di studio non sono più delle rampe di lancio per un sicuro successo lavorativo, anzi, troppo spesso, molti giovani brillanti laureati vengono sottopagati, mantenuti in condizioni di instabilità per anni, o vanno ad ingrossare le file degli aspiranti operatori nei "call center". Quindi, come vedi tanto, troppo è cambiato. Non si può non prenderne atto. E non si può tornare indietro. I vecchi schemi tradizionali di educazione ed istruzione, non rispondono più alle esigenze, alle richieste e modalità di funzionamento del mondo del lavoro, non garantiscono più alcunché. Te ne sarai reso conto da solo, e non ti dico nulla di nuovo.

Il tempo è la cosa più importante che abbiamo. Nemmeno il denaro può comprare il tempo, quindi il tempo, è più prezioso del denaro. Tempo e conoscenza sono gli elementi più preziosi, mentre il denaro altro non è che un mezzo, per realizzare quello che vuoi.

La conoscenza delle dinamiche mentali da acquisire, unitamente agli elementi base circa il funzionamento della finanza personale, sono quindi gli altri due fattori importanti tanto quanto il tempo. Il tempo senza la conoscenza, serve a poco. E viceversa.

Ma quel che è più importante, sei tu: quanto sei disposto a prendere atto di quanto sto dicendo, e cosa sei disposto a fare in merito. Per te stesso. E non importa se sei un giovane con tanto tempo davanti a te, o un meno giovane cresciuto con vecchie impostazioni socio-economico-culturali, con meno tempo per adeguarti. L'importante è adeguarsi. Per quello che puoi.

Forse, non stravolgerai la tua situazione, ma sicuramente potrai migliorarla. L'alternativa… beh, penso tu l'abbia capito. **Non c'è**. Quello che conta, è che tu prenda piena coscienza immediatamente dei cambiamenti in atto. Perché dopo, ad ogni situazione corrisponde una diversa soluzione. Possibile, praticabile. Perseguibile.

Dipende tutto da te: del resto, come sempre! Vorrei fare una precisazione importante: ci sono in giro molti testi scritti da parte di autori che sono diventati milionari con le loro forze, che spiegano come hanno fatto, che percorsi hanno dovuto intraprendere, e che tipo di atteggiamento mentale hanno dovuto assumere, impostare e seguire. Ho imparato molto da quei testi, perché sono stati scritti non da astratti teorici, ma da persone che hanno vissuto sulla loro pelle tutta quell'esperienza (spesso non supportata neanche da una cultura di tipo tradizionale), che hanno raggiunto i loro obiettivi e che hanno cercato di trasferire quel tipo di percorso che hanno compiuto .

S'impara sempre e solo da chi ha più esperienza di noi; non perché ha solamente "studiato"(teoria) ma perché ha anche realizzato con successo (pratica), dopo non pochi fallimenti, quel qualcosa per cui si era preparato. Non fidarti di chi ti dice come e cosa dovresti fare, senza che l'abbia mai provato sulla propria "pelle" come esperienza diretta.

Il mondo è pieno di persone che ritengono di poter insegnare agli altri, cose che essi stessi non hanno mai fatto o avuto il coraggio di fare. Semplicemente perché teoricamente l'hanno "studiato". La conoscenza senza l'esperienza pratica, è solo un insieme di inutili " nozioni". È l'applicare, condividere e far proprio quanto imparato a dar senso e valore alla cultura. In qualunque settore. Oggi, questo è il maggior problema della istruzione scolastica e universitaria. Quando invece è corroborata e supportata dall'esperienza pratica, diventa saggezza. Questa è una grande verità che quegli autori (milionari) hanno cercato di trasferire. La teoria senza la pratica è inutile. Questo è il maggior limite delle nostre scuole, università.

Tornando a quei testi, riferiti a quei milionari, in cui essi spiegano come "tecnicamente" sia possibile per chiunque arricchirsi, forniscono i "mezzi" ossia gli strumenti, mentali e non, al fine di raggiungere lo scopo. In questo, sono loro grato per avermi fatto vedere e capire veramente come fanno i ricchi a diventare sempre più ricchi, su quali molle interiori hanno dovuto fare leva, ma soprattutto perché hanno voluto condividere con chi avesse voglia di sapere, quello che troppo spesso, la moltitudine di "colleghi" ricchi, tiene per se: il segreto del loro successo economico e finanziario.

Questo libro tuttavia, a differenza di quei testi, non ha lo scopo di renderti milionario per un semplice fatto: come essi stessi affermano, la stragrande maggioranza della ricchezza nel mondo, è detenuta da sempre, dalla stragrande minoranza delle persone e a distanza di anni o di decenni dalla uscita di quei testi, la situazione non è cambiata: la stragrande maggioranza della ricchezza continua ad essere concentrata nelle mani della stragrande minoranza delle persone, di cui loro, naturalmente e giustamente, ne fanno parte.

Se quindi, quel tipo di trasferimento di cultura finanziaria non ha alterato minimamente detta proporzione questo vuol dire che ciò che è stato valido per loro e per quei pochi che ne hanno saputo in qualche modo replicare e riadattare i contenuti al proprio modo di essere, può non risultare adatto per i molti, per la massa, per la gente comune. Per la verità, quegli autori hanno sempre sostenuto ed evidenziato di quanto loro possano "solo" trasferirti l'esperienza vissuta sulla propria pelle, e condividere il percorso che hanno dovuto intraprendere per arrivare dove sono arrivati; offendo la possibilità al lettore di evitare molti degli errori che loro stessi hanno commesso, e che hanno pagato fior di soldoni. In tal senso, quei testi hanno un valore inestimabile.

Esattamente come precisano che per essere diverso (finanziariamente), occorre pensare in modo diverso, in sintesi, occorre "diventare" diversi. "Diventa ciò che vuoi essere, e scopri il potenziale che è in te" affermano. Corretto anche questo. C'è tuttavia una selezione naturale da millenni che dimostra che pochi diventano qualcosa di diverso da quello che sono. Anche se potrebbero diventarlo.

Ferma volontà, cultura e determinazione per quanto indispensabili, da soli, come ingredienti per diventare ricchi, non sono sufficienti, anche se possono fare molto. Ci vogliono anche della "abilità" cui si è predisposti, delle "caratteristiche" personali di fatto non comuni, le quali, unitamente alla dedizione, impegno e determinazione, possano consentire di diventare "qualcuno". Non tutti hanno queste abilità, certe inclinazioni, quella stessa determinazione, non tutti sono disposti o possono permettersi di rimettersi in gioco completamente. Non tutti sono idonei a diventare milionari. E forse non tutti nemmeno lo desiderano.

Non tutti hanno delle “marce in più”. Ma non per questo, meritano di rimanere impantanati finanziariamente, a mio avviso. Molte di queste persone, sono “colpevoli” dei loro insuccessi, ma molti altri, a mio avviso, non lo sono affatto. Fermo restando che, quella esigua minoranza di persone che sono diventate ricche, e che hanno tentato di trasferire alla moltitudine i segreti del loro successo, meritano sia tutta la loro ricchezza, sia un onesto riconoscimento del loro valore, e un ringraziamento per averne voluto condividere il percorso, affinché altri possano seguirlo riducendo i margini d’errore, migliorando la propria posizione.

Questo libro, quindi non nasce per garantirti la certezza (o l’illusione) di poter diventare ricco, facendo leva sul “magnifico potenziale che è in ciascuno di noi”, ma ti spiega come e cosa fare per **migliorare la tua posizione finanziaria**, senza dover necessariamente dover diventare ciò che non sei. O per creartene una se ancora non hai provveduto.

Quindi, se vuoi diventare milionario o tentare di diventarlo, puoi tranquillamente scegliere altri testi, di autori ben più blasonati e "milionari" rispetto al sottoscritto; mentre se desideri migliorare la tua situazione finanziaria e patrimoniale nell'ambito, per quanto possibile, del tuo modo di essere e senza dover "cambiare integralmente te stesso", allora hai scelto il testo giusto. Uno strumento è idoneo solo quando si adatta alle tue esigenze.
Rimane il fatto che un certo tipo di sforzo lo devi comunque fare, perché il principale scopo che mi sono prefisso, è quello di intervenire e modificare laddove si renda necessario, gli attuali comuni schemi di pensiero, insegnati e tramandati a scuola, all'università e a casa, riguardo al denaro. Se non correggiamo e/o eliminiamo certe "distorsioni" culturali che ti sono state inculcate, e non "rivediamo" certe tue credenze in campo finanziario - prima di reinserire delle corrette informazioni, sulla base delle quali, poi diventa possibile agire - non risolviamo alcunché. Io non voglio offrirti un rimedio provvisorio, ma delle soluzioni definitive, per cui ho bisogno de la tua "collaborazione"attiva.

Agirò su di te, come su un computer, perché la mente è simile: immetti degli input, ed essa elabora qualcosa sulla base dei dati che hai inserito in memoria. Noi dobbiamo "pulire" quella memoria, "cancellare" i dati non corretti, "salvare" quelli validi, ed "inserire" nuovi dati.

Riprogrammato correttamente il tuo "cervello finanziario", potrai vedere con chiarezza cosa non va, e cosa devi fare per andare dove vuoi arrivare. Dopo, come sempre, dipende da te. Io posso solo mostrarti ed indirizzarti verso il giusto percorso, ma non posso compierlo al tuo posto. Nessuno può compierlo al tuo posto. Dovrai farlo tu.

Segreto n. 6: sei tu, il miglior investimento su cui puoi e devi puntare. Solo che la soluzione dei problemi dipende dal corretto utilizzo del medesimo che a sua volta, dipende dalla conoscenza ed comprensione dello stato delle cose, unitamente alla tua determinazione nel percorrere il cammino verso la libertà finanziaria e non solo.

Il secondo motivo (quello soggettivo) che mi ha indotto a scrivere questo libro scaturisce da quanto accennato nel precedente punto: essendo stato Promotore di Servizi Finanziari, ho avuto contatti con tantissime persone, e quell'esperienza professionale, mi ha portato ad individuare una serie più o meno comuni, ma tremendamente diffuse, di "errori" e "distorsioni" mentali in relazione al denaro, unitamente a delle sbagliate concezioni e non corretti modi di intendere la gestione delle finanze, che sono quasi sempre causa e fonte di insoddisfazioni nei risultati ottenuti positivi o negativi, rispetto agli obiettivi che comunque ci si erano preposti. Di qui, il mio desiderio di **correggere** tali fattori, e al tempo stesso, di **educare ed istruire** in maniera corretta, quindi consentire e favorire l'accesso verso un miglior benessere finanziario a chi ne avesse bisogno, o semplicemente desiderasse apprendere per capire. È questo, l'altro motivo fondamentale che mi ha ispirato alla stesura di questo testo.

Il problema non è mai negli investimenti, o negli strumenti utilizzati, quanto piuttosto nel loro corretto utilizzo, nella loro attenta combinazione, e perfetta "aderenza" alle esigenze, aspettative ed obiettivi di chi sceglie di utilizzare la pianificazione finanziaria per gestire il proprio patrimonio, per crearne uno, o semplicemente per mantenerlo.

Sono dovuto "uscire fuori" dal sistema finanziario e bancario, per poter esprimere efficacemente e integralmente tutto quanto dirò in questo libro che vi fornirà l'esatta visione di molte cose che probabilmente già sapete, ma di cui non conoscete le ragioni. Perché il sistema finanziario (banche, assicurazioni) desidera che tu rimanga ignorante, per poterti manovrare come vuole, per far si che esso continui ad arricchirsi spropositatamente con i tuoi soldi, (senza che tu possa fare nulla o capire finché permani nell'ignoranza), arrivando talvolta anche scaricare su di te, le perdite che esso riporta. Un esempio? Le obbligazioni Parmalat. Sai come mai erano in mano ai risparmiatori?

Le banche hanno trasformato le loro esposizioni verso quelle aziende insolventi e quindi decotte, in obbligazioni per poi collocarle presso il pubblico. In tal modo hanno recuperato quei fondi erogati alle aziende tramite la vendita di quelle obbligazioni, scaricando le "loro" perdite (dovute ai mancati rientri da parte delle aziende cui hanno prestato centinaia di milioni di euro) sui risparmiatori. Così è accaduto per la Parmalat, la Cirio.

Davvero pensate che quando le banche erogano centinaia di milioni di euro, non si sincerano dello stato di solvibilità di quelle aziende, o che non le controllino? Nei tuoi confronti, per erogarti un mutuo o un prestito personale nella verifica della tua capacità reditale e di rimborso, sono altrettanto “superficiali”? Se fossero state, come sostengono, in buona fede, circa la loro mancata coscienza e conoscenza riguardo le situazioni patrimoniali di quelle aziende cadute in disgrazia, come mai si sono precipitate in qualche modo a trovare accordi con le associazioni dei risparmiatori offrendo decine di milioni di euro? Per non perdere la cosiddetta “fiducia” dei risparmiatori?

Debbono “tenerci molto” a quella fiducia se si affrettano a mettere sul piatto delle transazioni con le associazioni dei consumatori decine di milioni di euro… ma, mi chiedo: se invece di tentare di “comprare” la fiducia (dopo averla meritatamente perduta), iniziassero a “guadagnarsela” agendo correttamente ed onestamente, non sarebbe meglio? Certo, ma questo tipo di fiducia, ossia quella guadagnata sul merito, costerebbe al sistema bancario, molto denaro, troppo! Allora è meglio agire in maniera meno onerosa: trasferendo e scaricando le loro perdite di centinaia di milioni di euro sui risparmiatori, rientrando quindi in possesso di quei soldi, mediante le emissioni di obbligazioni da collocare presso il pubblico, spacciandole come sicure.

È una questione di numeri: se agisco in tal modo, recupero centinaia di milioni prestati, altrimenti perduti, e se mi "beccano" metto sul piatto qualche decina di milioni per i risparmiatori che fanno ricorso. Centinaia di milioni recuperati a fronte dell'eventualità (neanche certezza) di doverne sborsare poche decine! Che dici, conviene alle banche agire in questo modo? Ovvio. Se invece agissero in modo tale da guadagnarsi la fiducia, guadagnerebbero molto di meno perché dovrebbero rifiutare di compiere determinate operazioni, guarda caso piuttosto redditizie, o assumersi le responsabilità delle loro non corrette valutazioni dei rischi di questa o quella azienda che salta!

Quindi, alle banche, conviene economicamente agire in maniera discutibile moralmente ed eticamente. Vogliamo parlare degli arrotondamenti che operano sui conti correnti di cui nessuno si accorge, in quanto nell'ordine di pochi centesimi?

Moltiplicali per milioni di clienti e vedi che cifra esce fuori! O di quelle voci relative a servizi mai richiesti, quindi mai utilizzati ma comunque pagati regolarmente per mesi, prima che ci si accorga (quando ci si accorge) di quelle voci di spesa. Poi, per carità, se qualcuno s'arrabbia e pretende i soldi indietro, glieli restituiscono, ma quante persone secondo te, s'arrabbiano e sono disposte a litigare per riavere indietro quanto illegittimamente prelevato in relazione a servizi mai richiesti e/o sottoscritti? Avete notato quanto sono solerti le banche ad applicarti ed inoltrarti il foglio delle "variazioni peggiorative" in relazione alle tue condizioni (tasso passivo) mentre non lo fanno mai nel caso in cui debbano adeguare a tuo favore (al variare dell'Euribor) i tassi attivi?

Eppure sia in termini giuridici (cassazione), che regolamentari (disposizioni A.B.I) è previsto che gli adeguamenti sia in senso peggiorativo (tassi passivi) sia in senso migliorativo (tassi attivi, ossia la remunerazione che ti devono corrispondere sul tuo conto corrente) debbono avvenire prontamente e simultaneamente in caso di variazione dei suddetti parametri di riferimento…

Il bello che è quando parlo di "sistema", mi riferisco anche a chi dovrebbe controllare: Bankitalia e Consob, della cui utilità ne dubito fortemente da anni, visto che consentono tutto questo, e intervengono sempre dopo, quando i danni sono già stati fatti, e con sanzioni assolutamente non proporzionate a quanto arrecato ai risparmiatori, nonché al dolo dimostrato mediante quel tipo di "politica" che il sistema bancario talvolta sceglie: prova a comportarti tu in quel modo, e vedi se ti va altrettanto bene dal punto di vista giudiziario! Non puoi più permetterti di rimanere "ignorante" perché come hai potuto notare, nessuno ti tutela. Neppure le istituzioni deputate ai controlli, che si comportano quasi da "complici" di questo modo di agire decisamente immorale . Sai chi sono gli azionisti di Bankitalia? Le banche: insomma, il "controllore" è partecipato dal "controllato"... e poi parlano solo del conflitto di interessi di Berlusconi!

In generale, l'ignoranza della maggioranza delle persone che ha sottoscritto certi strumenti finanziari, non è meno incolpevole di chi li ha proposti. Ma questo è maggiormente evidente per chi ha sottoscritto dei **bond argentini**.

Come si può pensare che uno strumento finanziario come le obbligazioni, tradizionalmente "tranquillo" in quanto strumento di debito (si tratta prestito, quindi non capitale di rischio come le azioni) possa rendere come e quanto uno strumento di rischio (le azioni), definito tale, in quanto partecipi al capitale delle aziende e quindi alle scelte strategiche delle medesime? Ebbene i bond argentini garantivano un interesse "superiore" rispetto ai dividendi erogati da strumenti azionari. E la gente che li ha acquistati, non si chiedeva come mai fosse possibile. Era accecata solo dall'alto rendimento, e non si è mai posta il quesito sul come fosse possibile, e perché una obbligazione potesse rendere come e più di un'azione. Se fosse ipotizzabile ottenere un simile rendimento con la tranquillità dello strumento obbligazionario, le azioni, scomparirebbero.

Nessuno pensava a questo. Insomma, le banche hanno dato alla gente, quello che la gente voleva: alto rendimento tramite uno strumento, come le obbligazioni, sulla carta, quasi privo di rischio. Se poi, quello strumento si fosse rivelato non "soddisfacente", peggio per la gente: in fondo, era quanto la gente chiedeva e quindi voleva: alto rendimento e (almeno sulla carta) bassissimo rischio!

A mio avviso, le banche non sempre hanno mentito: spesso "omettevano" talune informazioni, che oggettivamente non erano tenute a divulgare, come ad esempio, i criteri di valutazione degli strumenti obbligazionari, perché ciò è rimesso alla personale e propria preparazione ed istruzione. Nessuno degli acquirenti di bond argentini si è peritato di verificare come mai, al di là di quanto mostrato dalle banche, se quello strumento finanziario fosse stato davvero la gallina dalle uova d'oro, le banche stesse non ne avessero fatto incetta a loro esclusivo vantaggio. Invece lo hanno proposto alla gente. O come mai quell'investimento, offrisse cedole con rendimento così alto, rispetto, ad esempio, agli omologhi titoli tedeschi, francesi o americani.

Per chi non lo sapesse, i bond Argentini sono titoli di stato come i nostri BTP. Per certi versi, la banca non ha avuto bisogno di indurre ad acquistare le persone: hanno trovato semplicemente persone che accettavano di farsi fregare, senza verificare o far verificare quello che andavano a sottoscrivere. Hanno trovato terreno fertile!

Se si fossero comportate correttamente, pensi davvero che avrebbero offerto decine di milioni per sanare la situazione coi risparmiatori? Ma al contempo, pensi che se la gente fosse stata un minimo avveduta, e si fosse informata maggiormente, si sarebbe verificata questa situazione? Sicuramente in misura molto, ma molto minore nella sua entità. Dimmi, hai mai incontrato qualcuno che intendesse regalarti la possibilità di fare soldi? Per giunta senza rischio?Io mai. Spesso ho sentito dire da ex clienti che ho dovuto "riesumare" moralmente oltre che finanziariamente, dopo quegli acquisti fallimentari effettuati presso i borsini delle banche: «Ma io mi fidavo del funzionario della banca. Chi se non lui, che rappresenta una istituzione come la banca, può indirizzarmi? Di chi mi posso fidare se non della banca?» La mia domanda, quando sentivo questo tipo di considerazioni era una sola: «Chi paga il funzionario di banca? La banca naturalmente. E se lo paga la banca, secondo te, quel funzionario farà gli interessi di chi? Di chi lo paga, naturalmente». Eppure non è difficile da intuire. Quindi la responsabilità di quei disastri finanziari, è di tutti, nessuno escluso: delle banche e dei risparmiatori.

Segreto n. 7 : come afferma Kyiosaki non è mai l'investimento ad essere pericoloso: è l'investitore ad esserlo. Scienza, conoscenza e razionalità eliminano i rischi dovuti all'ignoranza e all'emotività.

Ma c'è un'alternativa? Certo che c'è: il Promotore di sevizi Finanziari. È vero che egli agisce in base ad un contratto di agenzia, per cui in qualche modo è legato alla banca, ma non essendo **dipendente** "stipendiato" dalla banca, forse, ha più a cuore i tuoi interessi, perché le sue entrate derivano esclusivamente dalle provvigioni che percepisce, quando tu paghi (commissioni) nel momento in cui sottoscrivi contratti ed elabora pianificazioni finanziarie. Se non sei soddisfatto, gli "levi" i soldi e lo cambi. Come per qualsiasi altro professionista.

In sostanza il suo guadagno dipende esclusivamente dalla tua soddisfazione, perché egli, dalla banca non percepisce alcun tipo di retribuzione. Percepisce eventualmente dei "bonus" ma solo se lavora bene e "porta" tanto denaro.

Ma il lavorare bene si misura solo dalla soddisfazione dei clienti, che quindi, gli conferiscono altro denaro e gli presentano nuovi clienti. Il lavorare bene da parte di un Promotore finanziario, si misura solo dal suo valore professionale cui deve necessariamente corrispondere la soddisfazione del cliente. Quindi, come vedi, il tuo interesse coincide con il suo. Il suo guadagno deriva dalla tua soddisfazione. Quando c'è coincidenza di interessi le cose filano per il verso giusto. Quando dall'operato di un professionista deriva la soddisfazione piena del cliente (come per i notai, gli avvocati, i dentisti e i commercialisti), entrambi guadagnano e si creano dei validi presupposti di fiducia, collaborazione ed interscambio.

Verifica se puoi, chi aveva in portafoglio titoli fallimentari come quelli prima evidenziati: se clienti delle banche (venduti tramite i "borsini") o i clienti dei promotori finanziari, e vedrai il risultato! Inoltre, il promotore finanziario è responsabile nei confronti dei clienti sia in relazione a scelte non in linea con quanto desiderato dal cliente, sia per altri tipi di errori che possa commettere. E le sanzioni vanno dalla multa, alla sospensione, alla radiazione dall'albo professionale. La sua attività è regolata dal d.lgs. 48/98, e ad esempio, non può "toccare" contanti né accettare assegni a lui intestati. Pena: la radiazione dall'albo.

Con i dipendenti della banche questo non può accadere, prima di tutto perché non sono iscritti a nessun albo professionale, quindi non sono responsabili professionalmente ed individualmente; in secondo luogo perché sono "legati" a chi li paga (sono dei dipendenti della banca, a differenza dei promotori) e vincolati da budget aziendali, pertanto sono costretti a vendere ai clienti quello che la banca impone loro. C'è un preciso articolo nel testo Unico della Finanza che obbliga il promotore, in caso di conflitto di interessi fra la banca ed il cliente, a tutelare sempre il cliente.

Il promotore finanziario, non "nasce" per vendere, ma per effettuare consulenze, in cui la vendita rappresenta solo un aspetto, una concretizzazione materiale di quanto stabilito assieme. Quindi la vendita, sulla base di quanto emerso e condiviso, dopo attenta analisi delle esigenze del cliente, è l'atto conclusivo, costitutivo della pianificazione finanziaria personalizzata.

Questo tipo di attività, le banche non la erogano, se non a clienti milionari o miliardari (private banking). Sulle assicurazioni, altrettanto, ci sarebbe da scrivere un libro a parte: collocano strumenti finanziari quali index linked e unit linked (polizze finanziarie) che per come sono strutturate dal punto di vista di ingegneria finanziaria, non potranno mai farvi guadagnare in maniera decente, a fronte del quale tuttavia, impongono dei costi di sottoscrizione assurdi e molto spesso non evidenziati a chiare note. Tecnicamente si chiamano "caricamenti impliciti" e ti assicuro che sono notevoli... per non parlare delle penalità capestro cui incorri se malauguratamente tu necessiti di quel denaro anticipatamente.

Ho visto (ed è la stragrande maggioranza delle attuali polizze esistenti) migliaia di assicurazioni "miste" ossia fatte sottoscrivere sia per il caso vita, sia per il caso morte a giovani di 20-30 anni. Perché "miste"? Perché offrendo due tipi di "protezione " naturalmente costavano il doppio o quasi!

Spiegami a cosa serve anche la copertura caso morte ad un giovane di 20-30 anni.

Forse è utile al capofamiglia monoreddito con più figli a carico, o anche senza figli ma con una moglie casalinga, in quanto se chi produce reddito dovesse morire, o comunque non più in condizione di poter lavorare, sarebbero guai per la famiglia. Anche in questo caso, non sarebbe comunque lo strumento appropriato, in quanto sarebbe preferibile una polizza che copra solo ed esclusivamente quel tipo di rischio ("temporanee caso morte"), o comunque singoli rischi, come invalidità, inabilità, infortuni . Ma a un giovane, una polizza che copra anche il caso morte, a cosa serve? L'assicurazione sa che del premio pagato, intascherà quella parte di denaro relativa al caso morte, prevedendo che non dovrà mai erogare nulla, perché le probabilità che un giovane di età fra i 20 e i 30 anni muoia, sono piuttosto basse.

L'assicurazione per il caso morte, è come quella per le auto: se non si verifica l'evento, i soldi versati rimangono acquisiti dall'assicurazione. Perché tu paghi appunto per coprirti e proteggerti da quell'evento, SE e solo SE si verifica. E le assicurazioni, calcolano qualsiasi cosa in funzione delle probabilità.

Oppure del fatto che, come mi dicono alcuni amici che lavorano presso le assicurazioni, le medesime hanno come politica primaria, quella di cercare modi di non pagare o di pagare il meno possibile, nell'ambito di quelli praticabili, cercando, trovando i cavilli più disparati, o comunque ritardando volutamente le pratiche per scoraggiare e demotivare chi chiede il risarcimento o la prestazione dovuta al verificarsi di eventi previsti, per cui si stipula l'assicurazione. Un amico, in particolare, mi ha riferito che nell'azienda per cui lavora, su questo tema, gli hanno fatto addirittura un corso interno!

Più in generale vogliamo parlare delle cosidette "gestioni a capitale garantito"? Avrai sentito pochi anni fa quelle pubblicità in cui ti dicevano che "se le borse salgono tu guadagni, se scendono, tu non perdi il tuo capitale". Chiediti come mai, quelle pubblicità sono scomparse, e soprattutto come mai, se così fosse, le istituzioni che hanno proposto simili prodotti, li hanno presentati a te, anziché sottoscriverli loro…

Insomma, cercherò di aprirti gli occhi sul come proteggerti dalle istituzioni finanziarie ed assicurative, e di come invece utilizzarle correttamente e al meglio, per i tuoi scopi, ma fondamentale sarà "rimediare" all'ignoranza e alla mancanza di un sufficiente livello di cultura finanziaria, che ha consentito a troppe persone di riportare conseguenze spiacevoli se non disastrose, a fronte del quale banche ed assicurazioni si sono arricchite enormemente. E continuano a farlo. Anche se ad onor del vero, c'è anche molta gente che sistematicamente truffa sia banche che assicurazioni. Per cui, potremmo dire che il discorso è "reciproco", ed avendoci lavorato per tanti anni, ti posso assicurare che è vero. Ma ritengo che né io, né tu aspiriamo a rientrare in questa categoria di persone.

Banche e assicurazioni assolvono a delle funzioni sociali essenziali. Nonostante rispondessero a queste fondamentali esigenze collettive, è giusto che guadagnino perché sono delle imprese, non degli enti di beneficenza.

Tuttavia, se esercitassero la loro attività in maniera corretta, trasparente, e soprattutto nel rispetto dei clienti, raggiungerebbero lo “scopo sociale” alla grande, forse con maggiori ritorni, e certamente con piena soddisfazione da entrambe le parti. Il problema è che vogliono fare soldi in fretta, perché essendo quotate presso la borsa valori, ogni tre mesi sono soggette alla pubblicazione dei dati trimestrali di bilancio. Se chi le valuta, (uffici studi di altre banche, di case d’investimento, o agenzie di rating) dovesse emettere un giudizio negativo, questo si rifletterebbe sia sul valore del relativo titolo, sia sui maggiori interessi che dovrebbero corrispondere relativamente all’emissione di alcuni loro strumenti finanziari che servono per reperire liquidità. E questo, in aggiunta alla pressione degli azionisti che vogliono riportare profitti in breve termine, spesso le conduce verso scelte strategiche discutibili. Perché se i conti non sono a posto, la quotazione del relativo titolo, ne risente, e debbono remunerare maggiormente chi “presta” loro denaro.

Tieni presente che le banche, proprio come te, comprano il denaro, e proprio come per te, tanto più è affidabile, tanto meno gli costa. A parte questo, non hanno capito, o meglio, non vogliono capire che "il valore" si crea nel tempo, con precise strategie e politiche volte al miglioramento dei prodotti e servizi offerti, che conducono alla soddisfazione del cliente.

Perché in definitiva è il cliente il vero "datore" di lavoro delle banche e delle assicurazioni. E dalla sua soddisfazione deriva il loro successo. Per cui, dovrebbero non curarsi del fatto che, momentaneamente, il valore della quotazione del loro titolo possa oscillare, a fronte di un incremento stabile e duraturo di quel valore che otterrebbero se costruissero nel giusto tempo, quel legame di fiducia con i clienti, che contribuirebbe al successo, a quel punto meritato, dell'azienda. Ma si preferisce l'uovo oggi, piuttosto che la gallina domani. Non basta, tornando al Promotore finanziario, trovare qualcuno che "agisca" al tuo posto per il semplice fatto che è un professionista esperto del settore di riferimento: devi essere comunque in grado di capire, valutare e controllare il suo operato, per poterlo giudicare correttamente. In ogni settore c'è il professionista valido, quello meno valido e quello disonesto. Anche in quello dei promotori finanziari.Tu devi essere in grado di capire chi hai scelto, in quale di queste 3 categorie rientra.

I successi o gli insuccessi, dipendono sempre e solo da noi stessi. E se noi per primi non riserviamo la giusta attenzione alle nostre finanze, come possiamo pensare e pretendere che lo facciano altri?

RIEPILOGO SEGRETI DEL GIORNO 1

- SEGRETO n. 1: se vuoi il meglio, devi meritare il meglio: devi diventare ogni giorno un po' migliore rispetto a ieri. L'umiltà è lo strumento che ti consente di migliorare.
- SEGRETO n. 2: il non voler vedere o sapere, non risolve i problemi: ne rimanda solo la presa di coscienza e l'impostazione della loro risoluzione, con costi infinitamente più elevati.
- SEGRETO n. 3: abbandona il concetto di Stato assistenziale, o il fatto che un lavoro "ti spetti di diritto". Prima capisci che sei tu, il "datore" della tua vita, prima saprai cercare e trovare soluzioni alternative
- SEGRETO n. 4: se vuoi cambiare lo stato delle cose, inizia col cambiare te stesso: così facendo vedrai le cose diversamente. Ciò che per alcuni sarà una negatività, per te, potrà rappresentare un'opportunità. È dalle inefficienze di un sistema che nascono delle occasioni.
- SEGRETO n. 5: maggiori informazioni consentono sempre migliori decisioni.
- SEGRETO n. 6: sei tu, il miglior investimento su cui puoi e

devi puntare. Solo che la soluzione dei problemi dipende dal corretto utilizzo del medesimo che a sua volta, dipende dalla conoscenza ed comprensione dello stato delle cose, unitamente alla tua determinazione nel percorrere il cammino verso la libertà finanziaria e non solo.

- SEGRETO n. 7: come afferma Kyiosaki non è mai l'investimento ad essere pericoloso: è l'investitore ad esserlo. Scienza, conoscenza e razionalità eliminano i rischi dovuti all'ignoranza e all'emotività.

GIORNO 2:

Perché siamo dove siamo

Per capire dove vogliamo andare, e quindi individuare il tipo di percorso adatto a noi, quello che vogliamo intraprendere al fine di migliorare la nostra situazione finanziaria, è fondamentale valutare e comprendere esattamente dove siamo. Non solo: è di vitale importanza capire in base a quali parametri mentali e culturali siamo arrivati in un dato punto (finanziariamente parlando). Quindi perché.

Effettuati questi due passaggi, possiamo agire nella direzione che sceglieremo. Non prima. Perché? Il "dove" siamo, ci mostra se stiamo andando bene, nella direzione che volevamo, e se la risposta è positiva, ci illustra a che punto del percorso siamo. Ciò serve per valutare se possa esser opportuno apportare dei correttivi al fine di raggiungere i nostri obiettivi nel modo più semplice e lineare possibile. O riportarci entro i "binari più corretti", se si rivelasse opportuno agire in tal senso.

Se invece non siamo dove avremmo dovuto e/o voluto e/o potuto essere, allora occorre capire come mai quello che ci sta accadendo finanziariamente non è in linea con le nostre aspettative nonostante i nostri sforzi. Per poi poter rimediare. Quasi sempre, quando si verifica questo scostamento fra obiettivo preposto e mancato risultato, deriva da un errato approccio, da una non esatta o completa valutazione della propria situazione, nonché da una conseguente mancata corretta applicazione di strumenti finanziari, immobiliari o quant'altro, selezionati e impiegati al fine di centrare quegli obiettivi, per cui ci si è adoperati ed impegnati.

Ma il punto più importante, a mio avviso, per esperienza, causa peraltro di gran parte delle insoddisfazioni economiche e finanziarie, deriva prevalentemente da una mancata cognizione e conoscenza dei principi basilari che regolano il mondo (tutto ed indistinto) degli investimenti, di qualsiasi genere.

In sintesi, è l'ignoranza la madre di quasi tutti gli errori che si compiono. Per ignoranza, non intendo solo la mancanza di cultura basilare in settori economici d'interesse; intendo anche la non corretta e/o parziale conoscenza e comprensione relative a quei principi economici e finanziari che, sia i nostri genitori, sia il sistema "istruzione" fin da piccoli, ci ha inculcato, e che quindi abbiamo assunto come assiomi o come verità. Che non abbiamo mai messo in discussione, in quanto essendo l'unica "realtà" che ci è state proposta, l'abbiamo sempre assunta e ritenuta come tale.

Non che ci abbiano insegnato sciocchezze. Ma quel tipo di "cultura" (economica e finanziaria), è oramai obsoleta, non più rispondente alle esigenze moderne ed odierne, quindi in netto contrasto con il mutare dei tempi, con le condizioni attuali, e in definitiva, non più in linea con le regole che disciplinano il corretto funzionamento del nostro attuale mondo economico e finanziario. E questo contrasto, sarà destinato ad acuirsi sempre più, se rimaniamo attaccati ancora a certi vecchi schemi.

Un esempio: da piccolo i miei genitori (come tutti i genitori) mi dicevano: «Studia, preparati al meglio, e in tal modo avrai più possibilità per ottenere un lavoro professionalmente più gratificante da tutti i punti di vista.» La realtà di oggi? I ragazzi, studiano fino a 28 anni (comprese le specializzazioni professionali come l'esame di Stato per diventare medico, avvocato, commercialista ecc) ammesso che si laureino in tempo; se poi, non “ereditano” uno studio, si ritrovano per ulteriori lunghi anni, a fare gli stipendiati sottopagati presso altri professionisti.

Si chiama “pratica” (mentre io la definisco fare i “portaborse”), e se sei fortunato trovi chi davvero ti insegna, durante quel periodo. Ma troppo spesso, non è neppure così. Il procedimento appare logico, corretto. Tuttavia si ritrovano spesso verso i 30 anni, terminata la “pratica”, a non aver ancora creato una seppur minima posizione per se stessi e la propria famiglia. Anzi, di frequente, non sono in grado di potersi permettere una famiglia, o di staccarsi finanziariamente da quella di origine!

Tu mi dirai: «Ma è così, che ci posso fare?» Dopo vedremo cosa e come. Ha riassunto bene il concetto (pur ironizzando a sproposito sulla drammaticità della situazione, oltre che ad aver dimostrato un pessimo gusto con la battuta) il ministro Tommaso Padoa Schioppa, definendo i giovani che alla soglia dei 30-40 anni, ancora vivono con i genitori: dei “bamboccioni”! Ma ha evidenziato l’esatto stato dei fatti: la realtà. Eh già, come potrebbe un giovane che studia (teoria) per così tanto tempo, ed entra quindi tardi nel mondo del lavoro, avere del denaro per mantenersi da solo, sulle proprie forze? Un giovane che, all'inizio della sua carriera lavorativa, è peraltro troppo spesso retribuito in maniera totalmente inadeguata rispetto al costo della vita e alla sua qualifica professionale per cui si è preparato.

Per svariati anni, grazie al precariato "legalizzato", un giovane si trova in condizione di non poter ad esempio, contrarre un mutuo per acquistare un piccolo appartamento, visto che le banche, se non si offrono, almeno garanzie di continuità e certezza di stipendio, difficilmente erogano denaro. Lo stesso dicasi per ottenere un prestito personale al fine di poter avviare un'attività commerciale o professionale.

Ho un amico che sta tentando di aprire una agenzia immobiliare dopo aver superato l'esame di agente immobiliare: sta chiedendo un prestito da 20.000 euro per avviare la sua attività, e le banche gli chiedono il modello unico. Come può presentarlo, se ancora non ha iniziato? Non sa come fare! Ha solo la sua "professionalità" come "garanzia". Non basta. Quindi dopo il conseguimento più o meno sudato dei vari titoli di studio, che vengono tradizionalmente considerati “indispensabili”, vista la carenza di offerta di lavoro i giovani sono costretti ad accettare quello che il mondo lavorativo offre loro: posti professionalmente di livello inferiore rispetto alla propria preparazione, quasi sempre malpagati, e quel che è peggio, senza garanzie contrattuali, e quindi, in parole semplici, senza prospettiva alcuna. Spesso neppure in settori attinenti agli studi compiuti.

Quindi, o si “eredita” uno studio professionale, un’attività, o si è dei “geni” nelle proprie materie per poter emergere, oppure la situazione diventa difficile: dopo tutti gli sforzi e i costi della preparazione professionale (siamo quindi attorno ai 30 anni) ora occorre farsi la propria clientela, cosa che richiede ulteriori spese ed anni. Perché c’è maggior preparazione professionale oggi, rispetto ai tempi dei nostri genitori, in cui la laurea, essendo appannaggio di pochi, garantiva maggiori possibilità di ottenere un lavoro in linea con le loro aspettative.

Oggi, è stato stimato, ad esempio, che il numero di avvocati nel Lazio, è pari a quello dei colleghi di tutta la Francia. Anche per chi, non essendo portato per lo studio, desidera avviare un'attività commerciale, prima era più facile: oggi le grandi catene di distribuzione, come è noto, hanno "massacrato" le piccole e medie attività. Quindi c'è una concorrenza decisamente molto aspra, per certi versi, imbattibile (soprattutto nei confronti della grande distribuzione) dovuta anche al fatto che molti prodotti/servizi, oggi si vendono tramite internet, strumento che ha notevolmente diminuito i costi, rispetto ai tempi passati, quando si utilizzavano diversi metodi di vendita. In tanti settori.

Due mesi fa è nato mio figlio e io ho acquistato tutto su internet: 300 pannolini a 40 euro, la carrozzina direttamente dalla fabbrica e via dicendo, risparmiando non poco.

Se lo "studio" o l'attività commerciale poi, non decollasse, ci si ritrova alla soglia dei 40 anni, rendendosi conto che le cose non sono andate come si voleva, che oramai è tardi per "riciclarsi" in altre professionalità, non si riesce a comprenderne il perché del fallimento, soprattutto dopo aver sgobbato tanto suoi libri, o nella propria attività, nel cercare di farsi una propria stabile clientela. Allora ci si sente frustrati, sfortunati, persino depressi. Eppure ci si è impegnati a fondo! Cosa non è andato, e perché?La verità è che oggi in molti dei tradizionali settori economico professionali, c'è troppa concorrenza: con il miglioramento delle condizioni di benessere, dal secondo dopoguerra ad oggi, è aumentato notevolmente anche il numero dei laureati, e molte più persone hanno compreso l'importanza della istruzione, peraltro accessibile ad un numero sempre maggiore di individui. Quindi, per decenni, più persone hanno studiato, pertanto ci troviamo con un numero elevato di professionisti quali medici, avvocati, commercialisti, ecc.

Sono gli svantaggi del benessere, dell'economia di scala e tecnologica: si riducono i prezzi (perché si incide sensibilmente sui costi) grazie alla grande distribuzione e diffusione anche tramite internet (e questo è un bene),ma al contempo, per gli stessi motivi, si riducono anche i posti di lavoro (e questo è un male).

Questo tipo di "progresso", può esser foriero di due tipi di sviluppi: **crisi** per chi non si adegua e rimane agganciato a vecchi schemi e sistemi produttivi; **opportunità** per chi sa coglierne i vantaggi che esso offre, e sfruttarli a proprio favore. Un esempio di come si possa "coniugare" una professione tradizionale con le opportunità offerte da internet: prima, per avviare il tuo studio professionale, dovevi sostenere delle spese per: affitto studio, acquisto materiale da ufficio, telefono, fax, e quant'altro necessario. Dovevi anticipare una cifra fra i 7.000 euro e i 10.000 euro. Oggi, con circa 1.000 euro, ti puoi costituire il tuo sito internet, che equivale ad uno "studio virtuale", che oltre a costare molto meno, al contempo assolve ad un'altra fondamentale funzione: **quella pubblicitaria!** Costa meno, e ti offre molto di più.

Lo stesso esempio si può riportare per un'attività commerciale. Molti mi dicono: ma poi, i clienti, dove li ricevo? Io rispondo: un po' di iniziativa, perbacco! Chi ha detto che li devi ricevere da qualche parte? E se invece, tu, oltre ad offrire il tuo servizio professionale, lo offrissi presso il domicilio del cliente, sarebbe un punto in più a tuo favore o no?

Ancora pochi offrono questo tipo di servizio. Oggi, la concorrenza si basa sulla qualità e quantità dei servizi offerti. Offrire qualcosa a domicilio, è un valore aggiunto che qualifica il servizio che offri. Ho conoscenti che fanno a domicilio:

cuochi, personal trainer, parrucchieri, massaggi, lezioni private, e offrono consulenze professionali di qualsiasi genere.

Non hanno studio, locali, quindi non sostengono spese rilevanti. Ma lavorano ugualmente, e tanto anche. Anzi, hanno il problema di come abbattere fiscalmente gli utili, dal momento che hanno poche spese grazie a questo strumento, che al contempo fornisce anche un vantaggio in termini pubblicitari: sei raggiungibile da chiunque, in qualunque parte del mondo!

Ricevono mail di richiesta informazioni su prezzi, servizi, e rispondono nella stessa maniera. Uniche spese che sostengono: computer, sito internet personale, e cellulare. Poi, se le condizioni lo rendono indispensabile, a quel punto, si può anche prendere in considerazione di aprire fisicamente uno studio o un negozio.

Ma quando davvero sei così pieno di lavoro tanto da rendersi indispensabile procedere ad un salto di qualità. Non prima. A quel punto, avendo già un proprio portafoglio clienti importante, si può investire ulteriormente. Perché non è più un rischio, ma una necessità.

Non è forse vero che molte aziende, vendono oramai solo su internet, e molti professionisti, hanno fatto di questo strumento, il loro punto di forza, risparmiando notevolmente sui costi pubblicitari relativi ad altre forme di pubblicità tradizionali?Ieri ho ordinato su internet 500 pannolini per mio figlio, e ho pagato 70 euro!

Ecco perché dico che le novità introdotte dalla tecnologia possono essere fattori di crisi, o di opportunità, a seconda di come le "vivi" e le vedi. È proprio vero quanto afferma "compagno secundo" (componente di una nota band musicale: "buena vista social club") quando in una sua canzone dice "**dipende, da che punto guardi il mondo tutto dipende**".

Pensa solo a chi ha inventato "eBay". Non si è inventato nulla di nuovo: esisteva già: Porta Portese (la rivista), Secondamano, Bacheka! Ti dirò di più: l'idea esisteva già da decenni, ai tempi dei nostri genitori: ricordi la rivista Supermarket? Solo che l'idea oggi, è stata "traslata" su internet, e riportata su scala mondiale. Dipende sempre da come ti poni di fronte alle novità. Mai dalle novità in sé.

C'è un proverbio che recita: il pessimista vede un pericolo in ogni opportunità, l'ottimista invece un'opportunità, in ogni "pericolo" (novità)! In sintesi è sempre il mercato che rileva e determina lo stato dei fatti, tramite l'incrocio fra domanda e offerta. Se molte di quelle categorie professionali, o attività, una volta considerate finanziariamente d'elitè, oggi, non sono più considerate tali, è perché evidentemente c'è più offerta che domanda. O perché non si sono adeguate ai tempi (e relativi mezzi) che sono cambiati. O forse anche perché oggi, il mercato predilige altri tipi di professionalità o attività richieste dal mercato.
Andare contro il mercato, è sempre scelta perdente.

Segreto n. 8: l'ignoranza e il non volersi adeguare ai tempi che cambiano, sono madri di tutti gli insuccessi.

Conosci la vecchia battuta, che l'idraulico guadagna soldi a palate! Perché nessuno oggi, ritiene "dignitoso" fare l'idraulico. Quindi quei pochi che ci sono, guadagnano moltissimo. È una legge di mercato: se la domanda supera l'offerta, il prezzo del bene/servizio offerto, cresce! Del resto, chi non ha mai avuto bisogno dell'idraulico? Anche del dentista non si può fare a meno, ma si torna al discorso di prima: ci sono molti dentisti e avviare uno studio costa moltissimo. Sempre a meno che non si eredita lo studio.

Non dico che dobbiamo tutti diventare idraulici, falegnami, o imparare arti e mestieri di una volta, oramai scomparsi. Dico che occorre prendere atto che ciò che valeva negli ultimi tre decenni per avere una soddisfacente vita economico professionale, oggi, non vale più. Perché sono cambiati i parametri socio-economico-culturali. Prima la laurea era quasi garanzia di lavoro, poi, tale sembrò essere il "master", infine l'estrema specializzazione (che ho sempre considerato un rischio in caso si rendesse necessario doversi "riciclare" professionalmente).

Oggi, nulla di tutto questo, sembra più garantire alcunché. Neppure funzionare. Non ti pare che questo stato dei fatti, meriti una profonda riflessione su quanto e cosa sia cambiato? Ma soprattutto di cosa si possa o debba fare per "rientrare" in qualche modo, nel mercato del lavoro? I giovani soprattutto sono spaesati: non capiscono cosa debbono fare. Perché non vedono alternative. **È qui il problema**: il non vedere alternative. Perché si è ancorati ai vecchi schemi che impediscono di vedere, capire. Forse, questo cambiamento, merita una riflessione. Ma, il posto fisso, così agognato, ci salverebbe da tutto questo? Contrariamente a quanto si pensi, no.

Il medesimo discorso vale anche per gli impiegati e i dipendenti: a parte il fatto che senza raccomandazione non si entra da nessuna parte nel pubblico, avrai rilevato come il costo della vita, soprattutto dopo l'entrata in vigore dell'euro, è raddoppiato: quello che prima costava 1.000 lire, oggi costa un euro. Peccato che i salari e le retribuzioni, a differenza dei costi, non si siano adeguati (leggi "raddoppiati") alla moneta unica, e quindi al costo della vita!

Non solo: queste ultime categorie, non otterranno mai una adeguata rivalutazione delle loro retribuzioni, per il semplice fatto che, se si "tira troppo la corda" sulla questione salariale e reddituale, le industrie, le imprese, le aziende, in generale quasi tutto il sistema produttivo, sposterà (come già sta facendo da un decennio) l'attività di produzione all'estero; ad esempio nei paesi dell'est appena entrati nell'area euro, o in quelli in cui comunque, anche se non appartenenti all' Europa Unita, il costo del lavoro è di molto inferiore al nostro. Già oggi grosse aziende producono in quei paesi, o in Cina, India, ecc. La Fiat in Italia non produce quasi più nulla. Le grosse case di moda, appaltano tutto ai cinesi. Per il sistema produttivo, quindi, ci sono soluzioni alternative. E per i lavoratori? La cassa integrazione, o a casa.

La pubblica amministrazione? Peggio ancora: se lo Stato non ha soldi per provvedere ai cittadini (pensione, sanità, scuole, infrastrutture), ne avrà sempre meno per pagare i suoi dipendenti. Da noi, per ragioni clientelari, i dipendenti sono troppi. È cosa nota. Si litiga (parti sociali e governi) per migliorie in busta paga, nell'ordine di 100-120 euro! Pari a quasi 2 pieni di benzina (finché non aumenta il costo del carburante e tutto porta a pensare che sicuramente aumenterà sempre più) o ad una spesa al supermercato!

Si tratta di elemosina. Qualcuno dirà: meglio averli che non averli. Io rispondo: non lavoro per avere l'elemosina! Per avere l'elemosina, mi metto ad un semaforo, e forse guadagno anche di più. Un lavavetri, mediamente attivo, è stato stimato che possa guadagnare circa 20 euro al giorno, pari 600 euro al mese, esentasse. Molti di più di quanto "elargisce" lo Stato, o ottengono i sindacati nei confronti con il sistema produttivo. A proposito, le elargizioni, ossia quei 100-120 euro per cui si lotta e si sciopera, sono naturalmente sistematicamente al "lordo" delle tasse!

L'ulteriore dimostrazione che lo Stato non ci pensi minimamente al tuo "benessere", l'hai sotto gli occhi: come illustrato, ha legalizzato il precariato, facendolo apparire come "flessibilità" necessaria per poter lavorare "finché" non si ottiene un posto a tempo indeterminato. Che non ti offrirà mai. Si chiama "presa in giro".

Il risultato? Da anni i nostri giovani sono a contratti del tipo co.co.co, co.co.pro, a progetto. Prendi gli ospedali: "esternalizzano" qualsiasi tipo di sevizio, e spesso anche le direzioni sanitarie, sono " a contratto". Ossia precarie.

La mia compagna, è medico da 10 anni, con tanto di dottorato di ricerca, e al suo attivo, un elevato numero di pubblicazioni nella ricerca (è infettivologa) che riportano il suo nome: è precaria da 10 anni, nonostante l'esperienza, l'elevata preparazione culturale (dottorato di ricerca). Ha fatto anche volontariato per anni nella Croce Rossa e lavorato prevalentemente nell'emergenza (pronto soccorso) tanto da esser stata chiamata da Emergency in Afghanistan per via della sua esperienza.

Ma è tutt'oggi precaria nel pronto soccorso di Frosinone! Quindi come vedi, la preparazione professionale, oggi più che mai, non garantisce la certezza di un lavoro, quindi di un guadagno soddisfacente, in linea con le proprie aspettative e preparazione. Nessuno in sostanza, può stare tranquillo, a meno che non si ritrovi fortune indipendenti dalle proprie azioni, quali eredità, lotterie, o cose simili.

Né lo Stato provvederà per noi. Non può. Perché lo Stato siamo noi, e per rimettere a posto le cose, ci vorrebbero anni, e riforme radicali, nonché miliardi di euro, che dovremmo comunque sempre pagare sempre noi cittadini. Cosa non possibile perché la pressione fiscale è già alle stelle da anni, inoltre abbiamo un enorme debito pubblico da mantenere. Occorre iniziare a prender coscienza e consapevolezza che dobbiamo da subito fare qualcosa, una volta che abbiamo accettato di voler vedere nella sua interezza, valutato e compreso appieno la gravità della situazione attuale, i possibili sbocchi che possono derivarne. **Ma cosa si può fare?**

In primo luogo, rivedere quello che credevamo logico, saggio e giusto: tutto quello che ci è stato inculcato fin da piccoli, dalle scuole, dalla società, e dai nostri genitori, in merito a cosa si deve fare per costruirsi la propria vita dal punto di vista finanziario.

Segreto n. 9: rimettere in discussione le proprie certezze, ha consentito all'uomo di superare molti dei propri limiti. L'evoluzione è frutto del non aver mai accettato le cose per come apparivano.

Come detto in precedenza, per certi versi, dobbiamo disimparare quello che abbiamo imparato, e trovare percorsi differenti, strade alternative e aggiuntive, insomma, occorre assumere nuovi tipi di "approcci mentali". L'esempio che ti ho riportato prima sulle applicazioni che internet può offrire, ne è una valida prova. Perché c'è già chi l'ha fatto. I nuovi ricchi, sono diventati tali, in tempo brevissimo, proprio grazie alle infinite potenzialità che quello strumento offre, per chi sa coglierle. Io stesso, come vedi, ho pubblicato questo libro su internet.

È necessario vedere e valutare la vita finanziaria in maniera diversa, perché è tutto cambiato. Nulla è come prima, e non lo sarà mai più. Chi non è disposto a rimettere in discussione il proprio bagaglio culturale e quindi se stesso (dal punto di vista economico) è condannato. Chi non si adegua alla evoluzione dei tempi, è tagliato fuori irrimediabilmente, e davanti a se avrà solo una vita di insoddisfazione economica, professionale, e quindi personale.

Un detto recita che "per aprire gli occhi, basta un istante, ma per vedere può non bastare una vita". E ce ne sono tante di persone che nonostante avessero la evidente realtà sotto gli occhi, si rifiutano di voler vedere, e di prendere atto dei profondi mutamenti avvenuti e quindi di interagire con i medesimi. Il senso e lo scopo di questo libro, è nell'aprirti gli occhi, o nel cercare di farlo. Perché tu, una volta superato lo sgomento iniziale (dovuto alla esatta percezione della realtà che ci circonda, del futuro che ci attende se non provvediamo, e di quanto quello che abbiamo fino ad oggi creduto, fosse in realtà ampiamente superato), possa intraprendere quel percorso, che ti conduca alla serenità finanziaria che cerchi. Non è per questo che studiamo e lavoriamo?

Molti "anziani" spesso mi dicono: «Sono corsi e ricorsi storici, tutto torna di moda prima o poi, e le cose si aggiustano ricollocandosi nei giusti binari, cosa ne è stato della new economy? Si pensava che la ricchezza potesse derivare dai servizi e non più dai prodotti, e così non è stato… il Nasdaq, ancora paga quell'illusione…» e concetti simili. Sorrido loro quando sento queste frasi. Pensa solo un momento al cellulare: da quando c'è, come è cambiata la tua vita? Potresti mai tornare indietro?

Oppure gli airbag delle auto, i satellitari, i televisori al plasma, Sky, internet, i telepass autostradali. Tutte cose che hanno in maniera irreversibile, cambiato le nostre vite e per certi versi il nostro modo di pensare e quindi di essere. Proprio come l'avvento della televisione e delle automobili, cambiò lo stile di vita delle precedenti generazioni. Credi davvero che sia possibile tornare indietro? Io no. Oggi, siamo nell'era informatica, che comporterà ulteriori profondi cambiamenti, soprattutto nel nostro modo di essere. È notizia di poche settimane fa: la Sony ha ufficialmente comunicato che cesserà definitivamente la produzione di televisori a tubo catodico, a favore di quelli al plasma e a cristalli liquidi. Ti rendi conto del fatto che non si può tornare indietro?

C'è sempre molta saggezza nelle parole degli anziani, semplicemente perché avendo più esperienza di vita, certamente possono insegnarci qualcosa. Ma i cambiamenti che hanno caratterizzato questo secolo, sono stati così veloci e profondi che non si rendono conto. Non possono, perché la loro mente è stata "tarata" su credenze e parametri oggi non più idonei e in linea con la nuova era informatica.

Non hanno avuto il tempo e soprattutto la necessaria apertura mentale per adeguarsi. In quanto figli della loro cultura, quindi, di epoca diversa. Quello che mi stupisce, ad esempio, non è tanto che le vecchie generazioni siano poco avvezze all'utilizzo e alla comprensione del computer, quanto piuttosto, il fatto che sono decisamente poco inclini a voler vedere, valutare, imparare a sfruttare bene le potenzialità che detto strumento propone. Se non altro per curiosità. Hanno quasi un'avversione al computer. E lo utilizzano il minimo indispensabile, senza essere appunto incuriositi dalle potenzialità. Lo usano malvolentieri, solo per quel che serve loro. Non sono interessati a vedere cosa si può fare, con il computer.

È qui, il problema: la mancanza di stimolo e di curiosità rispetto al nuovo; ma finché riguarda chi ha già terminato o quasi il proprio percorso di vita lavorativo, non rileva più di tanto. Quando invece riguarda i giovani, è un grosso problema. Per il loro futuro. Il mondo, si sarebbe evoluto, se l'uomo non fosse stato curioso? La curiosità, è la molla della conoscenza. L'apertura mentale al nuovo, fa crescere. Sempre.

Ognuno ha i propri limiti, naturalmente, ma troppo spesso, ce li poniamo noi stessi. Una volta, sembrava un'eresia che l'uomo potesse volare nei cieli, nello spazio, o dire che la terra anziché piatta, fosse rotonda. Ma quei limiti l'uomo li ha superati. E molti altri ancora. La velocità di questi mutamenti, riguardo i nostri genitori e la loro generazione, è stata superiore alla loro capacità di comprenderli. La New economy, in Borsa, e precisamente al Nasdaq (indice dei titoli tecnologico Americano) subì quella battuta d'arresto momentanea che tutti conoscono, proprio per questo motivo: la tecnologia corre ed evolve molto rapidamente, in misura spesso maggiore di quanto siamo stati educati, disposti, e pronti a recepirla. Ed a utilizzarla.

Ma non penso che si possa tornare indietro. Non questa volta, e non dopo lo scorso secolo, che per quantità e rapidità nelle evoluzioni così radicali, non ha precedenti. Mi rimase impressa la pubblicità di qualche anno fa che la Pirelli faceva in televisione per pubblicizzare i suoi pneumatici; recitava: "**la potenza è nulla senza il controllo**". Sacrosanta verità: ogni sforzo, se non è incanalato verso la giusta direzione, è vano. È energia destinata a disperdersi.

Segreto n. 10: la potenza (lo sforzo) è nulla, senza il controllo (se non incanalata nella giusta direzione).

Ma per trovare la giusta direzione, come detto all'inizio, occorre sapere dove siamo, e se il bagaglio di informazioni ricevuto negli anni d'istruzione è ancora valido. Per sapere dove siamo occorre procedere ad un'accurata e "spietata" analisi di ciò che siamo (finanziariamente parlando). Se non ci piace dove siamo, occorre intervenire. Quello che siamo è diretta emanazione di quello che pensiamo. Quindi probabilmente occorre "rivedere" quello che pensiamo. Totalmente o parzialmente. Ma se non si correggono i "parametri" culturali ed educativi in base ai quali abbiamo sempre agito, ogni azione sarebbe vana, o comunque di scarsa e limitata efficacia. La potenza è nulla senza il controllo!

RIEPILOGO SEGRETI DEL GIORNO 2

- SEGRETO n. 8: l'ignoranza e il non volersi adeguare ai tempi che cambiano, sono madri di tutti gli insuccessi.
- SEGRETO n. 9: rimettere in discussione le proprie certezze, ha consentito all'uomo di superare molti dei propri limiti. L'evoluzione è frutto del non aver mai accettato le cose per come apparivano.
- SEGRETO n. 10: la potenza (lo sforzo) è nulla, senza il controllo (se non incanalata nella giusta direzione).

GIORNO 3:
Dove vorremmo e dovremmo essere

Compresa l'importanza del partire dal "dove siamo", il passo successivo, è appunto quello di capire, vedere e quindi decidere "dove vogliamo andare". Qualcuno sostiene che non importa da dove provieni, importa dove vuoi arrivare.

A mio avviso non è corretto, o meglio, lo è solo parzialmente: l'arrivare dove si vuole, di solito, presuppone il raggiungimento di un miglior "benessere" rispetto al precedente stato finanziario, quindi occorre necessariamente rivedere il "pregresso", in quanto se si fosse agito correttamente in precedenza, non ci sarebbe bisogno o desiderio di migliorare (anche se si può desiderare di migliorare partendo da una situazione già soddisfacente, ma i gran parte dei casi, non è sempre così). Occorre pertanto rivedere il tutto al fine di correggere o eventualmente reimpostare un programma veramente efficace. Ma una volta stabilito che si desidera migliorare o partire da zero per costruire qualcosa, come si concretizza il “dove vogliamo andare”? È semplice: si effettua una analisi approfondita della propria situazione in tutti i suoi aspetti, identificando in primo luogo le **esigenze** da soddisfare in ordine di priorità, poi si analizzano i propri “punti deboli” ed aree di miglioramento su cui intervenire, a cui seguono gli “**obiettivi**” (sono cosa diversa dalle esigenze), che comprendono anche desideri ed eventuali “sogni nel cassetto” da realizzare.

In sintesi una **corretta pianificazione** (percorso che ci condurrà verso la soddisfazione delle esigenze e il raggiungimento degli obiettivi), parte dalla “razionalizzazione ed ottimizzazione” nonché “pianificazione” nella gestione delle proprie risorse. Poi, e solo poi, si può parlare di obiettivi. **La prima forma di guadagno ossia di incremento delle proprie entrate, è data dal risparmio**, il quale non è necessariamente dato da maggiori entrate derivanti dal proprio lavoro: è dato, a parità di entrate, da maggior disponibilità di denaro, che si ottiene, appunto, dalla razionalizzazione ed ottimizzazione delle spese.

Segreto n. 11: corretta pianificazione, ottimizzazione e

razionalizzazione delle proprie finanze, sono il primo (e unico) passo per ottenere risultati soddisfacenti

I concetti di **ottimizzazione** e **razionalizzazione**, sono fondamentali. Tu dirai: hai scoperto l'acqua calda! Ma proprio perché sono stato Promotore finanziario, t'assicuro che pochissimi applicano veramente questi principi, e pochissimi hanno esatta cognizione delle loro piccole spese. Per quelle grosse, in quanto maggiormente evidenti, è facile.

Ma non per quelle piccole. Eppure quelle spese piccole, sono quelle che, influiscono maggiormente sul complesso delle uscite calcolate mensilmente. Non hai idea di quanti soldi ci escono dalle tasche quotidianamente, senza che noi ce ne accorgiamo, o di quanto, molte delle spese che effettuiamo per ottenere qualcosa, potrebbero essere ridotte, senza rinunciare a quel qualcosa. Semplicemente perché ci manca quell'abitudine e quella forma mentis. Dopo vedremo come e perché.

Ma cosa è una pianificazione finanziaria? Tecnicamente si può definire: "destinazione e conseguente allocazione di risorse in funzione di esigenze ed obiettivi prestabiliti". Praticamente potremmo definirla "concretizzazione di quanto programmato". Si dà "materialità" ad un progetto. Come la realizzazione di un palazzo, da parte di un'impresa edile, è la concretizzazione di un progetto di un architetto su ordine di un committente; un piano finanziario, è praticamente la concretizzazione di quel percorso stabilito che ci consentirà di costruire, pianificare e quindi realizzare il "dove vogliamo andare".

Tu, il committente, stabilisci assieme al consulente, ciò che desideri realizzare ed egli traduce le tue idee, i tuoi obiettivi, e le tue esigenze, in un piano finanziario, utilizzando in maniera appropriata idonei strumenti finanziari, combinati opportunamente fra loro, in un equilibrio che si rifà ad un gioco di pesi e misure affinché la "macchina finanziaria" funzioni a dovere.

Ma da dove e come si comincia? Come detto, da una approfondita analisi finanziaria, patrimoniale ed economica della persona in tutti i suoi aspetti. Nessuno escluso. Questo perché maggiori informazioni portano sempre a migliori decisioni. Tutto parte da lì. Se l'analisi non è corretta o completa, il risultato della conseguente pianificazione sarà incompleto o insoddisfacente. È come un abito su misura: il sarto, per offrirti un prodotto/servizio personalizzato, ti prende le misure nel dettaglio. E solo se le misure sono corrette, l'abito su misura diventa il "tuo" abito.

Segreto n. 12: l'analisi approfondita della tua situazione, è il passo più importante, cardine di tutta la programmazione e pianificazione finanziaria.

È come se noi, immettessimo dei dati in un computer per consentirgli di svolgere un lavoro. Se i dati, sono esaurienti e corretti, il computer, effettuerà in breve tempo, un buon lavoro, ossia quello che ci si aspetta. Se invece i dati sono incompleti, non corretti, il computer effettuerà un lavoro insoddisfacente, ammesso che sia in condizione di effettuarlo. Quindi tutto parte da li: ecco perché ripeto sempre: maggiori informazioni portano sempre verso migliori decisioni. In realtà, potremmo dire che se l'analisi è completa e corretta, è lo stessa persona a fornire indirettamente lo schema di "pianificazione" di cui ha bisogno, e

a quel punto, il consulente, "traduce solamente" in chiave finanziaria quanto emerso dall'intera analisi.
Il punto è che l'analisi, per essere corretta, deve essere eseguita dal consulente professionista, secondo uno schema prestabilito, in quanto quasi mai, le persone ottimizzano e razionalizzano al meglio la gestione delle loro risorse; non essendo consulenti, non ne conoscono i fondamenti e relativi metodi e mezzi finanziari ; quasi mai le persone hanno piena coscienza delle loro aree di miglioramento, e spesso accade che, essendo ciascuno di noi, figlio della propria cultura (scuola, famiglia), la relativa istruzione ricevuta (finanziaria), sia basata su concetti, o dati assolutamente non corretti, obsoleti o desueti. Inoltre, essendo le persone coinvolte direttamente, difficilmente riescono ad essere imparziali ed obiettive con se stesse, se non a grandi linee.

Proprio per questo, quasi mai, sempre per esperienza, quello che desidera un cliente, coincide veramente con quello di cui ha effettivamente bisogno. Ecco perché l'analisi, serve in primo luogo a capire se le informazioni a disposizione del "cliente" o "paziente finanziario" siano complete e corrette.

Se non lo fossero, occorre prima modificare quelle concezioni, e per certi versi il modo di pensare finanziario, poi “introdurre” le informazioni che mancano. Una volta che la persona si rende conto di aver agito in base a concezioni e dati incompleti o errati, comprende come mai, non ha raggiunto gli obiettivi che si era preposta (obiettivi per cui, magari, da anni, si sta sacrificando ed impegnando), o non è riuscita a soddisfare in maniera soddisfacente quelle esigenze che intendeva tutelare.

Questa è la ragione per cui ritengo importante capire “da dove si proviene”. Se la persona comprende gli errori commessi, cresce mentalmente e quindi finanziariamente, perché può correggere “il tiro”; se non li comprende, ripeterà gli stessi errori o ne commetterà di analoghi, continuando a non capire dove vanno a finire i suoi soldi.

L’ignoranza è sempre foriera di errori, ma gli errori, se li si riconosce, sono l’unico modo che abbiamo per crescere ed evolvere nella vita, e quindi anche finanziariamente, se s’impara, e si desidera farne tesoro. Non ci sono altre strade, ne scappatoie. O scorciatoie. Purtroppo per esperienza, molti, quando sbagliano, invece di capire come e perché hanno sbagliato, rinunciano, non sono disposti a valutare come mai le cose non sono andate per il verso giusto, e quindi ritengono "altamente" pericoloso il mondo della finanza. E degli investimenti, più in generale. Allora cercano "sicurezza". Non dopo che hanno guadagnato, ma dopo che anno perso. Il problema è che poi, la paura, blocca, non consente più di "agire", e quindi cristallizza le persone in situazioni da cui poi, esse stesse, non vogliono più uscire, per timore del nuovo, del diverso, per timore di dover "rischiare" e perdere ancora.

Segreto n. 13: è l'ignoranza a rendere vulnerabili, non la finanza. È la gente ad essere "pericolosa" quando non s'informa (quando agisce senza avere un minimo di fondamentale istruzione finanziaria, e senza analisi e pianificazione) non l'investimento.

Perché l'investimento, risponde a delle precise regole, e sono sempre quelle. Una volta comprese, si sa come agire. Come in un gioco: quando ne comprendi le regole del funzionamento, puoi giocare ed arrivare al termine del gioco. Forse non sempre vincerai, ma arriverai comunque al termine di quel gioco. Quasi mai, le persone dispongono di corrette informazioni, e non a caso, come detto, quasi mai quello che desiderano, e che hanno impostato, coincide con ciò di cui avrebbero più bisogno, o che già hanno in portafoglio. Se non fosse così, non avrebbero bisogno del consulente finanziario. E non si troverebbero come invece è piuttosto diffuso, in situazioni di forti perdite. Nessuno è mai venuto da me "vergine" finanziariamente. Tutte le persone con cui ho interagito, avevano situazioni a cui dovevo porre rimedio. Naturalmente più o meno disastrate. E ancora non comprendevano dove era stato l'errore commesso.

Quindi per il consulente verificare ed eventualmente "ri-formattare" il cervello finanziario del cliente, è la prima cosa da fare. Una volta "ri-formattato" (ripulito da pregiudizi, preconcetti e rieducato finanziariamente) si possono "re-immettere" dati corretti, che consentono la percezione reale di quanto e come deve fare per ottenere una completa soddisfazione finanziaria, patrimoniale ed economica.

La “formattazione” del cervello finanziario delle persone, serve, non solo per comprendere il mancato o inappropriato utilizzo di strumenti finanziari idonei, ma è indispensabile anche e soprattutto per evidenziare esigenze prima non considerate, o percepite in maniera distorta o ancora sottovalutate, e per consentire quindi una visione globale della propria situazione, facendo emergere quelle aree di miglioramento precedentemente non ipotizzate, o percepite a livello estremamente superficiale.

Un esempio: se Tizio viene da me, in quanto dispone di una piccola cifra che desidera far fruttare, e dall’analisi emerge che la sua famiglia, composta da 4 persone (lui, moglie e 2 figli), è monoreddito, è mio preciso dovere verificare se si rende conto del fatto che, se a lui, disgraziatamente dovesse succedere qualcosa, la sua famiglia finirebbe o potrebbe finire “per strada”. In sintesi, il mio compito, consisterebbe, nel suo caso, in primo luogo di risolvere esigenze primarie, o ridurre i suoi punti di debolezza che potrebbero costare molto cari, e solo poi, se “avanzano soldi” si può pensare ad investire per guadagnare.

Ecco un classico esempio, di mentalità finanziaria da correggere: se si chiede a quel cliente, quanto tiene alla famiglia, risponderà che vive per la sua famiglia, che fa tutto in funzione di essa, e che lavora come un mulo, perché ha 2 figli da mantenere, e che essendo la sua una famiglia monoreddito, si sobbarca di tutte le responsabilità. Lodevole, meritevole. Tuttavia ha trascurato il fatto che, non avendo previsto (forse per scaramanzia) l'eventualità o la possibilità di un evento del genere, se dovesse disgraziatamente verificarsi, tutti gli sforzi da lui compiuti per dare protezione e solidità a ciò che più ama, la sua famiglia, sarebbero stati vani e che anzi, la sua famiglia, potrebbe trovarsi nel peggiore degli incubi economici, oltre a dover gestire il dramma emotivo dell'evento.

Quindi questo "amore e dedizione" è stato tradotto e applicato da Tizio, finanziariamente in maniera lacunosa ed errata. Nonostante le ottime intenzioni. Quando chiedo: "Signor Tizio, Lei è venuto da me per investire quella cifra al fine di ottenere un piccolo rendimento. Mi dica: cosa è più importante per lei: ottenere quel piccolo rendimento, che non altera il suo tenore di vita; oppure ipotizzare una tutela per la sua famiglia in caso di suo decesso, o invalidità per qualsivoglia ragione?

Essendo la sua una famiglia monoreddito, ha mai pensato a cosa potrebbe succedere se, per sfortuna, a lei accadesse qualcosa? Cosa pensa che succederebbe? Ipotizziamo per un momento che lei, da oggi, non potesse più lavorare. Mi dica, cosa succederebbe...” a quel punto, vedi che il cliente assume un’espressione quasi mortificata, s’ingrigisce, e inizia ad ipotizzare nella sua mente, i vari scenari non certo rosei.

Ecco, questo è un esempio di una persona, brava, volenterosa, ma con una scarsa istruzione finanziaria, e una non corretta impostazione mentale. Cos’è più importante; che io gli avessi investito quei piccoli risparmi al fine di procurargli una entrata aggiuntiva, o che io gli avessi suggerito, ad esempio, una polizza “temporanea caso morte” che coprisse eventi del genere o infortuni molto gravi (l’assicurazione eroga una certa quantità di denaro prestabilita e concordata in caso di accadimento dell’evento) che, essendo la sua famiglia monoreddito, avrebbe tutelato i suoi cari, in caso si verificasse quel tipo di evento/i?

In questo caso, naturalmente, il cliente non si era reso conto che aveva delle grosse aree di miglioramento su cui dover intervenire, prima di pensare a investire per avere più denaro. Semplicemente perché non avendo preso in considerazione quella ipotesi, non ci aveva pensato. Ecco a cosa serve il consulente. Cosa sarebbe successo, se, ad esempio, con i frutti del proprio lavoro, quel cliente avesse dato un anticipo per l'acquisto di una casa, sobbarcandosi di un mutuo, e poi, per un tragico incidente, non avesse potuto più lavorare al fine di estinguere il suo mutuo? Che la sua famiglia sarebbe potuta finire per strada, e che avrebbe perso sia i soldi pagati fin'ora tramite le rate del mutuo, sia l'anticipo dato per la casa. Sarebbe stato un disastro. Finanziario, oltre che affettivo.

Questo piccolo esempio, dimostra come **l'aiuto di un valido consulente finanziario, sia effettivamente indispensabile** non tanto (e non solo) per investire, quanto piuttosto per aiutare il "paziente finanziario" ad effettuare una corretta e completa anamnesi e quindi diagnosi del suo stato finanziario, ad illustrargli e valutare con lui, le molteplici e svariate possibilità, probabilità, sia positive che negative.

Insomma, ad avere una visione a 360 gradi, per quanto possibile, poiché prevenire è sempre meglio che curare. Ovviamente non ci si può tutelare da tutti gli accadimenti possibili e immaginabili, né si può vivere con l'angoscia o la paura che qualsiasi cosa possa influire negativamente in maniera più o meno pesante. Tuttavia, riguardo certe probabilità, che se si verificassero, risulterebbero devastanti, si può e si deve intervenire. Se si desidera una tutela appropriata per le persone care, per la famiglia. E quindi una certa serenità.

Quindi solo dopo aver risolto le esigenze del "paziente finanziario" e dopo esser intervenuti sulle aree di miglioramento, si può pensare e procedere ad altro: gli obiettivi. Gli investimenti. Potremmo paragonare l'attività di un consulente a quella del medico: prima di indicare la cura, ti chiede, ti ausculta, e una volta individuato il problema, prescrive con la cura. Quindi procede con l'attività di anamnesi, e di diagnosi. Per poi prescrivere la terapia. Se la cura non è idonea, fa più danno che altro. A questo servono le attività antecedenti la cura che dispone.

E quasi mai, la cura del dottore, risulta piacevole. Ma dal dottore ci si va perché qualcosa non funziona. La cura, serve appunto e rimettere a posto le cose. In finanza non è diverso. Solo che dal dottore, ci vai perché sei costretto da segnali che non puoi evitare, in finanza, purtroppo quei segnali, si "possono" trascurare. E troppo spesso, le conseguenze spiacevoli non tardano ad arrivare. Dal meccanico, la macchina la portiamo solo quando non funziona o funziona male, mentre le persone più prudenti, la portano a prescindere, per controlli periodici (tagliandi di manutenzione), perché come si suol dire "prevenire è meglio che curare" e per mantenere il mezzo in perfetta efficienza. In finanza, è saggio prevenire per non dover curare poi.

Il risparmio e l'investimento hanno un fattore in comune: presuppongono il consumo del proprio denaro differito nel tempo. Ossia si sceglie di non spendere oggi il denaro in eccesso, tanto o poco che sia. La differenza è che il **risparmio,** non è finalizzato ad un qualcosa, mentre l'**investimento** è finalizzato ad un ritorno per scopi predeterminati. Nel risparmio, non c'è obiettivo preciso, ma solo un accumulo.

Nell'investimento c'è un fine, al procrastinare il consumo di denaro, che può essere: un ritorno sul denaro (in conto capitale o interessi) per un obiettivo ben preciso, come l'acquisto di una casa, di una macchina, una pensione integrativa, un gruzzolo per i figli, ecc. Per quanto i 2 fattori possano coincidere, non necessariamente debbono coincidere.

Basti pensare ad esempio, a quando si destina una certa cifra per "eventualità e/o imprevisti" oppure per eventuali esigenze sanitarie. In tal caso, avendo questo denaro lo scopo di tutelare delle esigenze, il cui verificarsi può essere incerto sia sul se accade, e sul quando, non si può parlare di investimento, in quanto potendo quel denaro servire da un momento all'altro, non è consigliabile vincolarlo in strumenti finanziari a lungo termine per ragioni che vedremo successivamente. In tal caso, la caratteristica che quella somma deve avere, è la pronta liquidabilità in caso di bisogno senza che vi siano sorprese sul capitale in senso negativo.

Nell'investimento invece, essendo stato già pianificato DOPO aver previsto una riserva per imprevisti ed esigenze di qualsiasi natura, il denaro può essere vincolato a medio-lungo termine, anzi, deve essere vincolato secondo quell'orizzonte temporale, perché solo in quel modo, abbiamo maggiori possibilità di un ritorno desiderato. Ma anche questo, è un argomento che approfondiremo nel prosieguo. È come quando imbocchi un'autostrada per un viaggio. Che autostrada percorri, se non hai stabilito dove devi andare?Una volta stabilita la meta, immagino che tu porti la tua auto dal meccanico per i controlli del caso, onde evitare spiacevoli sorprese, e poi, fatto il pieno, ti metti in viaggio, dopo aver valutato il miglior percorso. Come vedi, sulle cose elementari, si utilizza il buon senso. In finanza questo non accade mai, o quasi mai.

In finanza, sai spesso la gente cosa fa?Si "mette in viaggio" senza aver prima ne stabilito una meta (idonea strategia), né il percorso migliore (più adatto alle proprie esigenze) e senza aver controllato prima l'auto (ossia senza aver verificato l'adeguatezza degli strumenti).Poi, si lamenta se non giunge alla meta (che non ha stabilito precedentemente), o se il mezzo prescelto non risulta idoneo!

A questo punto, ti chiedo: di chi è la responsabilità? **È principalmente questo, su cui ti invito a riflettere maggiormente.** Sei sempre tu, il riferimento per tutte le tue cose. È vero che se ci si affida a professionisti, ci si aspetta che eseguano quanto richiesto al meglio.
Ma, a mio avviso, occorre essere in grado di poter valutare se il loro operato è qualitativamente all'altezza delle nostre esigenze. Il delegare senza esser in grado di capire cosa ti viene proposto, e controllare l'evoluzione di quanto posto in essere, è da irresponsabili. Soprattutto in finanza. Mentre invece, nei confronti del lavoro del meccanico per la tua auto, mi rendo conto che si può fare ben poco! Ma se si rompe la tua auto, non ti cambia la vita. Se si rompe la tua "macchina finanziaria", possono essere guai seri.

RIEPILOGO SEGRETI DEL GIORNO 3

- SEGRETO n. 11: corretta pianificazione, ottimizzazione e razionalizzazione delle proprie finanze, sono il primo (e unico) passo per ottenere risultati soddisfacenti
- SEGRETO n. 12: l'analisi approfondita della tua situazione, è il passo più importante, cardine di tutta la programmazione e pianificazione finanziaria.
- SEGRETO n. 13: è l'ignoranza a rendere vulnerabili, non la finanza. È la gente ad essere "pericolosa" quando non s'informa (quando agisce senza avere un minimo di fondamentale istruzione finanziaria, e senza analisi e pianificazione) non l'investimento.

GIORNO 4:
Guadagnare con la pianificazione finanziaria

Ricapitolando, impostare una corretta pianificazione finanziaria, è il primo passo verso una serenità e solidità finanziaria. Essa come illustrato nel precedente capitolo, presuppone una attenta e scrupolosa analisi circa il “mondo” finanziario, patrimoniale ed economico di una persona, sia passato che presente. Dalle origini, ossia da quando ha iniziato ad avere un proprio rapporto col denaro, ad oggi. Una sorta di “raggi x” che evidenzi ciò che appare e soprattutto quanto non appare.

L’analisi, parte da come si è agito fino a quel momento, in base a quali presupposti, e credenze, e per quali fini. Ciò serve per correggere eventuali impostazioni sbagliate, o corrette di per se, ma fondate su criteri non esatti, che quindi rendono non idonei le conseguenti successive applicazioni. In questa fase, è quindi fondamentale “conoscere” la persona cui si deve procedere ad elaborare la pianificazione finanziaria. Non mi stancherò mai di ripetere che ciò che muove le persone (motivi, cultura, credenze"storiche"), è di gran lunga il fattore più importante da comprendere e conoscere, perché è sulla base delle proprie credenze e cultura, che si agisce. Troppo spesso, mi è capitato di dover intervenire soprattutto sul "modo di essere" e quindi di pensare (finanziario) delle persone, prima di procedere a correggere una pianificazione esistente, integrarla, o crearne una nuova.

Ecco quindi, oltre a raccogliere i dati necessari per procedere all'elaborazione del piano personalizzato, in cosa consiste il primo e più importante passo della analisi. Ricorda sempre che maggiori informazioni portano sempre a migliori decisioni.

Ci sono tante credenze errate sulle borse, e sugli investimenti in generali: quello più "classico" è che le azioni sono pericolose. Rischiose. Non è vero. È l'ignoranza a rendere pericoloso l'utilizzo di quello strumento. Infatti vengono utilizzate quasi sempre in maniera **non corretta e inappropriata**. Un esempio: se intendo comprare delle azioni, ma non considero che nel giro di un anno devo cambiare la macchina, o comunque sostenere una spesa importante, può rendersi necessario dover liquidare quell'investimento, se non era stata accantonata all'uopo una riserva di liquidità. Ma l'azione, o i fondi azionari, hanno un orizzonte temporale medio, compreso fra i 3 e i 5 anni.

Questa durata "media", non nasce a caso: è un'indicazione che si evince dall'analisi delle "serie storiche pregresse" dei corsi azionari, compiute dal 1900 ad oggi: l'esperienza passata ci dimostra come di media, in quegli orizzonti temporali, i risultati sono positivi. Come mai? Le statistiche mostrano come reagiscono i mercati nel tempo al verificarsi e/o ripetersi più o meno costante degli eventi.

E quindi, sulla base dei risultati, si è visto e valutato come "quello" sia l'orizzonte temporale medio in cui, si riassorbono eventuali crolli di mercati, ed è concretamente possibile riportare un guadagno accettabile in relazione al rischio che ci si è assunti acquistando azioni. Un secolo di analisi e di storia passata, sicuramente non offre garanzie per il futuro, ma certamente fornisce delle importanti e valide indicazioni circa la reazione dei mercati a tutti i tipi di eventi di qualsiasi genere, che possano influire sulle società, sui mercati, sul nostro modo di vivere sotto molteplici aspetti. L'analisi statistico quantitativa ci mostra la relazione fra gli eventi ed accadimenti che hanno caratterizzato questo secolo, e le relative "reazioni" dei vari mercati finanziari. Di eventi, nello scorso secolo, ne sono capitati abbastanza, e non dimenticare che abbiamo avuto anche due guerre mondiali!

Oggi grazie alla globalizzazione e all'evoluzione dei mezzi tecnologici, i cicli, sono più veloci. Pensa che dall'attentato alle due torri gemelle (l'11 settembre), le borse, hanno impiegato solo tre mesi, per recuperare le perdite.

Segreto n. 14: l'ignoranza e l'emotività, che rappresentano il vero e unico rischio ingestibile, in finanza, sono madri di tutti gli errori.

Naturalmente, questo discorso, vale se hai acquistato "bene" e non ai livelli massimi di quotazione. E questa è l'altra nota dolente: le persone, spesso, sull'onda delle cicliche ondate di euforia collettiva, si precipitano a comprare, quando i prezzi sono già elevati. Mentre invece, quando i prezzi crollano, invece di acquistare, vendono! Questo accade ed è accaduto quando si agisce in maniera “epidermica”. Piuttosto che seguendo certe precise regole.

Tornando al tempo medio previsto per le azioni, l’esempio che calza maggiormente per dare un’idea è quello degli “spaghetti”: il loro “tempo di cottura” è circa 8 minuti: puoi tirarli fuori prima o dopo. Nel primo caso, saranno troppo al dente, nel secondo caso, sicuramente scotti. Sai che se vuoi mangiare bene, devi rispettare il tempo di cottura degli spaghetti. Per le azioni non è diverso.

Poi, può accadere che per taluni fattori, le quotazioni crescano in tempo minore, o addirittura in maniera repentina; nel qual caso, si è raggiunto anticipatamente l’obiettivo. Ma è l’eccezione e non la regola. Se il mercato, ha delle “fiammate” in senso positivo, non è cosa né prevedibile, né gestibile. Ben venga se capita, tuttavia, noi dobbiamo lavorare su quanto è in nostro potere fare. Se invece le fiammate, fossero in negativo, beh, sarebbe un’ottima opportunità per acquistare a prezzi ridotti. Il rispetto dei tempi deriva dal fatto che nella vita è tutto ciclico, e la finanza non fa eccezione: nei 3-5 anni, se si è acquistato bene, ossia non a “borse euforiche”, sono già ricompresse eventuali fisiologiche cadute e correzioni delle piazze finanziarie, le quali servono giustamente, a ripulire i mercati da quei prezzi non in linea con il reale valore dei titoli. Anzi, come detto, un investitore che possa definirsi tale, acquista, durante le fasi negative. Per lui, le correzioni o i crolli, sono una manna. Purtroppo la maggior parte delle persone, acquista quando le piazze finanziarie sono praticamente ai massimi valori, per poi vendere sotto emotività (per paura di perdere tutto), quando le cose vanno male. Comprano quando è alto per vendere quando è basso. Invece dovrebbe essere il contrario.

Segreto n. 15: gli impreparati subiscono i mercati, gli investitori li sfruttano.

George Soros, noto finanziere di fama mondiale ripeteva continuamente: "solo i pesci morti, seguono la corrente". Intendeva dire che la gente compra quando tutti comprano (contribuendo a gonfiare artificialmente e pericolosamente le quotazioni), e vende quando tutti vendono, ossia in base al "sentimento" di panico diffuso e generalizzato. È incredibile vedere come tutti si uniformano troppo spesso, a seconda del vento che tira. Quella che Soros, definisce “corrente”. Pensa ad esempio, se il 12 settembre, dopo l’attentato alle torri gemelle, si fosse acquistato a mani basse! Chi l’ha fatto, ha riportato dopo appena tre mesi dei risultati eccezionali. Però quando lo stesso avviene per i “saldi” a gennaio, ossia quando i prezzi sono a sconto, la gente invece si precipita presso i vari negozi. Quando i saldi sono in “borsa” la gente invece scappa.

Segreto n. 16: nella vita tutto è ciclico dalla notte dei tempi. Quando conosci le regole del gioco, puoi anticipare (prevedere) le fasi ed approfittarne a tuo vantaggio.

Un altro esempio di credenze errate: i titoli di Stato, sono tranquilli. Non è vero. Dipende da quando si comprano e dalle politiche monetarie previste e prevedibili. Se si acquista strumenti a reddito fisso in fase di tassi bassi, e successivamente i tassi d’interesse crescono (costo del denaro), i tuoi BTP diminuisco di valore. Perché le nuove emissioni, offrendo tassi migliori, sono sicuramente più appetibili, e quindi richieste. È vero che prendi una cedola semestrale, e che al termine (se decennale, quinquennale, trentennale ecc.) riprendi il capitale. Ma ti faccio una domanda: se, per ipotesi, 10 anni fa hai comprato 100 milioni di vecchie lire di BTP, a scadenza, ossia dopo dieci anni, quello che ti restituiscono, ossia quanto versasti (100 milioni), quella cifra, ha lo stesso valore o potere d'acquisto odierno? No. Perché ti restituiscono il "valore nominale", non adeguato all'inflazione reale.

Il punto è che il valore "reale", ossia il potere d'acquisto di quella cifra, è ridotto di molto. Pensa a cosa potevi fare con 100 milioni di vecchie lire 10 anni fa, e cosa potresti fare oggi con il controvalore in euro: 50.000 euro. Neanche un box auto ci compri. Quindi come vedi, sono molte le credenze errate in campo finanziario. Le vedremo una ad una più avanti, quando parleremo degli strumenti finanziari. Ma ora torniamo all'analisi.

Corrette le "distorsioni" mentali in ordine al denaro, e colmate le lacune finanziarie, si entra "nel vivo", ossia si procede ad una "spietata" analisi delle tue entrate e delle tue uscite. E si procede alla verifica dello stato patrimoniale complessivo, ossia si "censisce" nella sua interezza tutto il patrimonio della persona, non solo quindi le sue entrate ed uscite.

Lo stato patrimoniale comprende quelle che i commercialisti definiscono "immobilizzazioni di capitale" ossia i beni immobili (compresa la casa in cui si vive) e tutti quei beni non cartacei che non producono reddito (casa per le vacanze, box in cui si tiene l'auto, ecc.). Diverso il discorso di beni mobili e/o immobili messi a reddito, ma per ora tralasciamoli.

L'analisi delle tue entrate e uscite è quanto alla romana chiamiamo (non) poeticamente il "conto della serva", ossia un dettagliato rendiconto di quanto esce e quanto entra al mese. Comprese le piccole spese, che per esperienza, sono proprio quelle che ci portano spesso a dire: «Cavolo, non mi sono comprato nulla, non ho avuto spese di rilievo, eppure ho finito i soldi; ma dove sono andati?»

Per valutare correttamente le uscite, devi considerare i seguenti costi mensili (fraziona quelli che non hanno suddetta cadenza, come le assicurazioni, il condominio, le utenze, e tutte le altre che sostieni regolarmente anche se non mensilmente):

- affitto/mutuo (se ce l'hai);

- vitto;
- utenze tutte (condominio, acqua, luce gas telefono, eventuale garage);
- spese mediche;
- costo badanti/colf (se ce l'hai);
- abbigliamento;
- cene fuori (di media) o divertimenti vari (club; discoteche o quant'altro);
- sport per te e/o figli;
- rette varie (scuola, asilo o quant'altro per i figli);
- costi mezzi trasporto (benzina, assicurazione, bolli, e media di costi manutenzione);
- polizze (professionali, dell'auto, sanitarie, infortuni, o di qualsiasi altro genere;
- costi conti corrente;
- media giornaliera per piccole spese (caffè, giornali, abbonamenti, ed altre;
- costi vacanze estive, invernali o week-end;
- eventuali costi di mantenimento di seconde case, o di immobilizzazioni varie;

- varie ed eventuali non ricompresse in quest'elenco (che può variare da persona a persona).

Un suggerimento: **non fare l'indiano!** Non barare con te stesso, e se non ricordi qualche voce, sforzati. Una esatta situazione delle uscite, è fondamentale per apportare correttivi efficaci. Tu non hai idea di quanti soldini potrebbero essere risparmiati, senza negarti le cose per cui spendi, o quanti altri se ne vanno, senza che tu te ne accorga (basti pensare all'elemosina che si da ai mendicanti o ai lavavetri: prima davamo 100-200 lire, oggi, se non hai monete piccole, dai via mezzo euro o un euro (pari a 1.000-2.000 delle vecchie lire) come niente!

Come ho detto prima, un "lavavetri" non particolarmente attivo, o chi chiede l'elemosina ai semafori, guadagna fra i 25 e i 40 euro al giorno, esentasse. Perché molti secondo te, chiedono l'elemosina? Perché guadagnano cifre che si attestano all'incirca attorno agli 800-1000 euro al mese. Se facessero la fame, cambierebbero "mestiere". Se non stiamo attenti, troppo spesso, quello che prima ci costava mille lire, ora ci costa un euro. Su molte cose non possiamo fare nulla per evitarlo, ma su altre sì:

ossia attenzione a quanto ci esce dalle tasche volontariamente. Eseguita questa analisi dei costi, effettua anche quella relativa alle tue entrate, al netto delle tasse.

Già avere un quadro esatto, dettagliato delle entrate e delle uscite, fa capire più di qualcosa. **La prima cosa da fare, è razionalizzare ed ottimizzare le spese: ossia cercare il modo, di spendere meno senza ridurre (per quanto possibile ovviamente) le voci di spesa**. Mi spiego. Per il **vitto**, o prodotti per la casa, molte cose possono essere acquistate al discount e presso le enormi catene di distribuzione (Ikea, Leroy Merlin, Decathlon, Auchan, Carrefour). T'assicuro che su molti prodotti, per il semplice fatto che non c'è sopra una etichetta "nota" si risparmia fino anche alla metà.

Ma la media è di un terzo sul singolo prodotto. Immagina su gran parte della spesa. Io stesso, compro ad esempio il tonno in scatola prodotto dal mio supermercato, e pur costando di meno, in termini di bontà e qualità, non ha nulla di invidiare al Rio Mare!

Lo stesso vale per il **vestiario**: c'è gente, ad esempio, che per una targhetta su un paio di jeans, è disposta a spendere 200 euro, quando il materiale (tessuto jeans) è identico per chiunque produca e venda quell'articolo. L'altra sera, sul programma televisivo Report hanno fatto vedere da dove provengono alcuni prodotti (borse e accessori) di noti marchi. Ebbene ad esempio, le borse, le producevano i cinesi in stabilimenti al nord Italia, e venivano vendute alle case "di marca " a circa 25 euro. Ossia a quelle "case", quel prodotto finito, costava 25 euro. Sai quelle "case" a quanto le vendono al pubblico? A cifre comprese fra i 300-500 euro! E fanno bene, finché la gente continua a voler strapagare cose che valgono oggettivamente dieci volte meno.

Comprendo una cifra elevata per un prodotto in qualche modo "unico" oppure il cui costo è giustificato dall'impiego di materiali molto pregiati, ma all'infuori di questi casi, per il resto, la gente sceglie volontariamente di farsi truffare, in quanto vittime consenzienti della cultura dell'apparire, arricchendo molte note aziende, quindi, a mio avviso, merita di essere "rapinata" da quelle aziende.

Non dico di frequentare esclusivamente “mercatini”, ma sicuramente, se si prescinde da una misera targhetta che riporta il nome altisonante di questa o quella azienda, (che a differenza dei molti si comporta invece in maniera intelligente perché spende quello che dovresti spendere tu per quei prodotti, in cui il materiale impiegato non essendo pregiato non giustifica quei prezzi) t’assicuro che sarebbe più opportuno, comprare quei prodotti altrove, in luoghi in cui l’assenza di targhe indicative di “marchi”, riduce il costo della metà o quasi, al fine di un controllo e ottimizzazione delle proprie spese. Senza rinunciare al tipo di prodotto. Io ad esempio, essendo uno sportivo, acquisto tutto da Decathlon e t’assicuro che spendo la metà rispetto a quanto spenderei in un negozio di sport.

Naturalmente per alcuni prodotti non puoi ne devi indulgere sulla qualità (che giustifica prezzi maggiori), ma su molti di essi, di uso comune, puoi tranquillamente trovare soluzioni alternative. E soprattutto rifiutare di pagare cifre elevate per prodotti la cui qualità, non giustifica in alcun modo. La gente spende cifre folli, ad esempio, per gli occhiali da sole alla moda.

Per la roba in cotone che mi serve, vado da Blunauta, ossia il vecchio Balloon che, come cotone o come seta per le donna non ha rivali per qualità. **Il problema è che questa società ti ha inculcato il concetto illusorio (vacuo e falso) dell'importanza dell'apparire. E per apparire, la gente, spesso dilapida il proprio stipendio. Ed è contenta di farlo. Questa è l'assurdità.** Oppure consiglio di fare i grossi acquisti durante i saldi se proprio non si può fare a meno delle "marche".

Le **assicurazioni** dei mezzi di trasporto: prediligi quelle "online": costano fino al 30% di meno rispetto a quelle tradizionali, per il semplice fatto che, essendo i contratti online, non necessitano di personale "fisico". In pratica, quelle assicurazioni (primarie peraltro) hanno inciso sui costi, per poter abbassare le tariffe. E sono ugualmente valide: io stesso le utilizzo da anni. Le più note sono: Direct line, Linear, Genialloyd. Ma ce ne sono altre. Qualcuno dice che in caso di problematiche "gravi" (come incidenti con feriti), fa una differenza avere come punto di riferimento un agente assicurativo. Niente vero: le assicurazioni effettuate online, sono efficienti tanto quanto quelle tradizionali ed offrono un'assistenza immediata. Se così non fosse, non le sottoscriverebbe nessuno.

Non hanno gli agenti dislocati sul territorio, ma hanno le strutture legali, sanitarie e di consulenza ovunque, qualora si verificassero situazioni serie. Controlla l'incidenza dei costi dei tuoi **conti correnti**, e valuta le migliori offerte che ci sono in giro: online, ossia su computer trovi tutte le offerte nel dettaglio. E se hai poca dimestichezza col computer fatti aiutare.

Le **vacanze**: se puoi, evita di partire quando partono tutti. Nei cosiddetti periodi di "alta stagione" sia invernali, che estivi. Ti assicuro che, per quanto possibile se vai fuori stagione, trovi meno caos, e spendi all'incirca la metà. Io ad esempio, per le vacanze invernali, parto sempre da 3 al 10 gennaio, e non sai quanto risparmio. Se sei un dipendente, il discorso, è un po' più complesso, soprattutto se hai dei figli che vanno a scuola, tuttavia, può essere possibile trovare idonea soluzione. Basta sapersi organizzare. Per quanto possibile, naturalmente.

Come detto, io stesso, su Internet, avendo avuto un figlio da poco, acquisto qualsiasi cosa: da 500 pannolini a 70 euro, alla carrozzina della Chicco (pagata 340 euro contro i 430 richiesta dai negozi) al fasciatolo, al lettino. Se sommo le spese da me effettuate e le confronto con i prezzi dei medesimi negozi, ho risparmiato circa 400 euro. Due anni fa con la mia compagna ci siamo fatti il giro della Turchia: tre settimane. Tutto prenotato su internet: dagli aerei, agli Hotel. Tre settimane, in ottimi Hotel e su voli Turkish Airlines (5 voli), abbiamo speso (compresi i liquidi che abbiamo speso per mangiare, per i regali vari e che si spendono in vacanza) in due, 2.200 euro. Se avessimo fatto lo stesso viaggio (tutta la Turchia tranne l'Anatolia) programmato da un'agenzia, ci sarebbe costato il doppio.

Insomma ti ho fornito solo alcuni esempi di come e quanto puoi spendere meno ottenendo ugualmente quello che desideri e a cui eri abituato Ad occhio e croce, con queste semplici accortezze, già risparmieresti circa 200 euro al mese. In questo modo, inizi quel processo di ottimizzazione e razionalizzazione di cui parlavo nel precedente capitolo. Riportalo su tutte le spese su cui puoi effettuarlo, e moltiplica il risparmio complessivo per 12 mesi, e t'assicuro che avrai piacevoli sorprese!

Ripeto: il tutto si può fare, senza rinunciare ai prodotti/servizi che solitamente utilizzi. T'assicuro che io stesso, non mi nego nulla, pur applicando i principi che ti sto illustrando. Effettuato il rendiconto delle entrate e delle uscite, che ci offre l'esatto "tenore di vita" che conduciamo, dopo aver inciso sulle spese ottimizzando e razionalizzando le medesime, si prosegue nell'analisi. So che non ti ho detto nulla di nuovo, ma troppo spesso, tutti sanno, ma pochi agiscono in tal senso. Sai chi sono quei pochi? Coloro che sono "costretti" ad agire in tal senso. Perché non possono fare diversamente dato il loro reddito.

Io voglio "spronare" ad agire secondo queste linee chi non è costretto necessariamente da ristrettezze economiche. Molte persone potrebbero ottenere un tenore di vita migliore, semplicemente gestendo in maniera più intelligente le loro uscite. Potrebbero disporre di più denaro a parità di entrate, da impiegare come meglio crede, o come suggerirò più avanti. Ti assicuro che quando entri in questa mentalità, e ti ritrovi a fine mese più soldi in tasca, dirai stupito: “Come mai non ho iniziato prima”?

Segreto n. 17: razionalizzare ed ottimizzare le spese, fa sì che, a parità d’entrate fisse, tu disponga di più denaro.

Torniamo alla pianificazione finanziaria. Ora si tratta, analogamente per la costruzione di una casa, di “gettare le fondamenta”. Come tutti sanno, un buon immobile si definisce tale se ha una buona struttura portante, e poggia su solide basi. Nel nostro paese, ci sono molti immobili che hanno centinaia di anni, e sono sopravvissuti a guerre, calamità naturali, al tempo.

Perché costruiti con criterio, e soprattutto con solide fondamenta e materiali di qualità eccellente. Questi ingredienti fanno si che sopravvivano nei secoli, o per millenni. Tu devi fare la stessa cosa, ossia costruire il tuo futuro finanziario, esattamente come si costruisce una casa del tipo appena descritto, se vuoi che sia solido, prospero, e duraturo.

La prima cosa da valutare è di quanto hai bisogno mensilmente per “campare”, ossia quella fascia di liquidità che ti è indispensabile per vivere mensilmente. Questa somma, naturalmente va tenuta liquida, nel conto corrente, dopo aver selezionato la banca che offre migliori condizioni. Le migliori condizioni, non sono connesse solamente al tasso d'interesse che la banca offre (anche perché sono ridicole), quanto piuttosto al tipo di "pacchetto" che è più adatto a te. Se il conto corrente non offre rendimento, almeno che costi il meno possibile o che non costi nulla. Ci sono molti tipi di conti correnti, studiati in base, ad esempio, al tipo e quantità di movimentazioni che effettui. È chiaro che, se ad esempio, sei un commerciante, avrai bisogno di un conto corrente che preveda un costo "forfettario" in base alle operazioni che effettui giornalmente (perché incassi quotidianamente e paghi personale, fornitori, ecc). Se invece sei persona "comune" e in banca vai solo per versare il tuo assegno mensile (a meno che non vieni pagato tramite bonifico dal tuo datore, e se possibile, richiedi questa forma di pagamento), i motivi che hai per andare in banca, sono davvero pochi.

Puoi prelevare con il bancomat quanto ti serve e pagare con assegno. In tal caso, ti conviene optare per un conto online, o Bancoposta. Gli istituti che offrono questi tipi di conti, soprattutto i primi, arrivano anche ad azzerare i costi, in quanto non necessitando tu di "personale dipendente" che esegua materialmente ed effettui le operazioni per tuo conto, possono quindi risparmiare denaro, e quindi, ridurre quei costi.

Lo stesso dicasi per le assicurazioni online. E, se sommiamo le due cifre connesse ai costi, relative a servizi di cui non possiamo fare a meno (conto corrente e assicurazioni varie), che possiamo risparmiare pur non rinunciando ai servizi, praticando le offerte online appena descritte, arriviamo a risparmiare all'incirca altri 150 euro al mese, che se li sommiamo ai precedenti, già ammontano a circa 350 euro di risparmio mensile. Moltiplica la cifra per 12 mesi: 4.200 euro annui, che ad esempio, se tu li investissi in un buon titolo, acquistato in momento di crollo di borse, può tranquillamente raddoppiare. Ecco, come guadagnare soldi senza avere più soldi, ma solo risparmiando ed ottimizzando. Avresti tirato fuori soldi praticamente dal nulla!

Segreto n. 18: dal risparmio, guadagni, e se quel guadagno lo reinvesti, guadagni 2 volte, senza tirare fuori un solo euro.

Se nel tuo singolo caso le cifre che risparmieresti non sono quelle, non fa niente: è il concetto che conta, valido indistintamente per qualsiasi somma tu recuperi risparmiando, senza rinunciare ai servizi che ti servono. E ancora non ci siamo addentrati in altre forme di risparmio che vedremo nei punti successivi. Per chi non ha dimestichezza con il computer, la migliore soluzione è il Bancoposta. Identificato l'importo di quella fascia di denaro che va mantenuta liquida per le esigenze quotidiane, va prevista un'altra piccola fascia di denaro da destinare ad eventuali "imprevisti, necessità " di qualsiasi genere. Esempio: mi rubano il motorino, mi si rompe un dente e devo andare dal dentista, mi si rompe la macchina, devo sostenere delle spese in casa in quanto non funziona più la lavastoviglie, ecc.

La cifra da destinare a tutela di imprevisti e necessità, dal momento che può servire come non servire, non va tenuta sul conto corrente (ove invece depositeremo le somme che certamente ci serviranno), ma in strumenti finanziari di breve durata e/o pronta liquidabilità in caso di bisogno, i quali garantiscono un interesse maggiore di quello offerto dal conto corrente. Esempio: Bot, o pronti contro termine, o fondi monetari, i quali investono in strumenti finanziari di breve durata. Non si tratta di investimenti, ma di alternative alla liquidità. Compreso il Conto Arancio.

Ecco il primo esempio del corretto utilizzo di uno strumento finanziario: i Bot, i pronti contro termine, o i fondi monetari, sono definiti "parcheggio della liquidità" o strumenti a breve termine. Naturalmente non offrono rendimenti allettanti, ma, essendo appunto strumenti di breve durata per loro natura, sono sicuri, nel senso che in caso di bisogno, non può succedere che, ad esempio, se tu ti trovi costretto a liquidarli, possa riportare perdite spiacevoli. Il prezzo che si paga per questa sicurezza è un rendimento minore.

E questo strumenti nascono con il preciso intento di soddisfare questo tipo di esigenza: breve durata, pronta liquidabilità, sicurezza del capitale, e un rendimento superiore a quello offerto dai conti correnti. In questo caso, non c'interessa il rendimento, ma si da priorità alla pronta liquidabilità, pur ricevendo un interesse maggiore di quello offerto dal conto corrente. Ecco perché la fascia di "riserva" prevista, investita in detti strumenti e/o simili, viene definita "semiliquida". Quindi non è appropriato parlare di investimento. Ma di ottimizzazione.

Naturalmente questo tipo di strumento non ha senso se si desidera un maggiore rendimento su una cifra a disposizione che si intende lasciare ferma per un periodo superiore all'anno. Ma in tal caso, al di là del rendimento maggiore che si desidera, è diverso lo scopo per cui si vincola quella somma, quindi, occorrerà vagliare altri tipi di strumenti finanziari che soddisfino le diverse esigenze. Ricapitoliamo: abbiamo previsto una certa cifra da mantenere liquida in conto corrente per le spese quotidiane, e destinato un'altra cifra agli imprevisti, definita come "semiliquida". Ora?Se è vero che una casa regge e resiste se poggiata su solide fondamenta, noi dobbiamo creare le nostre solide fondamenta economico-finanziarie.

Fondamentale è gettare le basi per il nostro futuro, o meglio per quel futuro che richiede maggior impegno in termini economici e tempo: la situazione **previdenziale,** soprattutto oggi, dal momento che, un domani le nostre pensioni saranno davvero misere. Se oggi, tu guadagnassi in borsa o altrove 20.000 euro, questo non ti cambierebbe la vita. Neppure 100.000 euro, ti cambierebbero al vita. La migliorerebbero, ma non la cambierebbero.

Il fatto è che se non si provvede oggi ad impostare la risoluzione di certi problemi, ti troverai un domani a non avere più tempo e denaro per provvedere. In tal caso, i guai senza possibilità di rimedio, sono garantiti. Se invece ci pensi e provvedi da subito, allora, avrai la certezza di avere un futuro pensionistico sereno, in linea alle tue aspettative. Non importa se tu sia un dipendente o meno. Quello che conta, è che per creare una valida situazione pensionistica, dal momento che non provvederà più lo Stato, devi pensarci tu. Subito.

Più inizi per tempo, meno l'impegno si rivela gravoso. Non perché costi di meno, ma perché frazioni quei costi in un tempo maggiore. Proprio come per il mutuo: lo si prende a lunghissima durata, per ridurre l'importo della rata. Più tardi provvedi, maggiore sarà la cifra che dovrai impiegare per impostare la risoluzione del problema. Oltre alla costruzione di una tua rendita futura, potrai usufruire delle agevolazioni fiscali all'uopo previste: la cifra che destini alla costruzione del tuo futuro piani pensionistico, è deducibile entro certi limiti, dal tuo imponibile. Per parte, quindi, te lo paga lo Stato.

Il bello, è che in realtà, ti conviene: se tu non provvedi, quei soldi che non destini alla tua previdenza personale, rientrano nell'imponibile, e quindi per parte, rifiniscono nelle tasche dello Stato! Questa situazione a te favorevole, deriva dal fatto che lo Stato è in grossa difficoltà. Sa e ti dice che domani non può più provvedere alle tue esigenze pensionistiche, e vuole che tu ci pensi da solo. Al contempo, sa che non può obbligarti a stipulare una pensione integrativa, perché già paghi quella obbligatoria (per pretendere questo, dovrebbe raddoppiarti lo stipendio!), quindi per "stimolarti" ti offre la seguente opportunità e ti dice: io non ti posso obbligare, ma se lo fai, quello che spendi per il tuo futuro pensionistico, lo deduci dall'imponibile su cui ti applico la tassazione. Se non lo fai, quella mancata "spesa" rientra nell'imponibile quindi soggetta alla tua aliquota. Sfrutta la difficoltà dello Stato: se non fosse in queste condizioni, pensi ti riserverebbe questo trattamento di favore fiscale? Penso proprio di no.

Segreto n. 19: spesso, proprio dalle inefficienze di un sistema, nascono le opportunità di guadagno.

Inoltre, prevedo che per incentivare la previdenza integrativa, lo Stato detasserà sempre di più le rendite che percepirai quando avrai terminato il tuo piano. Già oggi godono di un trattamento fiscale migliore (anche se di poco conto, ma indicativo di una prossima tendenza) rispetto a tutte le altre forme d'investimento, per il semplice fatto che questi prodotti finanziari assolvono ad un'importante funzione sociale, basilare.

Molti sostengono che piuttosto che provvedere con uno strumento previdenziale, sia meglio comprare una casa, che fra l'altro si rivaluta, e destinare l'affitto alla funzione di rendita per se stessi: Può essere un'idea. Ma cosa succede se l'inquilino non paga, e tu, per anni (perché la media per mandarlo via, dall'inizio della causa alla fine, concessione di forza pubblica compresa, è di circa 5 anni) non incassi niente?

Bada bene che si considera erroneamente questo tipo di prodotto (quello previdenziale) un “investimento”, perché il realtà, sottoscrivendolo, ti “compri” una rendita per il domani. Spendi oggi per riscuotere domani un qualcosa di rivalutato. Esattamente come per i vari enti pensionistici obbligatori: i soldi che versi all’INPS o enti analoghi, tu, non li consideri un investimento, ma un accantonamento che riceverai più o meno attualizzato quando concluderai la tua vita professionale e lavorativa. Lo stesso vale per le pensioni integrative.

Siccome sai bene che “quanto” ti restituirà il tuo ente previdenziale d’appartenenza, sarà insufficiente per mantenere un dignitoso tenore di vita, lo scopo e il senso delle forme previdenziali di cui parliamo, è di essere “aggiuntivo” a quello obbligatorio. Non a caso si chiama “previdenza integrativa”. Le due “pensioni”, nel loro insieme, ti garantiranno il tenore di vita che desideri.

Ognuna delle due forme ha caratteristiche ben precise e distinte. La previdenza integrativa ha quel vantaggio della deducibilità fiscale, unitamente al fatto che, se hai un piano personalizzato, puoi gestire tu, e scegliere il profilo di rischio che determinerà quanto aumenterà il capitale che versi, scelta che puoi rivedere ogni volta che vuoi, nel corso degli anni.

Quindi, maggior tempo avrai davanti, maggiore può essere il rischio che puoi assumerti per incrementare il capitale maturando. Più ti avvicinerai al termine del piano (avendo già fatto maturare e fruttare il capitale versato) più diminuirai il profilo di rischio, avendo appunto già fatto aumentare il capitale, negli anni passati, tramite i tuoi versamenti, e la valorizzazione derivante dalla gestione di quelle somme. Questa gestione diretta e personalizzata, non è possibile nella previdenza pubblica (INPS e simili).Se poi lavori presso un'azienda che ha o aderisce a qualche fondo previsto per la categoria cui appartieni o a cui è equiparata o assimilata, ti conviene aderire, perché per legge, una parte te la versa il tuo datore.

Un errore che fanno molte persone è pensare: "Ci penso io alla mia pensione, preferisco gestire io quei soldi, oppure investirli in fondi comuni che rendono di più se ben selezionati, e costano meno. Non è forse vero che le assicurazioni investono proprio

in medesimi strumenti finanziari?". Tecnicamente per parte è vero, ai fini della costituzione del capitale, tuttavia, la forma "assicurativa" in cui quel tipo di prodotto è strutturato (anch'esso investe proprio in quegli strumenti finanziari) garantisce una cosa che nessun altro prodotto finanziario offre: ossia la "rendita vitalizia".
L'assicurazione si assume il rischio della "durata" della tua vita" e s'impegna a corrispondere una certa cifra (in base alle tabelle di mortalità, che indicano l'evolversi della durata della vita media delle persone) fino alla tua morte. Se la tua vita si dovesse rivelare particolarmente lunga, l'assicurazione per certi versi, ci ha "perso" perché si è assunta l'obbligo di pagarti finché campi. Cosa che nel caso di investimenti alternativi, non può essere garantita. Se "campi" (e te lo auguro) più di quanto hai ipoteticamente previsto, la cifra su cui avevi lavorato per anni autonomamente, potrebbe non rivelarsi sufficiente per lo scopo, con la differenza che non avresti più tempo, voglia, soldi, ed energia per provvedere.

Questo, con la rendita vitalizia non accade. Unitamente al fatto che gli altri strumenti finanziari (seppur ugualmente validi per costruire un capitale) non godono della deducibilità dall'imponibile di quanto versi per la tua pensione (perché non rispondono ad alcuna esigenza sociale), e non godono neppure del trattamento fiscale favorevole quando riscuoterai la tua rendita.

Ecco perché dico che la previdenza alternativa non può essere considerata un investimento tecnicamente, ma un costo che sostieni oggi, per "comprarti" una rendita domani, in cui chi ti assicura, si assume il rischio della durata (e quindi di quanto deve erogarti) della tua vita. A questo, serve la "maschera" assicurativa, che riveste quei prodotti finanziari.

Impostate le basi per il tuo "lontano" futuro, occorre pensare al tuo "prossimo" futuro: quello a breve, medio, e lungo termine. Per quale motivo, si "fraziona" il tempo in tutte queste parti?Per il semplice fatto che la vita è un costante divenire. Le esigenze, le prospettive, i bisogni, e i desideri, cambiano, fermo restando certi "pilastri" cui si deve provvedere a prescindere (come la pensione). Quello di cui ha bisogno un ragazzo di 20 anni, non coinciderà con quello di cui avrà bisogno a 30 anni, magari con casa da acquistare, o di quanto costruirà una propria famiglia.

Quindi necessariamente cambiano le esigenze, gli obiettivi. Come diceva un noto maratoneta, quando gli chiesero come facesse a resistere per decine di chilometri, e a cosa pensasse in tutte quelle ore, egli rispose: «Io non penso al fatto che ho davanti tante ore e chilometri da percorrere. Questo mi butterebbe giù e mi farebbe apparire l'impresa come titanica. Penso piuttosto mentre percorro ogni singolo passo, a quello successivo che ho davanti, e così via, passo dopo passo, fino al traguardo.» Ossia mentalmente fraziona quel cammino, e si preoccupa solo del passo successivo. Di nient'altro. Anche le case più maestose, sono composte da singoli mattoni! Dall'insieme di quei mattoni, esce fuori la casa.

Quando dico che devi impostare il tuo futuro frazionandolo, mi riferisco sia agli obiettivi sia alle esigenze, ossia riguardo al modo di migliorare le entrare ma anche alle spese che dovrai sostenere. Faccio riferimento quindi, sia agli attivi (entrate) che ai passivi (uscite), perché la vita cambia sotto tutti gli aspetti. Quindi, è indispensabile pianificare sia gli uni che gli altri.

Nell'effettuare una pianificazione finanziaria, è opportuno ipotizzare e prevedere quali possano essere le **spese importanti** che dovrai sostenere (es. acquisto i un'auto, di una casa), perché questo determinerà il tipo di investimento opportuno per quei soldi che hanno già una destinazione predefinita, che dovrà quindi avere caratteristiche tali da esser liquidato quando previsto, senza riportare spiacevoli sorprese al momento opportuno. Mi spiego: se dispongo di 20.000 euro, e so o ipotizzo che fra circa sette mesi devo cambiare la macchina, sarebbe sconsigliabile investire nel frattempo quei soldi in azioni. Per i motivi spiegati nell'altro capitolo. Esattamente come se ipotizzo di acquistare fra 5-7 anni una casa, sarebbe sconsigliabile investire per tutto quel tempo il mio capitale in titoli di stato che come rendimento, avendo un medio-basso profilo di rischio, coprono a malapena l'inflazione.

Ogni strumento finanziario, per assolvere al meglio la funzione per cui è stato creato, deve corrispondere a precise e specifiche esigenze. Non esiste uno strumento migliore di un altro: esiste quello che fa per te, che si adatta alle tue esigenze. Quello è l'investimento migliore a prescindere dal rendimento, il quale, dell'investimento è solo un aspetto. E non sempre fra i più rilevanti.

È proprio qui, l'origine di gran parte delle perdite che la stragrande maggioranza delle persone ha riportato negli investimenti effettuati in borsa: ha scelto strumenti non idonei alle proprie esigenze, o peggio ancora, che non facessero riferimento ad alcun obiettivo. La gente, senza una precisa strategia, ha comprato strumenti finanziari, senza conoscerne le caratteristiche e rispettare le peculiarità tecniche dei medesimi, e senza adattarli alle proprie situazioni. È come se io dovessi scalare una montagna, ma al posto del piccone prendessi una zappa. Non è lo strumento a essere "inutile", perché la zappa, nasce per assolvere ad una specifica funzione. Sono io ad aver scelto in quel caso, uno strumento non idoneo per ciò che mi serve. Ecco perché, come Robert Kyiosaki afferma: «Non è mai l'investimento ad essere pericoloso, ma è l'investitore a renderlo tale» perché l'ignoranza porta al mancato corretto utilizzo dello strumento, oltre che ad una errata selezione del medesimo.

La gente ha riportato perdite perché aveva come unico obiettivo, quello generico, del rendimento. Non aveva quindi una strategia che indicasse come agire, a quale fine, in che termini e tempi. Non ha pianificato alcunché. Ha agito senza presupposti, senza punti a cui fare riferimento, per individuare la migliore strategia per sé.

E, come recitava lo slogan della pubblicità prima menzionata " la potenza, è nulla senza il controllo". Ma se è vero che tutti gli strumenti finanziari nascono per offrire qualcosa (anche perché in caso contrario, nessuno mai li sottoscriverebbe) e nonostante tutto, questo spesso non accade, ciò dipende esclusivamente dal fatto che troppo spesso le persone, non ne conoscono le regole che ne disciplinano il corretto funzionamento, e non agiscono secondo una precisa logica: ossia trovare ed abbinare i giusti strumenti a precise esigenze ed obiettivi.

Segreto n. 20: per vincere, occorre conoscere le regole del gioco e rispettarne il corretto funzionamento. Forse, non sempre vincerai, ma arriverai comunque alla fine del gioco. Non ne uscirai mai fuori prima, malconcio.

Se io acquisto una pistola, ma non ne ho dimestichezza, e la porto addosso, magari sotto emotività la tiro fuori quando ad esempio, subisco un tentativo di furto e/o rapina, posso uccidere anziché ferire il mio aggressore, o peggio ancora, colpire qualcun altro di passaggio in zona. E vado incontro a conseguenze giuridiche comunque pesanti. La colpa non è certo della pistola, che è un semplice mezzo, quanto piuttosto della mia inesperienza pratica nell'usarla, nel mio scarso controllo dell'emotività che invece dovrebbe avere chi porta un'arma (perché conscio della capacità d'offesa che quello strumento comporta quando utilizzato).Il cacciavite nasce come strumento per avvitare o svitare appunto delle viti. Se come più di qualcuno fa, lo si porta in macchina e lo si utilizza come arma di difesa, per quanto efficace, non assolve alla funzione per cui è stato creato. E può creare problemi molto seri, se lo si utilizza in maniera inappropriata.

Per carità, forse può anche salvare la vita, ma in tal caso, si rimette la propria sorte alla fortuna. Non basta avere un coltello o un cacciavite per fare di te un uomo che sa difendersi perfettamente. Vince chi è più motivato, o "cattivo" in casi del genere, oppure chi è avvezzo a situazioni pericolose. Quindi non dipende mai dallo strumento in se, quanto piuttosto da "chi" lo utilizza, e da "come" lo utilizza.

Molti, oltre ad aver utilizzato strumenti finanziari in maniera inappropriata, si sono rimessi alla sorte, e naturalmente si sono trovati di fronte a spiacevoli sorprese, in quanto hanno operato senza alcuna strategia (se non quella di un non precisato generico rendimento), e quel che è peggio, senza un minimo di cognizione e conoscenza riguardo ciò che facevano, soprattutto riguardo le regole che disciplinano il funzionamento del (qualsiasi) mercato, che bisogna assolutamente rispettare, in relazione al settore (finanziario) scelto. Quindi, se devo comprare entro un anno l'auto, probabilmente selezioneremo uno strumento finanziario in cui impiegare nel frattempo quella somma, che preveda un orizzonte temporaneo breve, a prescindere dall'effettivo rendimento. Ovviamente deve rendere maggiormente rispetto ad un conto corrente (in caso contrario, si tengono quei soldi in c/c)!

Lo stesso dicasi se sai che fra "x" anni, devi comprare casa. A seconda dell'orizzonte temporale che prevedi, si prediligeranno strumenti finanziari che per durata, caratteristiche, soddisfino quella specifica esigenza, e a questo punto, dato l'orizzonte temporale maggiore, si può puntare ad un rendimento significativo, che consenta il più possibile di avvicinarmi a quell'obiettivo. Anzi, è necessario agire in tal senso, in caso di obiettivi a media lunga scadenza.

Maggiore è il tempo che ho a disposizione, maggiore è il rischio che posso assumermi, perché un maggior rendimento, implica l'utilizzo necessariamente di strumenti di capitale di rischio, come le azioni. Ma, in realtà, il rischio consiste solo nell'oscillazione del capitale. Ogni perdita e ogni guadagno, sono virtuali, finché non vendi. Certo è che se sbagli il momento d'entrata nel mercato, o il tipo di azione o strumento selezionati, il tempo può far poco. Certamente non miracoli.

Ma se scegli bene, sia lo strumento, sia il momento giusto per acquistare, non fallirai. Tutto oscilla, ma se osservi ad esempio, da inizio secolo ad oggi, i grafici mondiali dei corsi azionari, noterai che, per quanto piuttosto "frastagliati" tendono comunque sempre verso l'alto. Se così non fosse, il mondo non si sarebbe evoluto.

Basta che acquisti, per esempio, una copia del giornale "Il Sole 24 ore" di un qualsiasi giorno di 10-15 anni fa, e lo confronti con l'edizione odierna, nella pagina delle quotazioni delle borse valori. Trovami un solo valore e/o quotazioni che sia rimasto "fermo" a quella data che hai scelto, o uno che è addirittura calato, rispetto allo stesso, ma odierno. Qualche titolo non c'è più, qualcun altro è "fallito", ma si tratta di esigua minoranza, non rilevabile ai fini statistici. Vedrai come tutti i valori, di tutti i mercati sono cresciuti in termini percentuali notevoli, impressionanti.

Segreto n. 21: solo per gli impreparati, il rischio, significa perdere denaro: per gli investitori, è solo "oscillazione" di valori, che consente di comprare quando è basso per vendere quando è alto.

Questo dimostra che, se è vero che tutto cresce nel tempo, occorre una volta selezionati gli strumenti idonei alle proprie esigenze ed obiettivi, acquistarli al momento giusto (fasi di crisi di mercato) lasciarli “lavorare” per il giusto tempo. Solo chi pretende di “piegare” le regole del funzionamento degli strumenti finanziari e dei relativi mercati alle proprie esigenze, riporta sempre spiacevoli sorprese.

Chi invece ne comprende il funzionamento, acquista bene, e ne rispetta quelle regole, scegliendo gli strumenti adatti alle proprie esigenze, centrerà sempre quanto si era preposto. In questo caso, anche in riferimento al solo rendimento: potrai riportare un po’ più o un po’ meno di quanto ipotizzato, ma comunque avrai centrato il tuo obiettivo, in termini economici. Quindi, occorre prevedere e pianificare quali possano essere i tuoi prossimi impegni di spesa importanti, in quanto tempo intendi effettuarli, ed “investire” il capitale disponibile per far fronte in maniera appropriata e soddisfacente a questi obiettivi ed esigenze. Lo scopo, e il tempo a disposizione, ne determinano la destinazione e la soddisfazione personale e finanziaria. Se invece non disponi di denaro, il discorso cambia poco: anzi, devi impostare a maggior ragione, un piano finanziario che ti consenta di formarti un capitale.

Come vedi, un piano finanziario, serve in entrambi i casi; nel primo per mantenere e gestire al meglio il capitale disponibile, nel secondo, per crearne uno, ma in tutti i casi, quello che conta, è che deve essere finalizzato ad uno specifico obiettivo, nonostante presupponga differenti soluzioni a seconda di dove si parte (ossia se si parte dal gestire somme esistenti, o dal doverne creare delle nuove).Entreremo nel dettaglio sul come agire in merito nei capitoli successivi. In questo, è importante sottolineare quanto e come sia importante identificare ed evidenziare in analisi, quelle esigenze ed obiettivi, che richiedano un successivo impegno.

Segreto n. 22: l'analisi insegna quindi come ogni azione in senso finanziario, debba esser pianificata il relazione ad un preciso scopo. Perché è lo scopo a determinarne la strada migliore da percorrere per realizzarlo.

Oltre quindi ad aver valutato le spese fondamentali ed importanti nella vita di ognuno di noi (pensione integrativa, casa, macchina, o quant'altro) cui si deve o vuole tener conto, l'analisi, deve fare emergere tutto il resto di quanto si vuole realizzare, sia in termini di esigenze, sia in termine di obiettivi. Abbiamo visto, ad esempio nel precedenti paragrafi, di come e quanto si possa risparmiare con dei semplici accorgimenti (razionalizzazione ed ottimizzazione del risparmio, e delle spese). Abbiamo valutato cifre di qualche migliaio di euro.

Una cosa che suggerivo spesso ai miei clienti, consiste nel sopperire all'altra cronica carenza in un servizio indispensabile cui lo Stato riesce sempre meno a far fronte: la sanità. Come sai, la previdenza e la sanità, sono i settori che più costano allo Stato, e quindi alla collettività. Oltre a non saper gestire, e a gestire malamente le risorse destinate a quei servizi, lo Stato anche qui, come per le pensioni, a "bassa voce" ti sta dicendo che a breve, tranne che per i servizi essenziali sanitari, come il pronto soccorso, non sarà più in grado di garantire una assistenza seria e concreta. Eppure per il servizio sanitario nazionale spendiamo tanti soldi. Ma la realtà, è questa, e con questa bisogna confrontarsi.

Ebbene, con i risparmi provenienti dalla razionalizzazione ed ottimizzazione delle proprie spese, io consiglio di sottoscrivere una **polizza sanitaria** per sé e i propri cari, presso primarie istituzioni assicurative. Sia per far fronte alla cronica carenza di servizi sanitari statali, sia per un'altra ragione: quando stiamo male, notoriamente vogliamo "il meglio" in campo medico. E, quel meglio, costa. Mi diverto quando ascolto le vicende mediche delle persone, in cui ognuno asserisce di essere seguito dal "professore" o da un luminare.

Nessuno ti dice, o desidera essere seguito da un semplice medico che per quanto bravo, non sia "nessuno"! Ma questo indica che, giustamente, di fronte ad esigenze mediche, pretendiamo il meglio, per noi stessi e per i propri cari. Se non disponi di una polizza, per un'operazione "semplice" come un'appendicite, puoi spendere come niente 15.000 euro almeno, per avere il "top" dei professionisti che ti operano e delle cliniche in cui ti ricoveri. Con una polizza sanitaria, hai la possibilità di ricoverarti in tutto il mondo, e presso le migliori strutture (convenzionate con l'assicurazione), usufruendo della professionalità dei migliori medici; senza limiti di spesa se non quelli che tu, hai stabilito contrattualmente, optando per un tipo o l'altro di polizza sanitaria.

Oggi ce ne sono molte, e di molto buone. Se sei giovane, con circa 3.000 euro l'anno, ti assicuri un'ampia copertura sanitaria per te e i tuoi familiari, avendo la possibilità di scegliere il meglio, in termini di strutture (cliniche) e di professionisti che ti metteranno le "mani addosso". L'unico neo, è che i costi della polizza non sono ne deducibili, ne detraibili, perché lo Stato, quello Stato che gestisce pessimamente la sanità, "ritiene" la polizza un bene di lusso, e non necessario, dal momento che c'è il servizio sanitario nazionale! Ma, a parer mio, di fronte alla salute, tutto il resto passa in secondo ordine.

Ricapitolando, abbiamo visto come risparmiando e ottimizzando la gestione del nostro denaro, possa uscire fuori, senza costi aggiuntivi (perché impiegheresti i soldi recuperati tramite la corretta gestione delle tue spese), la soluzione per una importantissima tutela per te e la tua famiglia, che è quella sanitaria; abbiamo anche visto come, con soldi provenienti sempre dal risparmio, puoi impostare un piano pensionistico, sia individuale sia iscrivendoti ad un fondo di categoria (se l'azienda per cui lavori ne ha uno, o aderisce a qualche fondo equiparato), getti le basi per la tua serenità nella terza età, sfruttando anche dei benefici fiscali che diventeranno sempre più interessanti (proprio allo scopo preciso di favorirla).

Come detto previdenza e sanità costituiscono i problemi più dolenti per i cittadini, ma al tempo stesse, rappresentano le esigenze più importanti da tutelare, ed io, ti ho appena illustrato come impostare la loro risoluzione, senza particolari sforzi, o disponibilità economiche.

E, bada bene, conseguirai la soddisfazione di queste due prioritarie esigenze, a prescindere da come evolverà la situazione “pubblica” inerente a quei settori. Che già sappiamo sarà sempre più scadente (per quanto possibile) in termini di prestazioni erogate e di servizi resi. Ma devi iniziare oggi, il più presto possibile, perché più rimandi, più ti costerà, soprattutto la pensione integrativa. Quello che mi preme farti capire, è come una corretta pianificazione finanziaria possa risolvere quasi tutti i tuoi problemi, esigenze, ed obiettivi, se ben impostata.

E t’assicuro che non serve essere milionari per soddisfare gran parte delle esigenze. Ti ho appena mostrato come puoi ottenere la migliore tutela sanitaria, sfruttando certi accorgimenti, e ti ho appena detto che è possibile “creare” i soldi da destinare al piano della tua pensione integrativa.

Questo dimostra che se si lavora bene, servono meno soldi di quanto pensi per tutelarti al meglio: non perché costino poco (quello che costa poco, quasi sempre è scadente), ma perché ti sto illustrando come fare per poterti permettere importanti servizi, facendo si che il reperimento di fondi necessari per sostenere quei costi, non vadano ad incidere sulle tue entrate, ma si generino in maniere alternative. Dai risparmi e dai frutti dei tuoi investimenti, puoi creare delle entrate che servano sia a risolvere queste esigenze (pensione e sanità) sia per soddisfare qualsiasi altra tua necessità o desiderio.
Questo, intendo, quando parlo di razionalizzazione e ottimizzazione nella gestione delle proprie risorse.

Gestire meglio, significa aumentare le possibilità di spese (la cui destinazione dipende dalle priorità) a parità di entrate rispetto a chi non ottimizza; gli investimenti invece consentono di aumentare o creare del denaro per soddisfare altre esigenze, raggiungere degli obiettivi, e perché no... realizzare qualche sogno nel cassetto, **avendo previsto e provveduto nell'ordine a organizzare:**

- fascia di liquidità per le spese correnti quotidiane e mensili;
- riserva semiliquida per imprevisti ed esigenze sopravvenute;
- dal risparmio derivante dalla gestione razionalizzata ed ottimizzata delle spese, abbiamo "tirato fuori" i liquidi per impostare la propria posizione previdenziale e/o sanitaria.

Rimane **l'area degli investimenti veri e propri**, ossia porre in essere delle azioni finalizzate a creare, mantenere, o aumentare un capitale. Qui, entra in gioco la seconda parte dell'analisi. Una volta sistemate le aree di miglioramento, le lacune, le esigenze, si pianificano gli investimenti veri e propri. L'analisi serve per determinare la finalità degli investimenti, nel senso che, ancora una volta, occorre identificare uno scopo, un fine, cui destinare i soldi da investire. Ovviamente ogni scopo avrà differenti obiettivi, e quindi caratteristiche da soddisfare. Gli obiettivi sono differenti da persona a persona, anche se alcuni di essi, sono piuttosto comuni, quali:

- acquisto di prima o seconda casa;

- acquisto di automobile o mezzi di trasporto;
- creare un capitale per il futuro dei figli (università, attività, ecc);
- creare un capitale per avere serenità;
- capitale per ristrutturare casa o cambiare la mobilia e/o l'arredamento;
- fare "il giro del mondo";
- mettersi in proprio;
- creare una azienda;
- insomma, i possibili obiettivi, tranne quelli fondamentali e più comuni, possono essere i più svariati.

Naturalmente, all'identificazione di ciascun obiettivo, corrisponde sia l'orizzonte temporale previsto, sia la somma che s'intende raggiungere, sia le modalità in cui si ritiene di raggiungere lo scopo prefissato. Questi termini, sono indispensabili anche per capire, in relazione all'obiettivo, che rischio è opportuno andare ad accollarsi, per ottenere un rendimento che consenta di realizzare quanto desiderato.

Questo a sua volta, consente di selezionare strumenti finanziari idonei, e di combinarli fra loro sia per equilibrare il portafoglio finanziario (dato dalla somma e dal complesso di tutti gli strumenti selezionati), sia di impostare la soluzione di più esigenze e il raggiungimento di più obiettivi, contemporaneamente, per quanto possibile. L'elaborazione del portafoglio finanziario che contempli tutto questo, è tecnicamente la parte più complessa.

Ecco perché sconsiglio la modalità del "fai da te". Le varie "teorie" di portafoglio esistenti, e relativi indici di valutazione, sono state elaborate da economisti premi Nobel, come Modigliani, Treynor, Black, Sortino e per la loro complessità dovuta alle varianti e variabili che possono intervenire, richiedono una competenza tecnica molto specifica.

Nel mondo finanziario, esistono un qualcosa come 150.000 strumenti finanziari (hai letto bene!) ognuno con caratteristiche, peculiarità, e funzioni completamente diverse fra loro, anche se talvolta simili.

Comprenderai come solamente un professionista tecnicamente preparato, sappia selezionare quelli maggiormente idonei alle tue necessità, e combinarli in un equilibrio fra "pesi" e misure" in base ai quali, se i mercati crollano, tu subisci solo parzialmente delle momentanee oscillazioni comunque mai travolgenti, o addirittura non le subisci affatto (dopo vedremo come e perché) mentre se crescono, prontamente incrementano il tuo capitale. Il tutto, nella piena corrispondenza fra caratteristiche degli strumenti selezionati ai tuoi bisogni e in virtù dei tuoi obiettivi, che, come detto, sono i fattori più importante da tenere conto.

Come vedi sono tanti gli elementi di cui tener conto, sia tecnici, sia pratici (esigenze ed obiettivi).Un professionista non ha come scopo prevalente quello di farti guadagnare (anche perché il risultato, lo fa il mercato, non il professionista) ma ha come principale fine, quello di "organizzare" al meglio, tutto quanto emerso e concordato in fase di analisi. Da queste attività, naturalmente ne discende anche un miglior rendimento, dato appunto, sia dal corretto investimento, sia dall'ottimizzazione e razionalizzazione delle proprie risorse.

Egli, in sintesi, applica il detto di Socrate (un problema non esiste se si sa come impostarlo, perché se ben impostato, la sua risoluzione non può che esserne l'unica logica conseguenza): imposta il tutto, al meglio e secondo quanto è più opportuno nel tuo specifico caso, perché poi, gli strumenti finanziari, facciano il "loro lavoro" e conducano a quanto previsto.

Egli, unitamente alle tue "caratteristiche personali", studia i mercati, i relativi andamenti, perché è sempre e solo il mercato a fare il risultato, e quindi, può in base alle sua esperienza, anticiparlo, prevederne grosso modo la direzione che prenderà, le probabili e possibili evoluzioni in un senso e/o nell'altro (di qui, la necessità di combinare ottimamente il portafoglio secondo un equilibrato gioco di pesi e misure) che prenderà. Ma come è possibile? ha la palla di vetro? Certamente no. Oltre che dalla sua preparazione professionale ed esperienza, è aiutato dalle serie storiche delle evoluzioni finanziarie passate, in quanto l'analisi dei mercati e delle loro evoluzioni da inizio secolo scorso ad oggi, ci mostrano come reagiscono i mercati in relazione al verificarsi di vari eventi. In sostanza, vale anche in finanza il detto: "la storia si ripete". Ovviamente sono molte le variabili di cui tener conto, e soprattutto, l'analisi delle "serie storiche" offre delle "indicazioni" su possibili e probabili scenari, ed evoluzioni dell'economia, ma non offre garanzie e/o certezze.

Tuttavia, la sua competenza in merito alla conoscenza di strumenti finanziari, mercati e relative evoluzioni, unitamente alla sua preparazione in campo economico, lo rendono un professionista idoneo ad effettuare questo tipo di consulenza, che parte dall'analisi, per elaborare il piano finanziario necessario affinché si soddisfino le esigenze e si realizzino gli obiettivi prestabiliti.

Quello che può accadere è che i risultati economici possano essere più o meno in linea con le aspettative, ma sempre nell' ambito di una previsione che parta da un minimo ad un massimo di scostamento accettabile e plausibile, quindi previsto o prevedibile. Oppure può accadere che i "tempi " previsti per il risultato atteso, possano essere leggermente maggiori, o addirittura minori rispetto a quanto ipotizzato, sempre entro certi limiti previsti e prevedibili.

Quello che conta, è che egli componga il "giusto" portafoglio per la persona cui si riferisce, e acquisti "bene" gli strumenti finanziari selezionati. A quel punto, nonostante si possa verificare uno dei due casi, o tutti e due assieme, (accettabili dal momento che non si dispone della sfera di cristallo) si giungerà ai risultati ipotizzati comunque. In tal senso, e a queste condizioni, vale il detto che la storia si ripete.

Il compito del professionista non si esaurisce con queste attività: prosegue oltre, in quanto, una volta impostato il portafoglio finanziario, deve essere costantemente monitorato, al fine di apportare eventuali azioni correttive, in caso di mutamenti di scenari economici. Oppure, come spesso accade, nel tempo, cambiano le esigenze delle persone, pertanto si rende necessario "mantenere" il portafoglio, al fine riadattarlo, modificarlo, integrarlo, per mantenerlo sempre perfettamente "aderente" alla situazione personale. Quindi, il rapporto professionale deve essere continuativo nel tempo. In questo contesto, dopo aver provveduto all'essenziale, è prevista anche (laddove vi sono possibilità e risorse) una parte di denaro destinata alla "**speculazione**".

La differenza fra **investimento e speculazione,** è la seguente: il primo consiste nell'organizzazione e destinazione di risorse per un fine prestabilito (obiettivi ed esigenze), la seconda consiste nella destinazione di una certa somma solo ed esclusivamente al fine di ottenere un rendimento, tentando di massimizzare il profitto (e questa è la differenza dal risparmio) sia pur non agganciato ad alcuno scopo o non destinato a specifica esigenza.

La speculazione, è praticabile soprattutto nei momenti di crollo di piazze finanziarie, che, come è noto, comportano una drastica riduzione dei prezzi di acquisto. Anche perché non essendo agganciata ad obiettivi, non è vincolata di conseguenza a "tempistiche" prestabilite. Qui, il fattore tempo, rileva prevalentemente in relazione al momento d'acquisto. Il segreto, in questo caso, è semplice: compri a poco, approfittando di una correzione al ribasso dei mercati (spesso accadono senza motivo reale, ma solo sulla base di "timori") per rivendere quando i medesimi recuperano. Si tratta di operazioni a più o meno breve termine, che sfruttano le anomalie e le inefficienza di mercato.

Qui, come già riportato, non si ha un orizzonte temporale consigliato, specifico, anche perché di solito, sia le correzioni, sia i recuperi dei mercato (quando le correzioni non sono supportate da motivi validi) sono piuttosto repentine. Potemmo dire che si tratta di **scommesse (sia pur ragionate), ma non di azzardi,** in quanto se, ad esempio, a seguito di un crollo finanziario ingiustificato, io acquisto delle azioni di buone società, esse normalmente sono fra le prime a recuperare valore.

Perché quando le correzioni di mercato, sono ingiustificate, ossia non supportate da motivi macro e microeconomici seri, vengono riassorbite piuttosto in fretta. E molto spesso accade proprio questo. Se ci fai caso, quando ai telegiornali parlano di bruschi crolli dei mercati, quando ne illustrano le ragioni, parlano sempre di "timori" di qualcosa (che scatenano ondate di ribassi), e mai di dati precisi che giustifichino quelle debacle. Per cui, si tratta di scommesse "ragionate" e non di azzardo.

Per quello, c'è il superenalotto! Pur non essendo la speculazione agganciata ad alcuna esigenza, o in funzione di nessun obiettivo stabilito, ritengo debba esser ricompressa come attività di portafoglio, perché quelle plusvalenze, possono servire per contribuire a realizzare prima e meglio, quanto stabilito per le esigenze e per gli obiettivi semplicemente per lasciarci in tasca da spendere, qualche soldino in più, il che, fa sempre piacere!

Insomma, come hai visto, una pianificazione finanziaria è data dall'insieme di più strumenti finanziari (asset allocation) combinati fra loro in un equilibrio che impedisce al portafoglio di essere ostaggio di un singolo mercato, ossia di muoversi tutto al rialzo o al ribasso in casi di relative oscillazioni di mercato.

Naturalmente un portafoglio risente di brusche oscillazioni, ma se correttamente impostato, mai in maniera preoccupante, proprio perché i singoli strumenti che lo compongono hanno un andamento antitetico: se va male un settore, ne va bene un altro, pertanto se va male uno strumento, vuol dire che un altro settore (ciclici ed anticiclici) cresce, e il relativo strumento aumenta il suo valore. Ma come si compone tecnicamente un portafoglio, secondo quali logiche e perché, lo vedremo appresso. Qui, quello che mi preme evidenziare è che, ogni singolo strumento prescelto deve rispondere a delle precise esigenze, e vanno assolutamente rispettati tempi e regole che ne disciplinano il corretto funzionamento. Se non si comprende questo, l'insuccesso è assicurato. Ricorda: non è mai l'investimento di per sé ad essere pericoloso, ma è l'investitore ad essere pericoloso, se non agisce con criterio.

RIEPILOGO SEGRETI DEL GIORNO 4

- SEGRETO n. 14: l'ignoranza e l'emotività, che rappresentano il vero e unico rischio ingestibile, in finanza, sono madri di tutti gli errori.
- SEGRETO n. 15: gli impreparati subiscono i mercati, gli investitori li sfruttano.
- SEGRETO n. 16: nella vita tutto è ciclico dalla notte dei tempi. Quando conosci le regole del gioco, puoi anticipare (prevedere) le fasi ed approfittarne a tuo vantaggio
- SEGRETO n. 17: razionalizzare ed ottimizzare le spese, fa si che, a parità d'entrate fisse, tu disponga di più denaro.
- SEGRETO n. 18: dal risparmio, guadagni, e se quel guadagno lo reinvesti, guadagni 2 volte, senza tirare fuori un solo euro.
- SEGRETO n. 19: spesso, proprio dalle inefficienze di un sistema, nascono le opportunità di guadagno.
- SEGRETO n. 20: per vincere, occorre conoscere le regole del gioco e rispettarne il corretto funzionamento. Forse, non sempre vincerai, ma arriverai comunque alla fine del gioco. Non ne uscirai mai fuori prima, malconcio.
- SEGRETO n. 21: solo per gli impreparati, il rischio, significa

perdere denaro: per gli investitori, è solo "oscillazione" di valori, che consente di comprare quando è basso per vendere quando è alto.

- SEGRETO n. 22: l'analisi insegna quindi come ogni azione in senso finanziario, debba esser pianificata il relazione ad un preciso scopo. Perché è lo scopo a determinarne la strada migliore da percorrere per realizzarlo.

GIORNO 5:
Necessità di un buon portafoglio d'investimento

In questo capitolo, offrirò una generica panoramica e spiegazione riguardo i criteri di composizione del proprio portafoglio. Illustrerò le regole che disciplinano il corretto funzionamento dei più comuni e tradizionali strumenti finanziari utilizzati ed utilizzabili, per dare un'idea circa le principali caratteristiche dei medesimi.

Tutto questo, al fine di comprendere, sia come mai, molte persone hanno riportato perdite importanti, e come invece sia possibile e consigliabile utilizzare detti strumenti correttamente, al meglio, proprio per evitare sorprese spiacevoli.

Come detto un portafoglio finanziario è dato dalla presenza e combinazione di più strumenti finanziari, collegati fra loro in un gioco di pesi e misure secondo un equilibrio tale per cui, l'intero portafoglio non subisce pesanti contrazioni o variazioni in generale, in caso di crolli di piazze finanziarie. Se così accadesse non avrebbe senso comporre un portafoglio d'investimento. Questo perché i singoli strumenti selezionati, oltre a rispondere a specifiche esigenze personali dell'investitore, sono combinati anche in modo tale da avere un andamento non correlato fra loro: se ad esempio, la parte azionaria cala, quella obbligazionaria e monetaria cresce. I mercati molto spesso per ragioni tecniche che non è qui opportuno spiegare, hanno andamenti inversi.

Ecco perché è piuttosto delicato tecnicamente, comporre un portafoglio ottimale, e richiede necessariamente l'elaborazione da parte di un professionista altamente qualificato che conosca sia le dinamiche dei mercati, sia il corretto funzionamento dei singoli strumenti finanziari.

Ricorda sempre che nessuno strumento finanziario, nasce con la specifica intenzione di procurare perdite, perché se così fosse, non solo non lo sottoscriverebbe nessuno, ma non avrebbe neppure ragione di esistere. Quindi, se e quando questo accade, è per due precise ragioni:

1. non si è selezionato lo strumento adatto ai propri scopi;

2. se anche si fosse selezionato lo strumento adatto, poi, non se ne rispettano le regole che ne disciplinano il funzionamento.

Ovviamente non entrerò troppo nel tecnico poiché non risulterebbe utile al lettore ai fini di una comprensione generale, erogare tutta quella serie di informazioni che genererebbero solamente confusione. Chi tuttavia desiderasse approfondire taluni argomenti o funzionamento tecnico di strumenti finanziari, può trovare "tonnellate" di testi in materia, presso qualsiasi libreria che tratta argomenti economici.

Come anticipato nel precedente capitolo, sono circa 150.000 gli strumenti finanziari esistenti al mondo. Alcuni sono di particolare complessità e pericolosità, in quanto richiedono una conoscenza e competenza tecnica esageratamente specifica, quindi effettuabili solamente da persone altamente qualificate (strumenti finanziari "derivati", obbligazioni strutturate, ecc.). Altri ancora non c'interessano e non li tratterò in questa sede, poiché non adattabili o idonei allo scopo del tipo di pianificazione finanziaria che stiamo trattando: quella personale e/o familiare che comporta il soddisfare determinate esigenze e centrare obiettivi come quelli analizzati ed evidenziati in precedenza. Gli strumenti finanziari, sono raggruppati in "categorie", all'interno delle quali, ci sono molte varianti dei medesimi (sottocategorie), i quali, tuttavia hanno differenti scopi e finalità, nonostante fossero appunto ricompresi nelle medesime categorie.

Si possono avere singoli strumenti (es. azioni, obbligazioni), e strumenti che raggruppano più strumenti (fondi azionari, obbligazionari, che all'interno hanno decine e/o centinaia di azioni e/o obbligazioni, oppure entrambi).Vedremo le differenze, e quando è opportuno prediligere gli uni, o gli altri. Prima di addentrarmi, desidero sottolineare e ripetere che un "**portafoglio d'investimento" è dato dal complesso (insieme) di attività finanziarie (strumenti) selezionate, e combinate fra loro, in modo tale da minimizzare il rischio e ottimizzarne contemporaneamente il rendimento**.

Per fare questo, occorre combinare detti strumenti secondo dei precisi criteri. È il gioco di pesi (tipo di strumenti) e misure (quantità) di cui parlavo prima, che come in fisica, se ben impostati, determinano un equilibrio. L'equilibrio, serve per non essere mai “ostaggi” dei venti di mercato, o se ciò non si può del tutto evitare, a risentirne in maniera piuttosto limitata, non incisiva, e quindi non dannosa.

Ritengo importantissimo soffermarmi sul come si compone un portafoglio, in quanto, come è noto, non è mai uno strumento ad essere buono o cattivo, di per sé. È il come lo si utilizza, che lo rende buono o cattivo.

Segreto n. 23: nessuno strumento finanziario, nasce con lo scopo di far perdere denaro: quando ciò accade è perché non lo si impiega correttamente.

Non pianificare, significa improvvisare. Se già è complesso ottenere risultati per chi pianifica, figurarsi per chi agisce senza impostare un buon piano finanziario!Nel primo caso, il vantaggio è una corretta previsione e gestione del rischio, mentre nel secondo caso, ci si affida alla fortuna. Nel secondo caso, suggerirei di puntare sul “superenalotto”: si spende poco, e, con una probabilità su milioni, se dice bene, si risolvono i problemi della vita!

Battute a parte, proprio perché non si può rimettere le proprie sorti alla fortuna, è necessario agire nell'unico modo alternativo valido: conoscere, organizzare, pianificare, per poi agire. Secondo le regole che disciplinano i funzionamenti dei mercati e degli strumenti finanziari. Un'ultima considerazione prima di addentrarci nell'elaborazione del proprio portafoglio: più volte ho parlato della necessità di un minimo di cultura finanziaria.

Essa, non comprende solo **l'istruzione finanziaria** necessaria per capire, ma anche **l'aggiornamento** costante. Ossia, una volta compresi tecnicamente gli strumenti finanziari, poi, necessario è seguire un minimo le evoluzioni dei mercati. E degli strumenti stessi. Perché in finanza, nulla è statico, come nella vita, del resto.

Qui, c'è una nota dolente: l'informazione finanziaria, è quasi sempre manipolata. Per cui, più che leggere Milano Finanza, o il Sole 24 ore, occorre farsi delle proprie "idee" circa le possibili e probabili evoluzioni dei mercati, partendo dai "**dati**" fondamentali, pubblicati da quei quotidiani. Sconsiglio di affidarsi integralmente ai suggerimenti dei "giornalisti finanziari", o di sedicenti "esperti" in quanto, troppo spesso si rivelano incompetenti, e in aggiunta, sono pagati dai giornali per cui scrivono, i quali, a loro volta, sono appunto "posseduti" da imprese, industrie, quotate in borsa. Mentre gli "esperti" finanziari, sono retribuiti dalle banche per cui lavorano. Un analista, non parlerà mai male della banca per cui lavora, o di imprese/aziende/banche da essa controllate, o in cui hanno partecipazioni.

Quindi, il conflitto d'interessi è più che evidente. È necessario partire dai dati pubblicati (macro e microeconomici) e ragionare autonomamente su quelli, per elaborare le proprie strategie, magari confrontandosi anche con operatori del settore. Ma la strategia, ritengo debba essere propria. I dati, sono dei numeri agganciati ad un indice (es. indice dei prezzi al consumo, o indici) che sono uguali per tutti. Il fatto che i numeri, oltre a saperli leggere, bisogna saperli interpretare. È sulla capacità e validità d'interpretazione di "esperti" e "giornalisti" finanziari, nutro dei seri dubbi.

Anche perché, come avrai avuto modo di notare, nonostante il mondo finanziario fosse pieno di esperti che danno consigli, o di giornalisti che elargiscono tattiche e strategie, tutto questo, non ha mai evitato né previsto situazioni spiacevoli, per gli investitori. Né mi risulta abbiano mai previsto in tempo crolli e debacle dei mercati finanziari. Quindi, sono praticamente inutili, dal momento che sanno solo leggere i dati, cosa di cui chiunque è capace.

Segreto n. 24: i dati forniti dall'informazione finanziaria, occorre saperli interpretare, non basta leggerli.

Tornando al portafoglio, la complessità deriva dal dover gestire due tipi di rischio:

- il rischio mercato;
- il rischio dei singoli strumenti finanziari che compongono il portafoglio.

Quindi occorre gestire simultaneamente, sia la variabilità (andamenti) dei mercati, sia la variabilità dei rendimenti dei singoli strumenti del tuo portafoglio. Come detto, il portafoglio è dato dalla somma di più attività finanziarie. Quindi, è importante non solo valutare l'oscillazione dei singoli mercati di riferimento e strumenti; ma anche come si comportano gli uni nei confronti degli altri, perché alla fine, il rendimento complessivo, è dato dalla somma dei singoli rendimenti, moltiplicati per il loro "peso" (perché non in ogni investimento è investita la stessa cifra). Esempio: se in portafoglio, ho 3 strumenti: il primo ha reso l'8%, il secondo il 3%, e il terzo – 2%, occorre sommare i risultati: il portafoglio avrà reso il 9%.

Pertanto occorre combinare attentamente il proprio portafoglio, sia in termini di "attività finanziarie", sia in termini di "**peso**" delle medesime. Naturalmente per avere un buon portafoglio, le singole attività finanziarie **non** debbono avere un andamento "correlato", se così fosse, il portafoglio, si sposterebbe tutto verso "su" o verso "giù" in caso di variazione dei mercati, in tal caso, non avrebbe senso, come già detto, elaborare un portafoglio.

Quindi, ricapitolando, le "varianze" dei singoli rendimenti, dovranno avere andamenti non correlati, anzi, possibilmente inversamente proporzionali. In tal modo, si riduce di molto, il "rischio" portafoglio (rischio n. 2). Perché se alcune attività non andranno bene, ve ne saranno altre che compenseranno quei risultati negativi. Per il rischio di mercato, definito come difficilmente, totalmente, eliminabile in realtà si può agire gestendolo e controllandolo tramite 3 tipi di attività:

1. **market timing**, ossia la scelta del momento giusto per entrare in un mercato (ad esempio dopo un periodo di crolli di piazze finanziarie);
2. **stock selection**, ossia la scelta dei migliori titoli, ossia quelli con buoni dati fondamentali, ma particolarmente depressi, che quindi presentano maggiori probabilità di rendimento;
3. **asset mix**, ossia prende il risultati delle prime due fasi, e li combina secondo i parametri prima individuati, ossia nel miglior portafoglio possibile, fra i vari che presentano analoghi profili rischio/rendimento.

Ma come mai, i titoli si "deprimono", e cosa significa? **Il valore di un titolo, è dato, oltre che dai dati di bilancio della relativa azienda (nonché prospettive future), anche dalle informazioni che lo riguardano e "circolano", quindi disponibili.** Tanto più il valore di un titolo incorpora le notizie che lo riguardano (oltre ai dati di bilancio e prospettive strategiche) tanto più esprime il valore reale. Spesso, un titolo, pur rappresentando un'azienda ottima, dai buoni dati di bilancio, può essere sottovalutato, in quanto ancora non “incorpora” il valore e l’importanza delle informazioni che lo riguardano come, ad esempio, un quadro chiaro sulle prospettive e strategie future. Se mancano quelle informazioni e quindi ad esempio, non s’intravede strategia, manca quel “valore aggiunto” su cui si punta per acquistare quel titolo.

È il caso di Telecom, la quale è una azienda molto grossa, con degli utili costanti, ma da anni senza una strategia e un valido management, che ne illustri e determini delle possibili probabili evoluzioni interessanti. Per cui, la quotazione è depressa da anni. In realtà vi sono anche altre motivazioni per cui la quotazione di un titolo può non incorporare il suo “vero” valore (congiuntura economica, settoriale, riorganizzazione dell’azienda in corso, crisi di settore, disaccordi fra azionisti che ne provocano uno stallo nelle strategia, ecc.), ma sono di più difficile lettura.

Comunque, a prescindere dal motivo per cui un titolo è sottovalutato rispetto al suo valore reale, a meno che non si tratti di dati aziendali poco incoraggianti, sicuramente conviene sempre acquistare dopo che mercati crollano. Oppure interessanti sono anche le aziende solide, ma momentaneamente “compresse” nelle quotazioni, o aziende più piccole, ma dal grosso potenziale di sviluppo (magari poiché innovative nel settore in cui operano).

La capacità dell’investitore, è appunto quella di selezionare quei titoli dai valori fondamentali buoni che, per motivi spesso estranei all’azienda stessa, risultano tuttavia a sconto rispetto al valore più o meno reale. Oppure quei titoli rappresentativi di aziende medio piccole, in qualche modo innovative, non ancora sviluppate ma dal business potenzialmente molto interessante.

Segreto n. 25: tanto più i mercati sono inefficienti, e le notizie non complete, tanto maggiore è la possibilità di guadagno. Ecco perché occorre saper interpretare i dati, oltre che leggerli.

L’aggressività del portafoglio, dipenderà dall’esposizione azionaria, ossia, tanto maggiore essa risulta, tanto più aggressivo sarà il portafoglio. Ma questo, come detto, è connesso più che altro alle esigenze rilevate nell’analisi della persona nelle sue esigenze e nei suoi obiettivi. Saranno questi due fattori personali e non finanziari, a determinare il tipo di portafoglio di cui la persona ha bisogno: se deve creare un capitale allora dovrà optare per un portafoglio "aggressivo" a prevalenza azionaria, che avrà bisogno del giusto tempo per fornire i risultati desiderati (medio o lungo termine).

Se invece lo scopo è quello di mantenere il capitale, o semplicemente ottenere una rendita, allora si prediligerà un portafoglio più "prudente", ossia bilanciato quindi non a prevalenza azionaria; in quanto essendo già costituito un capitale, non è necessario assumersi maggior rischio per crearlo. Anche perché è diverso anche l'altro possibile obiettivo: ottenere una rendita (per chi la vuole). O anche semplicemente per chi non gradisce subire oscillazioni del proprio capitale.

Naturalmente ogni scelta è sempre soggettiva e rivedibile. Quello che conta è che sia sempre in linea con gli obiettivi/esigenze della persona. Ogni portafoglio, per le caratteristiche che lo contraddistinguono, avrà un proprio orizzonte temporale da cui non è opportuno prescindere. Come dice il proverbio, ogni cosa ha il suo tempo. Chi non rispetta questa regola, ha ottime probabilità di riportare spiacevoli risultati, o comunque non soddisfacenti perché non in linea a quanto preventivato. Ricordi l'esempio degli spaghetti? Il fattore tempo, riduce sempre il fattore rischio. **Sempre se si è costituito il corretto portafoglio, e si è acquistato bene**. Ma il tempo deve essere "giusto" in relazione alla tipologia di portafoglio impostata, in quanto se si allunga troppo, può incidere anche sul rendimento.

Se è vero che tutto è ciclico, quando si riportano delle plusvalenze soddisfacenti, è bene liquidare per incamerare i profitti, per poi rimettersi "alla finestra" e attendere momenti favorevoli per rientrare nel mercato al momento opportuno. Ma quando è bene uscire? Ci si deve dare un limite, sia ai guadagni potenziali, sia alle perdite potenziali.

A prescindere dal "se" avremmo potuto guadagnare di più. Molte volte, la gente, vedendo crescere i propri investimenti, non li liquida perché "accecata" dalla possibilità di ulteriori incrementi. Ma, tutto quello che sale, prima o poi scende. Allora, è opportuno avere "disciplina" e seguire la regola base: comprare quando è basso, per rivendere quando è alto, ma in ogni caso darsi un limite in entrambi i sensi (si tratta degli "stop loss" ossia un limite alle perdite oltre il quale, si vende automaticamente; e "take over" in cui anche qui, si prevede un limite al guadagno al cui verificarsi, si vende in automatico e si realizza la plusvalenza).

Segreto n. 26: parte della propria strategia è porsi sempre un limite, sia ai guadagni, sia alle perdite. In tal modo, le cose andranno sempre come preventivamente stabilito e non ci saranno mai spiacevoli sorprese.

Se non ci si pone un limite, sia ai guadagni che alle perdite, che vogliamo/possiamo conseguire o sopportare, si rimane in balia dei mercati, e in quei momenti, avendo visto sfumare, diminuire i guadagni, o addirittura perdere, si entra in emotività e non si agisce, in quanto si spera che prima o poi, i mercati "risalgano". E dalla logica, si passa alla speranza che troppo spesso sfocia nell'illusione.

Ovviamente, quando parlo di comprare e vendere, il tutto va inquadrato nell'ottica dell'utilizzo del proprio portafoglio in relazione alle necessità evidenziate tramite l'analisi delle esigenze ed obiettivi. Quindi non intendo suggerire una compravendita sfrenata da "trader". Come sostenuto, il portafoglio, deve avere dei suoi tempi, tuttavia, può capitare che qualche strumento, riporti perdite o profitti anzitempo. In tal caso, occorre intervenire proprio per mantenere inalterati gli equilibri. Ecco perché il portafoglio va costantemente monitorato.

Invece per la parte speculativa, preminente è l'attività di compravendita finalizzata solo al mero guadagno. Lì, si può "scommettere" ma sempre con dei parametri che ci si deve dare. Ma non a caso, è la parte minoritaria del portafogli. **Quindi, compresa la fondamentale importanza dell'impostazione corretta di un buon portafoglio finanziario, data appunto dall'equilibrio fra le varie attività finanziarie (strumenti) che lo compongono, non rimane che "conoscere" i principali strumenti finanziari, per capire come valutare ed utilizzare i mattoni (finanziari) per costruire la tua casa (portafoglio).**

Ancora una considerazione: non devi "spaventarti" quando ti dico che devi tenerti aggiornato (quotidiani finanziari) sulle evoluzioni dei mercati, nonché sul funzionamento dei medesimi, e soprattutto sul fatto che è opportuno che ti faccia delle “tue idee” in merito. Non ti sto chiedendo di “diventare” un professionista, ma semplicemente di comprendere quelle regole fondamentali che governano la finanza. Una volta capite, sono sempre quelle. Che, ciclicamente, si ripetono.

Segreto n. 27: essendo tutto ciclico, se sei preparato e non ostaggio dell’emotività, puoi prevedere quando comprare e quando vendere.

Molti applicano questo tipo di impegno sul calcio, nonostante non fossero né calciatori né tecnici: in Italia, però siamo tutti “allenatori”! Ognuno si fa delle proprie idee, dopo aver visto tante partite, dopo aver letto in merito, dopo quindi aver fatto dell’esperienza. Ognuno, se hai notato, ha sempre una sua strategia, e i tutti i lunedì mattina, si sente ovunque parlare di come sarebbe stato meglio procedere in campo, e ci si confronta, anche animatamente!

Eppure nessuno è stato professionalmente calciatore o allenatore! Applica lo stesso concetto alla finanza, e alla gestione del tuo portafoglio. Forse, all'inizio, sembrerà più noioso rispetto al calcio, ma t'assicuro che quando le tue "teorie" si rivelano corrette, oltre alla soddisfazione economica, avrai anche la soddisfazione d'aver appreso, compreso, ed agito correttamente: d'aver avuto ragione. Nulla dà più soddisfazione di una remunerazione monetaria, alla esattezza delle tue teorie! Perché il "premio" deve essere il giusto riconoscimento dell'aver agito bene. Vedrai che dopo un po' di tempo, quando avrai compreso certi meccanismi, non solo avrai voglia di approfondire maggiormente, ma sarà anche divertente!

RIEPILOGO SEGRETI DEL GIORNO 5

- SEGRETO n. 23: nessuno strumento finanziario, nasce con lo scopo di far perdere denaro: quando ciò accade è perché non lo si impiega correttamente.
- SEGRETO n. 24: i dati forniti dall'informazione finanziaria, occorre saperli interpretare, non basta leggerli.
- SEGRETO n. 25: tanto più i mercati sono inefficienti, e le notizie non complete, tanto maggiore è la possibilità di guadagno. Ecco perché occorre saper interpretare i dati, oltre che leggerli
- SEGRETO n. 26: parte della propria strategia è porsi sempre un limite, sia ai guadagni, sia alle perdite. In tal modo, le cose andranno sempre come preventivamente stabilito e non ci saranno mai spiacevoli sorprese.
- SEGRETO n. 27: essendo tutto ciclico, se sei preparato e non ostaggio dell'emotività, puoi prevedere quando comprare e quando vendere.

GIORNO 6:
Corretto utilizzo di strumenti finanziari

Premessa

In questa sezione, tratterò gli strumenti finanziari, in maniera volutamente piuttosto superficiale (chi desiderasse approfondire, può acquistare testi tecnici), perché desidero che tu conosca e comprenda a fondo, le caratteristiche principali dei medesimi, sufficienti per capire e iniziare a valutare strategie più idonee alle proprie situazioni.

Inoltre esporrò una serie di valutazioni totalmente svincolate dalle "esigenze ed obiettivi" prima illustrati nella analisi della persona, al fine di farne comprendere nel dettaglio le peculiarità di detti strumenti. Non mi stancherò di ripetere che gli strumenti debbono comunque essere sempre "coniugati" tramite la pianificazione finanziaria, alle situazioni personali, rappresentate dalle diversità delle persone stesse, nelle loro necessità finanziarie. E che, sia che si gestiscano direttamente, sia che se ne deleghi il loro acquisto ad un consulente professionista, occorre approfondire meglio (di quanto e come trattato in questa sede) il loro funzionamento, per poter valutare in maniera il più possibile corretta, quanto ci si accinge a fare. È quindi possibile guadagnare se e solo se ci si mette impegno, determinazione e se si hanno le giuste strategie.

Azioni

Le azioni sono dei titoli (di credito) mediante i quali il sottoscrittore diventa "socio" dell'azienda quotata in borsa (o non, se si tratta di s.p.a. non quotata), e la quantità posseduta, ne indica la misura di partecipazione. In pratica si acquista un "pezzo" della società selezionata, e si diventa "proprietari" per la parte sottoscritta o acquistata.

Questo vuol dire che si partecipa alla vita della società, tramite una serie di diritti e doveri. Le azioni sono nominative, indivisibili, e conferiscono ai sottoscrittori uguali diritti. Naturalmente chi più ne possiede, più ha modo di influenzare le scelte strategiche societarie. Ma questo riguarda solo i grandi azionisti, non noi. Le azioni, volendo, possono anche essere oggetto di pegno e usufrutto.

Esse sono consigliabili per la parte di portafoglio che risponde ad esigenze di medio lungo termine, in quanto rappresentando parti di proprietà di un'azienda, il successo della medesima, dipende dalle scelte strategiche, dalle prospettive, dal management, e dalla sua situazione patrimoniale; di bilancio. Pertanto, per creare valore aggiunto, richiedono del tempo.

Quando tu apri un'azienda, come ad esempio, un'impresa, un negozio, sai che devi impostarne l' attività, in base ad una serie di operazioni volte a farla funzionare per guadagnare. Se il tutto è correttamente impostato, poi arrivano i guadagni. Con le azioni è lo stesso: è come se tu, assieme a migliaia di soci, avessi un'attività (industriale, imprenditoriale, commerciale) da mandare avanti. Lo stesso dicasi per partecipazioni a società già avviate.

Ecco perché questo strumento prevede un termine medio-lungo. Richiede i tempi di un'impresa. Ma come si fa a selezionare le azioni che possano essere maggiormente interessanti? La prima cosa da valutare, è che tipo di azione si vuole, in base al tipo di rischio accettabile/accettato: se si desidera un guadagno importante, si prediligeranno le cosiddette "small cap" ossia quei titoli rappresentativi di piccole medie aziende che operano in settori "innovativi" e ad alto potenziale di sviluppo (come fu Tiscali quando nacque), le quali, naturalmente, oltre alla possibilità di un grosso guadagno, comportano anche un grosso rischio: quello di "non decollare", o addirittura di fallire (ricordi "Blu" l'operatore telefonico che non è mai riuscito a decollare?).

Ovviamente questo tipo di scelta, rappresenta più una "scommessa" pertanto è consigliabile investirci somme non rilevanti. Se invece si desidera, per quanto possibile in relazione alla natura di questo strumento, un qualcosa di più "tranquillo", allora è meglio prediligere le "large cap", ossia azioni rappresentative di grosse aziende già consolidate (Enel, Eni, Telecom e simili), le quali, essendo già "grandi"e dal business consolidato, presentano rischi decisamente minori: è difficile che possano fallire, o che i servizi (es. assicurazioni, telefonia) o prodotti (es. acqua, petrolio) che trattano, possano "passare" di moda, o che se ne possa fare a meno.

Questa è già una garanzia. Tuttavia, essendo già consolidate e cresciute, naturalmente presentano minori possibilità di crescita in termine di variazioni del titolo, rispetto ad una small cap. Mi spiego: se ENI vale 20 euro, essendo già leader nel settore di appartenenza, certo è difficile che possa raddoppiare il suo valore, proprio perché la quotazione già incorpora più o meno tutti i fattori che ne hanno determinato la sua crescita negli anni. Mentre invece con aziende come fu Tiscali, o simili, non fu così: ci sono aziende che hanno raddoppiato, quintuplicato il proprio valore.

Ma le azioni "large cap" pur potendo raddoppiare difficilmente il proprio valore, presentano un vantaggio che le small cap non hanno (anche se dovessero calare di quotazioni, hanno un indubbio punto di forza a loro favore): avendo dei flussi stabili di utili, distribuiscono periodicamente dei dividendi alcuni dei quali, piuttosto interessanti.

Ho un amico che sottoscrisse molte azioni Telecom (circa 400.000) nel 2000, e nonostante la loro quotazione sia stato un crescendo al ribasso, da quell'anno percepisce degli ottimi dividendi, i quali fanno sì che egli, non abbia fretta ne necessità di vendere. Anzi, con quei dividendi, ci vive senza dover lavorare (naturalmente perché il buon dividendo, è ricavato su una grossa cifra investita). Addirittura, a mio parere, si possono scegliere questo tipo di strumenti anche solo per avere una rendita (tecnicamente ve ne sarebbero di altri più "appropriati" per questo tipo di esigenza) per cui, si può guadagnare sia in conto interessi (dividendi) sia in conto capitale (quando sale il valore delle azioni). Quindi, come vedi anche fra simili strumenti, fondamentale è capire cosa si desidera, per poter selezionare i più idonei alle proprie esigenze/desideri.

Esistono anche le azioni "risparmio", le quali a differenza di quelle ordinarie, non conferiscono al possessore alcun diritto di voto, quindi di partecipazione alla vita societaria, a fronte del quale, tuttavia, godono di alcuni diritti di natura meramente economica più interessanti rispetto a quelli offerti dalle azioni ordinarie.

Se si opta per le azioni dall'elevata potenzialità di sviluppo, quelle per cui ho utilizzato la definizione di "scommessa", occorre essere in grado di valutare se l'idea che esse propongono, sia davvero innovativa, perché è solo su quella, che si determina l'eventuale "exploit" o meno del titolo. Oppure se l'idea rappresenti un miglioramento di una precedente innovazione. Occorre anche valutare il management, ossia la validità professionale delle cariche gestionali. Grossi "nomi" non investono la loro immagine e professionalità, se l'azienda non si presenta come seria e all'avanguardia.

Qui, il rischio, è rappresentato dal fatto che si tratta di aziende nuove, o costituite da poco, pertanto non ci sono dati di bilancio storici sufficienti, per valutarne la stabilità e solidità. Per cui, si punta tutto sull'innovazione dell'idea, o sul miglioramento di una precedente (altrui) idea. Per fare un esempio, basti pensare alla "Geox" o alla "Beghelli", aziende quotate da non molto tempo, le cui idee innovative, supportate da ottime scelte strategiche e da validi amministratori, hanno fatto si che diventassero aziende di prim'ordine. Meritatamente. Ma tante altre, sono fallite sul nascere. O poco dopo.

Le grosse aziende, ossia quelle che spesso operano in settori tradizionali (Fiat, Unicredito, Generali), sono più facili da valutare in quanto esistendo da decenni, presentano sia un'attività consolidata, sia dei dati di bilancio verificabili nella loro composizione ed entità, e nella loro evoluzione finanziaria negli anni. Hanno una storia dietro, che ci dice chi sono, come sono cresciute e come possono evolvere. Naturalmente, nel tempo, a livello di quotazioni, hanno già più o meno correttamente incorporato tutti questi dati. Per cui, come ho detto, è difficile ed improbabile che possano raddoppiare il loro valore, o "schizzare" come ad esempio, fece Tiscali, in un tempo breve.

Tuttavia, essendo aziende solide, se si approfitta di momenti di mercato debole, si possono acquistare a sconto, rispetto al loro valore più o meno reale (determinato sempre dai dati di bilancio, dalle strategie operative e dalle prospettive future).Qualcuno dirà: ma anche la Cirio, la Parmalat, che erano grosse, sono fallite! Sì, è vero. Può succedere.

Tuttavia, due aziende, su centinaia di aziende quotate, non fanno statistica. Ad ogni modo, la composizione di un portafoglio, dato dall'insieme di molteplici attività finanziarie, serve anche a ridurre fino ad quasi azzerare questo rischio. Del resto, non dimentichiamo che quando si acquistano azioni, compriamo pezzi di società, quindi partecipiamo al rischio dell'azienda. Ecco perché le azioni, remunerano maggiormente rispetto ad altri strumenti finanziari considerati più tranquilli (titoli di stato). Tuttavia se desideriamo ottenere maggiori rendimenti, dobbiamo essere disposti ad assumerci un rischio più elevato, gestibile tuttavia tramite il fattore "tempo" (il quale è ottima "medicina" anche negli investimenti) e un'opportuna allocazione del proprio portafoglio, secondo i criteri di una valida pianificazione e diversificazione. Quindi, si tratta di rischio controllabile, e alquanto riducibile.

Perché nel medio lungo termine ha senso investire in azioni e non in strumenti più tranquilli come le obbligazioni? Perché le obbligazioni (compresi i titoli di Stato), sono titoli rappresentativi di un debito: ossia sono "documenti" che attestano che stai "prestando" denaro a qualcuno. Allo Stato, se acquisti titoli di Stato, ad altri emittenti negli altri casi.

In pratica è come se tu fossi una banca, che presta denaro (infatti le obbligazioni sono quegli strumenti che consentono di

raccogliere denaro presso il pubblico, pur non avendo chi presta, titolo alcuno per influire nelle politiche societarie).
A chi si presta il denaro? Ad aziende, imprese industrie, e Stati. Tralasciamo per un momento gli Stati. Cosa fanno le aziende con quel denaro preso in prestito? Ci finanziano i loro progetti, piani industriali. Insomma, investono nella loro attività quel denaro.

Dal momento che il denaro preso a prestito, o dalle banche, e/o presso il pubblico (tramite i collocamenti obbligazionari) ha un costo per l'azienda (rappresentato dall'interesse che deve corrispondere), è naturale che i proventi dell'attività aziendale, devono essere e saranno maggiori rispetto all'interesse (costo) che gli imprenditori ed industriali devono corrispondere e alle spese che per la loro attività le aziende, debbono sostenere.

Altrimenti non esisterebbero, ne potrebbero sopravvivere. Ecco perché nel lungo periodo, nel complesso, i rendimenti azionari, superano quelli obbligazionari. Per lo Stato il discorso è diverso: tramite le emissioni dei titoli di stato, finanzia il debito pubblico, allungandone nel contempo, la scadenza media. Quindi non lo impiega per migliorare l'azienda Italia, ma solo per finanziare il debito pubblico. **Chi presta denaro, non può guadagnare di più, rispetto a colui che lo impiega.** Naturalmente l'azienda avrà degli "alti" e dei "bassi", ossia delle fasi espansive e di compressione, che si rifletteranno sull'andamento del relativo titolo quotato in borsa. Il rischio, altro non rappresenta se non la "volatilità" dei rendimenti attesi, che sono lo specchio più o meno fedele dell'andamento dell'azienda (unitamente ad altri fattori).

Questo è il motivo per cui il fattore tempo è decisivo: spesso la gente dimentica che dietro un semplice titolo quotato giornalmente, dietro c'è un'azienda con i suoi dipendenti, con la sua attività, con i suoi problemi e con i suoi successi. Un'impresa, crea e aumenta il proprio valore nel tempo, tramite scelte strategiche rivelatesi vincenti. Ma ha bisogno del suo tempo, per decollare e svilupparsi.

Ecco ancora, perché esistono azioni (per chi desidera partecipare, al fine di ottenere elevati rendimenti, assumendosi il relativo rischio impresa, diventando quindi proprietari per la parte di azioni che si acquistano o sottoscrivono) e obbligazioni (per chi, non ha interesse a partecipare alle "sorti" dell'azienda, ma

vuole limitarsi a prestare denaro, per ottenere in cambio, una remunerazione su quanto prestato).
In caso di obbligazioni, tanto maggiore è la solidità dell'azienda, o Stato, tanto minore sarà il rendimento, ossia la remunerazione sul prestito. Tanto maggiore sarà l'interesse corrisposto, tanto più l'azienda o lo Stato emittenti, sono considerati non solidi. Ma perché questa distinzione?

Perché è evidente che la remunerazione corrisposta, deve essere proporzionale ala solidità dell'azienda. Se l'azienda, o uno Stato non sono considerati particolarmente solidi o affidabili, dovranno offrire un maggior interesse per invogliare gli acquirenti. Altrimenti ovviamente non reperirebbero risorse, in quanto i potenziali acquirenti, prediligerebbero obbligazioni più sicure.

Se ad esempio, la Francia offrisse dei titoli di stato al rendimento del 4% e l'Uganda, al 6%, tu quale sceglieresti? Prediligeresti l'emittente che presenta meno possibilità di non rimborsare il debito. Capisci come mai, relativamente al settore obbligazionario, emittenti meno "sicuri" debbano offrire maggiori rendimenti per attrarre investitori, perché a più o meno parità

di rendimento, i medesimi, sceglierebbero l'investimento che presenta il minor rischio.
Ma chi stabilisce la solidità delle aziende in caso di emittenti di azioni e di obbligazioni? Le **agenzie di rating**. Che sono, o dovrebbero essere, indipendenti. Queste agenzie internazionali, valutano attentamente tutti quei dati che sono fondamentali per arrivare ad una corretta valutazione. Per le obbligazioni, il loro giudizio, è fondamentale.

I bond argentini avevano un rating piuttosto basso, ad indicare la scarsa affidabilità dell'emittente. Ma le gente che ne ha sottoscritto i titoli, non si è peritata di analizzare quelle valutazioni, e come mai fossero decisamente non allettanti. Ora forse comprenderai come mai, definisco "miopi" o comunque corresponsabili (sia pur per parte) delle loro sorti, coloro che hanno acquistato quei "bond argentini": accecati da elevati rendimenti, tipici di strumenti azionari, tradizionalmente più rischiosi (per i motivi prima esposti), senza preoccuparsi minimamente come mai, potessero rendere così tanto.

Nessuno regala soldi. Qualcuno dirà: ma io non ci capisco nulla, mi sono fidato della banca! Male, malissimo. Se si sceglie di non voler capire e di non informarsi, e di rimettersi interamente all'altrui agire, è meglio rimanere fuori dagli investimenti. Come sostengo, il permanere nell'ignoranza volontaria, è la prima causa dei disastri finanziari. Se deleghi interamente a qualcuno certe cose, vuol dire che si accetta il rischio "operatore" e dopo quindi, non ci si può lamentare se si è scelto l'operatore sbagliato. L'operatore va osservato, valutato, giudicato in base al suo operato.

Come per il commercialista, l'avvocato, il notaio, il dentista ecc. E se per primo, chi investe, non si cura di come, perché, e dove investe, in base a che, si pretende che se ne occupino altri come e meglio di noi stessi? Quegli altri che sono stipendiati dalle stesse banche che propongono quel tipo di investimenti?

E come mai, le banche, non hanno i loro portafogli "gonfi" di quei prodotti/strumenti che hanno collocato con tanto ardore presso il pubblico? Insomma, ora hai qualche elemento in più per capire, valutare e agire correttamente, a differenza di molti altri che, registrata una solenne perdita, invece di imparare dall'esperienza negativa (e solo da esse, s'impara), permangono nell'ignoranza, incolpando altri, e definendo rischiosi o pericolosi gli investimenti. Tuttavia, quando (sia pur per puro caso) hanno guadagnato "qualcosa", non la pensavano così! Si "sentivano" investitori.

Segreto n. 28: non esiste un investimento buono o uno cattivo: esiste quello che fa per te. È il come lo si impiega, lo si gestisce, e quindi, lo si utilizza, a renderlo buono o cattivo.

In questo, sicuramente le banche ne fanno un utilizzo, buono per loro e pessimo per i risparmiatori. Ecco perché devi metterti in condizione di capire per poter valutare. E non hai scelta: i conti correnti non rendono nulla, e il denaro, anche se scegli di metterlo "sotto il materasso", perde in termini di inflazione. Da quando il valore della moneta è stato sganciato da parametri reali, come l'oro, si potrebbe definire solo "carta" a cui si da un valore (puramente economico) convenzionale (sia pur in base a precisi determinati parametri), il quale, non essendo ancorato a punti fermi (come appunto era l'oro), oscilla a seconda delle politiche, delle situazioni, degli eventi. Per cui, **contrariamente a quanto si crede, il denaro, la moneta, sono gli strumenti più volatili e rischiosi di tutti gli altri. Osserva quanto vale il dollaro rispetto all'euro, e quanto vale l'euro (in termine di potere d'acquisto) rispetto alla vecchia lira.** I 100 milioni di 10 anni fa, quanto valgono oggi? Le monete (banconote) di una volta mantenevano il loro valore, in quanto agganciate a qualcosa di stabile.

Oggi non è più così. Pertanto, la cartamoneta, è più pericolosa di qualsiasi altro strumento finanziario. L'America sta "stampando" denaro da anni, da quando ha (volutamente) sganciato il valore del denaro alle riserve aurifere, per pagare il suo mostruoso debito. Ma siccome quel denaro è sganciato da un solido parametro, il valore della sua divisa (il dollaro) si è più che dimezzato, e a breve, rischierà di non essere più in grado di gestire quel debito. Già gli arabi, vista la scarsa stabilità del dollaro, in alcuni casi stanno preferendo l'euro come mezzo di pagamento.

La “valuta” dollaro, da quando è stata svincolata dal parametro oro, è stata stampata in grande quantità, e quindi ha perso molto del suo valore. Quindi, volenti o nolenti, non si può non interessarsi maggiormente alla finanza, perché per il semplice fatto che hai delle banconote in tasca, sei, nel campo della finanza. L’immobilismo, costa. L’ignoranza costa. Il denaro, costa. Soprattutto se lo tieni “fermo”.

Anche quando si parla di “rendimento”, poiché naturalmente è a quello che si punta, molti errori che si commettono derivano dal fatto che non si è deciso se si desidera un rendimento fisso o variabile. Nel primo caso, si dovrà optare per uno strumento di tipo obbligazionario, che garantisca dei flussi di entrata a cadenza costante. Anche qui, come al solito, dipende dall’obiettivo dell’investimento. Se io ad esempio, necessito di integrazione di entrate mensili fisse, allora la cedola che garantisca quella cadenza, sia per importo che per durata, è la soluzione migliore.

Se invece non ho necessità di questo tipo, ma ad esempio, solo quella di aumentare il mio capitale perché fra “x” anni devo effettuare un acquisto importante, allora, posso permettermi la

cosiddetta "instabilità" temporanea nei rendimenti, nel senso che, investendo in azioni, so che l'aumento in conto capitale avverrà nel tempo, in maniera superiore anche se più incostante, rispetto all'altro tipo di strumento appena visto.
A prescindere dalle esigenze, cui tuttavia si deve necessariamente agganciare l'investimento, gli italiani, prediligono la tranquillità, cui corrisponde però minor rendimento. Più uno strumento è "volatile", più il rendimento atteso è maggiore. Ma, come dimostrato, la volatilità, altro non consiste se non nell'oscillazione periodica (ecco perché occorre rispettare i tempi previsti per l'utilizzo corretto degli strumenti finanziari) tranquillamente gestibile, ed anzi, spesso foriera di ottime opportunità d'acquisto e/o integrazione del proprio portafoglio, in caso di oscillazione in senso negativo.

Tutto sta nel adoperare correttamente gli strumenti finanziari selezionati (azioni in questo caso), nell'averli coniugati antecedentemente alle proprie esigenze (analisi e pianificazione finanziaria), nell'osservare i mercati nelle loro evoluzioni, ed intervenire nei casi di loro "involuzione". Ci vuole un po' d'attenzione e dedizione.

Ricapitolando: le azioni sono strumenti a media lunga durata, tramite le quali, si diventa proprietari di un pezzo della società, e si condivide il rischio d'impresa con gli altri azionisti. A fronte di questo tipo d'impegno, e dell'assunzione del rischio d'azienda, ci si aspetta, sia un dividendo (guadagno in conto interessi), sia un guadagno in conto capitale tramite la crescita del valore del titolo. L'oscillazione di quel valore, è fisiologica, perché la società è "viva", e quindi, paga o riscuote il favore dei mercati a seconda di come agisce nella sua attività imprenditoriale/industriale, e a seconda delle dinamiche del settore di riferimento.

Le società su cui investire, si selezionano in base ai dati di bilancio, quindi solidità, alle sue prospettive future, oppure in base alle sue elevate potenzialità, dovute ad esempio, all'attività/prodotto innovativi che propone. Si possono anche prediligere aziende già esistenti, già "grandi" e consolidiate e "cresciute", non innovative, la cui operatività è in settori di cui nessuno può fare a meno; come l'acqua, il petrolio, e l'energia, assicurazioni, banche. I titoli azionari, rispetto a quelli obbligazionari, non hanno scadenze.

Io consiglio sempre, quando s'intende operare nel settore azionario, di acquistare titoli "liquidi", ossia facilmente vendibili. Molte aziende, soprattutto quelle innovative, non hanno un gran mercato, è può rivelarsi impegnativo vendere, nel preciso momento in cui per qualsiasi ragione, è necessario/opportuno vendere. Più le aziende sono "note" e grandi, più è facile sia acquistare che vendere.

Segreto n. 29: scegli azioni che offrono un buon dividendo: in caso di calo (sia pur momentaneo) del valore del titolo, almeno compensi percependo il dividendo, mentre se cresce, guadagni due volte.

Come riportato, l'investimento migliore non è mai quello che offre un maggior rendimento, ma quello che presenta il miglior profilo fra rischio (assunto) e rendimento (atteso) .

Obbligazioni

Sono invece strumenti di "debito", ossia rappresentano un debito che l'emittente si assume per finanziare la propria attività. È come se tu, chiedessi un prestito alla tua banca, per aprire un negozio. L'acquirente dei titoli, è il finanziatore, ed in quanto tale non partecipa minimamente alla vita societaria, né quindi gli spettano i diritti prima visti, che invece fanno capo agli azionisti, i quali si assumono "oneri ed onori" della attività aziendale cui partecipano. L'obbligazionista percepisce periodicamente o in un'unica soluzione, una somma rappresentata dagli interessi sul capitale prestato, e a scadenza, riceve il medesimo capitale prestato, al valore nominale, ossia la stessa identica cifra che a suo tempo, "prestò".

Questo strumento è adatto a chi necessità di entrate stabili e al contempo non desidera veder oscillare molto il proprio capitale (come invece avviene con le azioni).Tuttavia, essendo anch'esso quotato, in realtà è "dinamico", ossia subisce delle "variazioni" di prezzo, in base ad una serie di fattori che vedremo. Naturalmente quelle oscillazioni sono di molto inferiori a quelle dei corsi azionari. Ma ci sono.

Di questa categoria di strumenti fanno parte anche i titoli di stato.

Vi sono varie categorie di obbligazioni: quelle che offrono la certezza di un **rendimento fisso** (ossia preventivamente prestabilito) come i **BTP,** in cui sono certi sin dall'inizio l'importo degli interessi, la periodicità, e la restituzione di quanto hai versato (capitale nominale), o obbligazioni emesse da aziende, o ancora da enti sovranazionali; obbligazioni che pagano tutti gli interessi in un'unica soluzione a scadenza, oltre alla restituzione del capitale ("zero coupon", ossia niente cedola periodica) come il **CTZ**; qui, non c'è la certezza dell'importo preciso relativo agli interessi che si percepiranno, in quanto non prestabiliti inizialmente nel loro ammontare: il tasso d'interesse viene rivisto periodicamente, prendendo a riferimento un parametro ben preciso (BOT a breve scadenza); obbligazioni a **tasso variabile,** i cui rendimenti seguono le evoluzioni del parametro prescelto, proprio come te quando paghi un mutuo a tasso variabile: la rata che paghi, segue gli andamenti dell'EURIBOR, **obbligazioni "strutturate"** ossia che "ancorano" il loro rendimento e/o rimborso del capitale a azioni, indici o panieri azionari, valute, o ancora al verificarsi di determinate situazioni.

Altri esempi: obbligazioni convertibili (in azioni a determinate scadenze e precise condizioni); cum warrant (il cui titolo principale è accompagnato da un altro strumento finanziario, il quale, a sua volta offre la possibilità di ottenere una certa quantità di altri titoli); drop lock (a tasso variabile convertibile in tasso fisso); a rata costante e durata variabile; bull & bear (valore di rimborso collegato ad andamenti borsistici); obbligazioni in valuta, e tanti altri tipi di obbligazioni strutturate e non. Qui, la casistica è davvero ampia, e anche piuttosto complessa, in quanto non è possibile prestabilire il futuro rendimento effettivo, verificabile solo a scadenza. Proprio per la natura del tipo di parametri selezionati, a cui fanno riferimento. Per cui, le sconsiglio a chi non è particolarmente esperto in materia. Possono rivelarsi piuttosto rischiose.

Contrariamente a quanto si crede, essendo strumenti finanziari quotati, anche le obbligazioni, come quelle a reddito fisso (anche i BTP) presentano dei "rischi". Ad esempio il **rischio "emittente"** ossia riferito alla "solidità" di chi emette l'obbligazioni. L'esempio tipico negativo, è proprio quello dei bond argentini, in cui lo Stato, è tecnicamente "fallito" e non è stato più in condizione di restituire il prestito. Oppure delle obbligazioni Parmalat. Tanto maggiore è la solidità dell'emittente, tanto minore sarà il rendimento offerto.

Il rischio **tassi d'interesse:** se io ad esempio, acquisto un'obbligazione che offre un dato rendimento, ancorato a parametri odierni, come il BTP, può verificarsi che durante la durata del mio titolo, quei parametri cambino.

Il parametro di riferimento, in questo caso, è il costo del denaro, fissato dalla banca centrale. In caso di variazione dei tassi, abbiamo le seguenti possibilità: **se i tassi crescono,** la quotazione del mio titolo si deprime, per il semplice fatto che le nuove collocazioni ed emissioni di analoghi strumenti, offriranno un interesse maggiore rispetto alla mia obbligazione.

Quindi, chi compra sarà interessato a quel nuovo maggior rendimento. Per cui se dovessi vendere prima della naturale scadenza il mio titolo, sarebbe un problema, ossia non troverei acquirenti disposti a spendere una certa cifra, quando potrebbero ottenere rendimenti superiori. Ecco perché il titolo si deprime.

A quel punto, ad un minor rendimento, corrisponde tuttavia un minor prezzo d'acquisto, rispetto alle nuove emissioni, per cui, se da una parte "perdo", dall'altra in qualche modo "recupero". Il mercato provvede quindi a riportare un certo equilibrio. Se invece **i tassi d'interesse scendono,** ovviamente accadrà l'esatto contrario: le nuove emissioni corrisponderanno un minor rendimento in conto interessi, per cui, il valore del mio titolo, in conto capitale aumenterà, perché al momento non ci sono più situazioni che offrano quel rendimento, se non quelle sul mercato secondario, quindi già quotate, e che "costano molto" proprio perché offrono un alto rendimento

Vi sono quindi precise relazioni fra quotazioni delle obbligazioni, tassi d'interesse e quindi inflazione: quella fra inflazione e tassi d'interesse è evidente: se cresce l'inflazione salgono i tassi d'interesse e viceversa. Mentre invece la relazione fra tasso d'interesse e quotazioni delle obbligazioni è inversa: se il primo sale, la seconda scende. Tener presenti queste considerazioni è fondamentale quando si sottoscrivono/acquistano obbligazioni a tasso fisso.

Per quelle a tasso variabile, questo problema non si pone: essendo agganciate nei rendimento ai tassi d'interesse, ne seguiranno i corsi, per cui, a differenza del tasso fisso, qui, non è possibile quantificare il rendimento periodico: la cedola. **Ovviamente conviene acquistare titoli a tasso fisso, quando i tassi sono elevati,** perché è quasi certo che possano solo scendere (a quel punto in conto capitale aumenta il valore del mio titolo) ed acquistare a tasso variabile quando sono molto bassi (perché in tal caso, possono solo risalire).Qui, s'inserisce un discorso che è altrettanto importante ma che affronteremo successivamente. Tuttavia desidero dare un accenno perché il tema appena trattato è attinente.

Lo stesso discorso effettuato per le obbligazioni (tasso fisso/varabile) vale per i mutui: **quando il costo del denaro, è basso, conviene stipulare un mutuo sempre a tasso fisso.** Così ci si assicura per tutta la durata del mutuo, quel tasso d'interesse (sia pur maggiorato di uno "spread" che è il guadagno della banca) basso, senza trovarsi in situazioni come quelle in cui si trovano oggi, molte persone. **Mentre quando i tassi sono già**

elevati, è meglio optare per un tasso variabile, per intuibili ragioni (possono solo scendere).

Molte persone, invece hanno sottoscritto un mutuo a tasso variabile quando i tassi erano bassi, e pertanto era certo che fossero saliti. Anche se, per anni, hanno approfittato dei tassi bassi.

Durata finanziaria (detta "duration")

Questo concetto ricomprende tutte le peculiarità dell'obbligazione (durata, importo e frequenza dei rendimenti cedolari) pertanto per valutare fra titoli analoghi, si fa riferimento principalmente a questo indicatore. La duration ci mostra il periodo in cui il titolo è meno soggetto al rischio di variazione dei tassi d'interesse. In questo preciso periodo, possiamo dire che si "compensano" i rischi di variazioni dei tassi.

Come visto, a seguito delle evoluzioni dei tassi d'interesse, il capitale impiegato, e i rendimenti periodici, reagiscono fra loro, in maniera opposta. Si misura cioè la volatilità (oscillazione) dell'obbligazione. I titoli obbligazionari si possono acquistare in emissione (es, btp o cct) oppure sul mercato, riguardo ovviamente titoli già emessi.

Strumenti di mercato monetario

BOT (i più noti e diffusi): la principale caratteristica degli strumenti di mercato monetario è la loro breve durata. Oltre alla totale assenza di rischio. Essi vengono emessi "sotto la pari", (il valore convenzionale attribuito "alla pari" è 100) ossia al prezzo che si forma durante l'asta di aggiudicazione, e sono rimborsate al valore nominale, ossia "alla pari". Quindi il rendimento è dato dalla differenza fra prezzo di emissione o acquisto, e il rimborso al valore nominale.

Tralasceremo altri tipi di strumenti di mercato monetario meno "in uso" presso il pubblico (come le accettazioni bancaria, le polizze di credito commerciale, cambiali finanziarie e certificati d'investimento, riporto finanziario e di borsa, prestito titoli) rimandando a testi specializzati la comprensione del funzionamento dei medesimi (suggerisco il testo, edito dal sole 24 ore "capire la finanza" edizione più recente, di Gabbrielli e De

Bruno), per soffermarci su quelli di più semplice comprensione ed utilità.

Pronti contro termine

Durata: fra 1 e 3 mesi. Con tale strumento, utilizzabile come i BOT come alternativa alla liquidità sul conto corrente (per quella parte di denaro, ad esempio, da destinare a riserva per imprevisti ed esigenze sopravvenute) l'acquirente, vende "a pronti" una determinata quantità di titoli o valuta, e contemporaneamente s'impegna ad acquistare ad un termine convenuto e a un prezzo prestabilito un pari quantitativo di quanto venduto. In pratica, presti denaro acquistando un certo quantitativo di titoli (di solito titoli di stato), e la controparte (la banca) s'impegna a riacquistare il medesimo "pacchetto" che ti ha venduto, ad un termine e condizioni prestabiliti.

Questi due strumenti finanziari, essendo privi di qualsiasi tipo di rischio, naturalmente offrono rendimenti preferibili al solo interesse che ti remunerano sul conto corrente. Ecco perché non li definirei investimenti, bensì alternativi alla liquidità. Diciamo che almeno, copri il tuo denaro dall'inflazione.

Ma sono utili se hai in previsione delle spese nel breve termine, o come detto, per "conservare attualizzata" la fascia di riserva che ti ho suggerito nei primi capitoli per far fronte agli imprevisti.

I certificati di deposito

Durata fra i 3 mesi e i 5 anni. In tal modo, chi li compra, "presta" denaro alle banche, vincolandolo per un certo periodo di tempo, a fronte del quale, riceve un interesse.

Ci sono vari tipi di certificati di deposito: a scadenza fissa, a taglio fisso (simili agli zero coupon o BOT),in forma di buoni fruttiferi (viene fissato un tasso di rendimento fisso, predeterminato), a tasso variabile.

A mio parere, questi strumenti non hanno senso per durate lunghe. Presentando praticamente un rischio nullo, basso sarà il rendimento, e soprattutto, come prima esposto, per durate lunghe, sono preferibili altri tipi di investimento. Inoltre il prelievo fiscale su questi strumenti è piuttosto elevato: 27% a fronte del prelievo del 12.5% dei titoli di stato e degli altri tipi di investimenti.

Sconsiglio vivamente l'utilizzo di **strumenti finanziari derivati**. Essi, vengono così definiti in quanto il valore dei medesimi, deriva sempre dal valore di un altro bene, chiamato "sottostante", ossia a cui fanno riferimento. Derivano quindi da strumenti finanziari di base, ed ecco perché si chiamano appunto, derivati. Questi strumenti presuppongono una ottima competenza e conoscenza, che pochissimi hanno. I principali sono: futures, opzioni, warrants, swaps, interest rate cap-floor-collar, forward rate agreement.

In realtà, gli strumenti un po' complessi come i warrants e le options (opzioni ad acquistare e/o vendere a data prestabilita a condizioni prestabilite) potrebbero essere utilizzati anche da persone "comuni" ma richiederebbero comunque una competenza maggiore rispetto alla semplice conoscenza degli strumenti finanziari qui descritti.

Anzi, con l'utilizzo di questi strumenti, definiti di "copertura", ci si protegge da eventuali ribassi dei marcati, o ancora, consentono di guadagnare puntando proprio sui ribassi stessi. Essi in pratica, consentono di "prenotare" oggi, per una certa data, la facoltà di acquistare o vendere un dato quantitativo di strumenti finanziari, a seconda della strategia che si rivela più opportuna in base alle proprie previsioni di mercato. La prenotazione costa molto meno dell'acquisto di un singolo titolo e se le cose non vanno come programmate, si "perde" solo il costo di quella "prenotazione". In realtà, nascono come strumenti di copertura finanziaria dal rischi, ma possono essere utilizzati anche come strumenti speculativi.

Fondi comuni d'investimento

Fondi comuni d'investimento e Sicav, sono degli enormi patrimoni collettivi, formati dalla somma dei risparmi degli investitori/risparmiatori, impiegati sui mercati finanziari e gestiti da professionisti altamente specializzati. Essi sono suddivisi in "quote" in caso di fondi comuni, e di "azioni" in caso di sicav. Anche i fondi comuni, ad esempio azionari, possono essere rischiosi. Tuttavia sono da considerare sicuri per due ragioni:

1. essendo composti da decine e/o centinaia di titoli, la diversificazione è massima (quando fallì la Parmalat, l'incidenza di quel titolo nei portafogli dei fondi azionari, si attestava fra lo 0,8% e il 2%, quindi ininfluente).

2. La legge prevede una serie di normative, oramai più che collaudate, le quali determinano in modo piuttosto preciso la disciplina delle attività dei medesimi fondi, cui si devono attenere; unitamente a identificare, effettuare e contemplare delle funzioni e strumenti di controllo e di garanzie, alquanto stringenti.

Naturalmente la sicurezza attiene al rischio, non al rendimento. L'altro elemento fondamentale, è che questi strumenti sono gestiti da professionisti estremamente specializzati. I fondi, sono tantissimi, di moltissimi tipi, categorie, settori, strumenti, aree geografiche, e con differenti profili di rischi.
Vediamo le tipologie principali: **fondi aperti,** ossia a capitale variabile: il patrimonio del fondo varia continuamente a causa delle continue "uscite ed entrate" di nuovi e vecchi sottoscrittori; **fondi chiusi**, ossia il cui patrimonio (capitale) nella sua entità, è fissato e predeterminato sin dall'inizio (quindi non è a differenza dei primi, ad entrata ed uscita libera), come ad esempio, i fondi immobiliari; **fondi speculativi**, di cui non è opportuno trattare in questa sede, vista la complessità data dalla diversità del loro funzionamento tecnico (utilizzano la leva finanziaria, ossia il

debito per maggiorare le loro possibilità attive) e dei requisiti patrimoniali minimi, richiesti per accedervi.

Oltretutto, questo fondi, non sono soggetti alla normativa prevista per i precedenti, quindi ritengo che esulino dallo scopo di questo libro: fornire una generica "istruzione" per la comprensione dei più comuni strumenti, accessibili alla maggior parte della gente.

L'altro aspetto interessante di questo strumento, è che a si può optare per parteciparvi versando i soldi in un'unica soluzione (**p.i.c**.) o a cadenza mensile (p.a.c. ossia piani d'accumulo costante). Il vantaggio è evidente: il **p.a.c**. è destinato a chi non ha ancora un capitale, e che quindi desidera formarne uno, mediante dei versamenti mensili. Normalmente, le prime 12 mensilità (il cui importo è relativo alla rata periodica che s'intende versare) si versano tutte insieme (per dare al gestore un minimo su cui lavorare) dopodiché si versa mensilmente l'importo della "rata" scelta, il cui minimo parte da 50 euro.

Questo strumento è davvero alla portata di tutti, e, a mio avviso, è ottimo anche perché offre un altro vantaggio: acquistando a cadenza mensile, i prezzi delle quote, varieranno. Mentre nel versamento in un'unica soluzione, si deve sperare d'aver acquistato al momento giusto, con il piano di accumulo costante, avendo ogni mese quotazioni differenti, si "media" il prezzo d'acquisto.

In sintesi, più i mercato vanno male, più le quotazioni si deprimono, maggior numero di quote acquisti. Quello che conta, è che durante la vita dello strumento, tu, "incameri" il maggior numero di quote possibili, perché il valore finale sarà dato dal valore unitario della singola quota, moltiplicato per il numero di quote possedute. Quindi, più i mercati vanno male, più acquisti, e quindi, meglio è. Ma che succede se, quando ho terminato il piano, le quotazioni sono ancora compresse? Nulla. Sei tu, a scegliere, terminato il piano, quando disinvestire. Non viene liquidato automaticamente. Io avevo un cliente che aveva ancora investiti dei soldi in un piano di accumulo, concluso circa 15 anni fa!

Puoi anche lasciare nel fondo, quella somma maturata, attendendo che cresca ancora (ma non puoi più effettuare versamenti). Si elimina anche il problema di comprendere se il momento di acquisto è buono o no. E nel frattempo, i tuoi soldi, sono investiti da un gestore professionista. Sono un fautore di questo tipo strumento! Perché evita praticamente qualsiasi tipo di rischio.

I valori delle quote dei fondi, sia in modalità p.i.c., sia p.a.c. sono pubblicati quotidianamente, per cui si può avere il "polso della situazione" ogni momento. Anche su televideo o mediavideo. Esistono anche il p.a.c. al "contrario", ossia i **piani sistematici di rimborso.** Come è intuibile, terminato il piano, il rimborso delle quote può avvenire anche mediante restituzioni a cadenza periodica programmate. Questa modalità, consente di percepire mensilmente una somma che assomiglia ad una rendita (se non si necessita del capitale) fino ad esaurimento del capitale. Tuttavia, mentre percepisci il tuo "mensile", il resto del capitale, essendo investito, continua a lavorare per te!

I fondi "immobiliari invece, definiti "chiusi" (ossia a capitale prestabilito inizialmente e con precise regole e tempistiche per disinvestire), sono adatti per chi desidera investire in immobili, ma non dispone di cifre sufficienti per acquistarne da solo. In tal modo, il fondo, che ha racconto centinaia di milioni di euro, acquista tanti immobili che mette a reddito, per dividere con i sottoscrittori, i proventi degli affitti percepiti.

Come si vede, tornando al discorso sulla pericolosità dell'ignoranza, questi ultimi due strumenti descritti (p.a.c. e fondi immobiliari) non sono solo di semplice comprensione, ma anche relativamente sicuri, soprattutto il p.a.c. che, in caso di crolli di mercato, fa di quell'evento, il suo maggior punto di forza. Di fondi ce n'è per tutti i gusti, tipi, modalità di partecipazione, ma quel che conta è che sono gestiti da un operatore altamente specializzato, e comprendendo svariate decine e/o centinaia di singoli titoli all'interno, non presenterà mai il rischio di fallimento, come invece può accadere (ed è accaduto) puntando su singoli titoli. Ecco perché li consiglio vivamente ai risparmiatori, che non siano investitori evoluti.

Ma anche per gli investitori evoluti, ritengo siano un'opportunità, almeno per quella parte di portafoglio, difficile da gestire: se ad esempio, ritengo interessante l'evoluzione dei mercati cinesi o indiani, o australiani, non conoscendoli approfonditamente come quello (nostrano italiano) in cui operiamo, ci si può investire ugualmente delegando queste operazioni a gestori che invece sono specializzati in quelle aree, settori. È possibile anche avere di "ripensamenti" circa le strategie selezionate, per cui, si può tranquillamente cambiare tipo di fondo (della stessa casa di gestione però), tramite gli "switch", ossia passaggio ad altro fondo o ad altro comparto.

Le sicav sono simili ai fondi, tuttavia, a differenza dei medesimi, qui, invece di quote, acquisti "azioni". Nel primo caso, non hai potere di influire sulla gestione dell'attività, nel secondo, come per le singole azioni (teoricamente, perché ne dovresti avere "milioni" per poter influire!) è possibile. Per il resto, la finalità è identica: ha per oggetto esclusivo la gestione "collettiva" del risparmio raccolto mediante l'offerta al pubblico di proprie azioni. L'altro motivo per cui i fondi e le sicav sono sicuri, è che, come accennato, sono soggetti ad una rigida normativa a tutela degli investitori. Non possono effettuare certi tipi d'investimento (consentiti invece ai fondi speculativi), e quelli che effettuano, sono prestabiliti dalla legge nei "pesi" e nelle "misure".

Hanno dei limiti nella concentrazione dei rischi, e degli obblighi informativi di molti tipi. Inoltre, i soldi conferiti dai risparmiatori, e la custodia degli strumenti finanziari, sono affidati ad una “banca depositaria” che è soggetto giuridico diverso dal fondo, a tutela e garanzia della correttezza delle operazioni svolte.

La banca depositaria, responsabile, accerta la legittimità delle operazioni, la correttezza del calcolo del valore delle quote, ed esegue le istruzioni impartite dal fondo, se non sono contrarie alla legge, alle prescrizioni degli organi di vigilanza, e alo statuto del fondo. Insomma, il controllo è massimo, ben organizzato, ed altamente efficace e incisivo.

Riporto l’esempio prima evidenziato: i fondi specializzati in azioni italiane, quando vi fu il dramma della Parmalat, proprio per il divieto di concentrazione di rischio, avevano in portafoglio quantità non superiori al 2% di quel titolo, per cui, il default della Parmalat, di fatto non incise sulle quotazioni, pertanto a differenza di chi aveva quelle singole azioni, non ha riportato il minimo danno. Ti sembra poco?

Ma allora, che significa: che non ha senso acquistare singole azioni? Non è questo: come in tutte le cose, la verità sta nel mezzo! Ossia, ha senso investire in singole azioni per la parte "speculativa" del portafoglio, investendo piccole cifre, rispetto al capitale, utilizzando il resto per creare una specie di "zoccolo duro" nel portafoglio.

Questo perché, come detto, la diversificazione (fondi che all'interno hanno tantissimi titoli) è vero che frazione il rischio, ma proprio perché lo frazione, ne riduce anche il rendimento. Se si è in grado di acquistare ad esempio, una o più singole azioni "buone", in momenti favorevoli (crolli di mercati), il ritorno in conto capitale, non appena risalgono, sarà certamente molto più interessante, rispetto al risultato conseguito da un fondo. Quindi, è opportuno utilizzare entrambi questi strumenti: ognuno di essi ha precise "utilità", entrambi necessarie per avere risultati complessivi sperati, riducendo nel contempo il rischi.

Per chi invece non è in grado, o semplicemente non desidera procedere personalmente alla selezione di singole azioni, senza dubbio, la migliore soluzione è affidarsi ai fondi gestiti professionalmente dall'operatore specializzato. I fondi, a differenza dellc azioni, essendo gestiti da un professionista e da un team di persone, presentano dei costi (come qualsiasi altro professionista cui ci si rivolge):d'entrata, di gestione, o d'uscita anticipata.

Quindi, il rendimento netto, sarà dato dai guadagni del fondo, a cui si deve sottrarre: costo di gestione, prelievo fiscale (che paghi anche in caso di singole azioni). Anche per chi è più esperto, a mio avviso, i fondi sono interessanti per quelle aree o settori che richiedono una conoscenza non raggiungibile dal singolo investitore; materie prime, settori geografici come Corea, Australia, India, Giappone.

Normalmente i costi di gestione sono quantificabili attorno al 2% per i fondi più impegnativi da gestire (azionari). La cifra a mio avviso è più che accettabile dal momento che, dietro la gestione dei fondi, c'è davvero un team di specialisti altamente professionale, unitamente a dei sistemi di gestione del rischio molto evoluti e software molto costosi.

Anzi, il 2% di commissioni è da considerasi un prezzo interessante, praticabile solo perché nel fondo che scegli, ci sono migliaia di persone che, come te, hanno scelto di investire, e quindi, i costi di gestione e di operatività, vengono suddivisi fra i partecipanti. È come al supermercato: siccome sono strutture enormi, vendono di più quindi possono ridurre i prezzi.

La commissione d'ingresso, a mio avviso, è accettabile se e solo se, sei seguito da un promotore Finanziario. Perché quei denari, vanno a retribuire la sa attività; l'analisi, la pianificazione finanziaria personalizzata. Se invece acquisti i fondi in banca, online, senza l'ausilio di un Promotore Finanziario, non sono giustificati in alcun modo. Per un investitore inesperto, suggerisco un portafoglio prevalentemente composto da fondi, così si elimina il problema di "dover conoscere". Per un investitore più esperto, è preferibile un portafoglio a singoli titoli sia azionari che obbligazionari, prediligendo i fondi per quelle aree/settori in cui è difficile reperire informazioni adeguate che consentano una corretta valutazione. Unitamente all'utilizzo di strumenti di copertura dai rischi, soprattutto per la parte azionaria (opzioni).

Gestioni patrimoniali

Le gestioni patrimoniali sono lo strumento tramite il quale, il cliente, nell'ambito di alcune linee guida più o meno vincolanti, da mandato alla banca di gestire l'intero portafoglio. Il motivo per cui questa scelta può avere una valenza interessante è che in tal modo, stabiliti gli obiettivi di portafoglio, a gestire interamente il tutto, provvede un professionista (gestore).

Nella gestione in fondi, sei tu a comporre il portafoglio, selezionando settori, aree d'interesse, e percentuale da destinare all'azionario e/o all'obbligazionario. E il gestore, compra e vende nell'ambito delle direttive che gli hai fornito. Nel caso delle gestioni invece tu scegli solo il profilo di rischio, mentre a tutto il resto, compresa la composizione del portafoglio, provvede il gestore. Nelle gestioni patrimoniali, si parla di "gestione individuale". In caso di fondi, i soldi che versi (fondi) vanno nel "calderone" con tutti i soldi degli altri partecipanti, mentre nella gestione patrimoniale, esiste un conto e una posizione intestata e tutte le varie operazioni di compravendita da parte del gestore, sono registrate a tuo nome.

Esistono gestioni in “fondi” (gpf), e gestioni in singoli titoli (gpm), mentre i fondi non presentano distinzioni di questo genere. Ci sono differenti linee di gestioni in relazione al rendimento desiderato e al profilo di rischio sopportato. Oltretutto, l’intermediario (la banca, il promotore finanziario o la sim) sono obbligati per legge a valutare se l’investimento è adeguato al profilo del risparmiatore, in relazione alla sua attitudine al rischio, quindi agli obiettivi d’investimento.

Anche qui, come per i fondi, è possibile “cambiare idea”, ossia spostare il denaro investito, in una linea a minor rischio, oppure a maggior rischio. Senza dover necessariamente chiudere una posizione preesistente per aprirne un’altra. L’unico neo che, a mi avviso, le gestioni patrimoniali in fondi, presentano dei costi (commissioni di gestione) elevati: doppi rispetto ai fondi. I fondi, hanno in se decine di titoli, le gestioni, decine di fondi. Ecco perché si paga la doppia commissione: per remunerare il gestore dei fondi, e il gestore della gestione patrimoniale.

Tuttavia, possono essere strumenti interessanti, adatti soprattutto per chi desidera stabilire solo le linee guida nella gestione del proprio patrimonio, demandando e delegando a professionisti specializzati la necessaria connessa attività di investimento. In questi prodotti di risparmio gestito (fondi e gestioni patrimoniali) in realtà, il rischio più delicato che ci si accolla, è il rischio “gestore”. Non è detto che chi è risultato fra i migliori negli ultimi anni, sia in grado di garantire medesime performance negli anni a venire.

Tuttavia, come per qualsiasi professionista (commercialisti, avvocati, dentisti) se non si è soddisfatti dell’operato del gestore, si cambia. Ma come si valuta l’operato di un gestore? È previsto un parametro oggettivo di riferimento, definito “benchmark”, con cui confrontare il rendimento di un prodotto di risparmio gestito. In pratica, è un valore che “riassume” l’andamento di tutto un settore di attività finanziarie. Se io investo, ad esempio in America in un fondo azionario, che ha come benchmark l’indice Nasdaq, allora quell’indice sarà preso a riferimento per confrontare l’operato del gestore.

Naturalmente, compito del gestore, è fare “meglio” del benchmark. Perché se il prodotto che io ho acquistato, seguisse fedelmente gli andamenti del benchmark, allora non avrebbe senso (perché non comporterebbe alcun valore aggiunto) il lavoro del gestore: in quel caso, basterebbe che affidassi i miei soldi ad un sistema di gestione telematico, che comprerebbe e venderebbe automaticamente, al minimo variare della composizione di quell'indice di riferimento.

E questi "sistemi", ci sono: si chiamano ETF (exchange trade funds) i quali hanno la caratteristica di avere oneri (costi) di molto inferiori rispetto agli strumenti in cui l'attività è svolta da "persone". Essi variano automaticamente la loro composizione di portafogli, proprio in base al variare della composizione dell'indice di riferimento (benchmark). Ma allora sono migliori degli altri prodotti finanziari in cui c'è l'elemento "umano"? Sì e no: sì perché quando un gestore, di fatto non produce risultati migliori del parametro di riferimento scelto, allora, non offre alcun valore aggiunto; no invece riguardo quei gestori il cui risultato è migliore di quello riportato dal parametro di riferimento.

Quando parlo di "bravura" non mi riferisco solo a risultati positivi: il risultato lo fa sempre il mercato. Se un gestore è bravo migliora quel risultato anche se negativo. Mi spiego: se investo in "Azionario Italia" e l'indice di riferimento, riporta un -10% e il gestore invece un -7, il gestore è stato bravo. Se riporta un -10 è in linea col mercato e se riporta -12, ha fatto peggio del mercato.

Certo non può accadere che se il mercato riporti un valore negativo, il gestore possa riportare un risultato positivo (questo invece è possibile con altri strumenti che sono tuttavia più rischiosi, come i fondi speculativi che utilizzano strumenti finanziari "derivati"), per il semplice fatto che il gestore, è obbligato ad compravendere strumenti di "quel mercato" selezionato e prescelto dal risparmiatore. Tuttavia se acquista buoni strumenti, può accadere che "perda" meno di altri, e quindi, meno dell'indice di riferimento (benchmark) nel suo complesso. Per cui bravo sarà quel gestore che riporta risultati migliori sia in positivo che in negativo, a seconda degli andamenti di "quel" mercato. Come vedi, anche in questo caso, occorre avere un minimo di istruzione finanziaria: altrimenti come fai a valutare l'operato di un gestore?

RIEPILOGO SEGRETI DEL GIORNO 6

- SEGRETO n. 28: non esiste un investimento buono o uno cattivo: esiste quello che fa per te. È il come lo si impiega, lo si gestisce, e quindi, lo si utilizza, a renderlo buono o cattivo
- SEGRETO n. 29: scegli azioni che offrono un buon dividendo: in caso di calo (sia pur momentaneo) del valore del titolo, almeno compensi percependo il dividendo, mentre se cresce, guadagni due volte.

GIORNO 7:
Investimenti alternativi

Nonostante non ritenga opportuno trattare in questa sede tali tipi di strumenti, desidero tuttavia darne un cenno, tanto per avere un'idea del cosa siano, e spiegare perché esulano dal tema di questo libro. E perché non sono consigliabili se non a persone particolarmente danarose ed esperte.

Col termine "alternativi" si indica una categoria di strumenti diversi, le cui proprietà, caratteristiche e regole che ne disciplinano il funzionamento, sono diverse da quelle che regolano tutti gli altri strumenti. Mi riferisco principalmente agli "hedge funds" i quali implicano tecniche finanziarie mediante le quali un investitore, protegge il proprio portafoglio dalle fluttuazioni del mercato, limitandone di conseguenza il rischio. Innanzitutto, la loro disciplina sfugge alla normativa prevista per i tradizionali fondi comuni. Ossia, per loro, non valgono le regole previste dalle autorità di controllo in materia. Non a caso, questi fondi, contrattualmente sono inquadrati in schemi negoziali di tipo "privatistico". Inoltre, l'utilizzo delle tecniche di copertura come la "vendita allo scoperto" (ossia vendita titoli senza averne), il "leverage" (ossia il debito), e strumenti finanziari derivati, rendono questi prodotti piuttosto pericolosi.

Queste tecniche, originariamente nascono con l'intento di proteggere il capitale, anche se possono essere utilizzate a fini speculativi. Le caratteristiche principali di questi strumenti sono:

- la bassa correlazione con i relativi parametri di riferimento (benchmark);
- l'alto potenziale di rendimento, cui corrisponde un rischio elevato,
- la non liquidabilità dell'investimento.

Il fatto che le regole in base alla quale i medesimi agiscono, siano svincolate dalla normativa "ufficiale" prevista per tutti gli altri strumenti, a mio avviso, li rende pericolosi, e adatti solo a investitori molto evoluti, dal patrimonio piuttosto elevato. Lo stesso dicasi per il fatto che sono svincolati da un benchmark:

questo rende difficile valutare l'operato del gestore. Quindi risultano poco trasparenti. Oltre al fatto che, essendo regolati con l'investitore da rapporti di tipo privatistico, risultano poco controllabili da parte del medesimo, e quindi, comportano una scarsa tutela, a differenza dei fondi tradizionali.

È vero che l'utilizzo di strumenti non tradizionali, migliora il profilo rischio/rendimento del portafoglio, riduce la volatilità dei mercati, e che anzi, tramite alcune tecniche (come la vendita allo scoperto) si può approfittare dei momenti di crollo delle piazze finanziarie; tuttavia, il fatto che siano di tipo "chiuso", non regolamentati, e che spesso utilizzando derivati e tecniche di copertura, di fatto possono esporsi in maniera davvero notevole, rendono questo tipo d'investimento non adatto alle persone "comuni" ossia con preparazione culturale e disponibilità finanziarie medie.

Il fatto che negli strumenti tradizionali, la regolamentazione dal parte delle autorità competenti nei confronti del modus operandi dei gestori, sia molto più rigida, è a esclusiva tutela degli investitori. È vero che gli hedge funds esistono da mezzo secolo, ma su un totale di circa 8.000 hedge, ne sono falliti circa il 10%.

I principali tipi di strumenti alternativi sono:

- **Private equity e venture capital** - consistono nell'apporto di capitale di rischio e/o nell'acquisto di obbligazioni convertibili (strutturate) in azioni, effettuate in aziende non quotate e con elevato potenziale di sviluppo. Il fine è quello di conseguire un elevato rendimento al momento della dismissione della propria partecipazione.
- **Commodities e managed futures** - investimenti in materie prime e merci utilizzando prevalentemente derivati (futures ed options).
- **Fondi immobiliari** - investimenti diretti ed indiretti tramite società immobiliari.
- **Asset back securities e mortgage back Securities** - strumenti finanziari strutturati derivanti da operazioni di cartolarizzazione che hanno per oggetto prevalentemente prestiti ipotecari o crediti di tipo commerciale.
- **Hedge funds** - utilizzando alcune tecniche hanno come

obiettivo quello di ottenere la massima performances, riducendo al contempo, al minimo volatilità e fattori di rischio vari.

Come detto, questi ultimi sono forse i più conosciuti. Le tecniche di azione da parte dei gestori sono le seguenti: arbitraggi (statico, su titoli convertibili, e sul reddito fisso); assunzione di posizioni su aziende che si stanno fondendo, o che sono in difficoltà.

O ancora, assumono posizioni di tipo speculativo: ossia intervengono assumendo posizioni di **short sellin**g (posizioni corte: vendo un titolo allo scoperto, ossia senza averlo, puntando al ribasso), **long/short equity** (assumere contemporaneamente posizioni lunghe e corte, in cui, qui, il "corte" non è a fini speculativi, ma di copertura alle posizioni "long"), global macro (si sfruttano le inefficienze di prezzo esistenti fra i vari strumenti create da distorsioni macroeconomiche che influenzano i sistemi economici nella sua globalità).

Ognuna di queste tecniche, richiederebbe appositi capitoli per spiegarne i concetti, ma come detto, obiettivo della mia disamina, è solo quello di menzionare questi strumenti, al fine di capire cosa siano, quali siano le principali caratteristiche, e perché non li ritengo di comune utilizzo. Chi desiderasse approfondire, può rivolgersi a testi tecnici che trattino gli investimenti alternativi nel dettaglio.

Considerazioni

Come hai visto, da come ti ho presentato i principali strumenti finanziari, sembrerebbe che "ognuno di essi" possa fare il tuo caso. Questo, perché ti ho illustrato l'utilità e le caratteristiche, nonché le funzioni cui assolvono e cui ognuno di essi presenta. Tuttavia, per selezionare quelli che fanno al tuo caso, dal momento che tutti possono apparire come idonei, fondamentale è quell'attività di analisi e pianificazione di cui abbiamo abbondantemente parlato, perché solo queste due attività consentono di "agganciare" alle tue esigenze e ai tuoi obiettivi" gli strumenti adatti, "idonei" quindi alle tue caratteristiche, desideri, e necessità.

Come impiegare bene le assicurazioni

Le polizze assicurative, pur non essendo da considerare come degli investimenti, rivestono tuttavia una notevole importanza, in quando sono fra i principali strumenti con cui si può impostare la risoluzione di "esigenze" fondamentali, come la pensione, la salute, e provvedere alla tutela di eventi più o meno tragici o comunque accidentali, come ad esempio, la morte improvvisa. Innanzitutto, si stipula una polizza, quando s'intende "trasferire" il rischio dell'accadimento di un possibile evento (per le conseguenze non desiderate che possono derivarne), da te, all'assicurazione. La polizza che paghi per la tua auto, ne è l'esempio più comune.

Tu, pagando la polizza, ti tuteli da eventuali danni che, involontariamente puoi arrecare a terzi. L'assicurazione, in caso di eventi, paga al tuo posto, mentre tu, paghi all'assicurazione dei "premi" che rappresentano il "costo" di questa tutela. Lo stesso, dicasi per le polizze infortuni e professionali, che in questa sede, non rilevano, anche se sono molto importanti. Vediamo le principali tipologie.

Polizze ramo vita

Strumenti tramite cui, l'assicurazione, dietro la corresponsione di un premio, si obbliga sui presupposti e nei limiti di quanto stabilito nel contratto, a pagarti un capitale o una rendita, al verificarsi dell'evento previsto attinente alla vita umana. I soggetti "giuridici" nel contratto sono 4: l'assicurazione, il contraente (chi paga il premio), l'assicurato (persona a cui è riferito l'evento umano),il beneficiario (colui che al verificarsi dell'evento, beneficerà della prestazione dell'assicurazione). Una singola persona può essere contemporaneamente 2-3-4.

Le assicurazioni sulla vita, possono essere suddivise il tre categorie: **caso morte**: qui, l'assicurazione si impegna a pagare, in caso di morte dell'assicurato, un capitale o una rendita al beneficiario; all'interno di questa categoria vi sono tre sottocategorie: **vita intera caso morte** (qui la prestazione è certa, mentre incerto è solo il quando), **temporanea caso morte** (se l'evento accade durante il periodo concordato con l'assicurazione), **vita intera caso morte differita** (l'assicurazione garantisce in caso di morte dell'assicurato dopo una certa data fissata contrattualmente, l'erogazione di capitale/rendita destinata al beneficiario), **caso vita**: l'assicuratore s'impegna a pagare un capitale o una rendita al beneficiario se invece l'assicurato oltre una certa data prestabilita, rimane in vita.

Anche qui, abbiamo tre sottocategorie: **rendita vitalizia immediata** (finche l'assicurato vive), **rendita temporanea immediata** (fino ad una certa data o fino al decesso dell'assicurato se avviene entro quel termine); **caso vita a rendita o capitale differito** (il pagamento della rendita/capitale è garantito se rispetto ad una data predeterminata nel contratto, l'assicurato è ancora in vita: se muore prima della scadenza, nulla è dovuto), **assicurazione mista**: qui, l'assicuratore s'impegna a pagare (rendita o capitale) all'assicurato o al beneficiario, a una data prestabilita se sopravvive, o prima in caso di morte dell'assicurato.

È in sintesi una composizione/combinazione delle due precedenti soluzioni. Anche qui con tre sottocategorie: **mista ordinaria** (è l'unione della temporanea caso morte, con la caso vita a capitale differito); **a termine fisso** (in cui si garantisce sia in caso morte, sia in caso vita il pagamento da parte del'assicurazione, del capitale/rendita ad una data prestabilita); **dotale** (si garantisca il pagamento di rendita/capitale ad una data prestabilita se alla medesima l'assicurato è ancora in vita; se muore prima cessa l'obbligo del pagamento dei premi e il capitale viene pagato al beneficiario alla data prefissata. Se invece l'assicurato decede prima di quella data prefissata, vengono restituiti ai beneficiari o erede i premi versati).Ho trattato per sommi capi le varie tipologie di assicurazioni, per dare una idea generale di cosa tutelano, e in che termini. Naturalmente per chi intende sottoscriverne una, queste spiegazioni non sono affatto sufficienti per poter valutare quale sia quella più opportuna per il proprio caso. Però ritengo importante illustrare nel complesso " cosa sono " le assicurazioni e a "cosa servono".

Poi ci sono le cosidette "**polizze finanziarie**" ossia le index linked (agganciate all'andamento di indici) e le unit linked legate ai fondi comuni d'investimento prima visti). Esse ancorano il loro rendimento e in alcuni casi la restituzione del capitale a parametri finanziari ben precisi: indici, o fondi comuni.

Le polizze, possono essere, in termine di rendimento: **indicizzate,** ossia agganciate a parametri monetari che si adeguano al valore dell'inflazione, **rivalutabili,** qui, la raccolta premi da parte delle assicurazioni, viene investita in un fondo gestione speciale, detto “gestione separata” (dalle altre attività assicuratrici). Su questo tipo di strumento, desidero soffermarmi, in quanto la stragrande maggioranza degli italiano ne ha almeno una. Il rendimento di queste gestioni, va per circa il 15-20% all’assicurazione, per costi e guadagni, mentre la restante parte, l’80-85-% al cliente, nel senso che rivaluta il capitale iniziale assicurato.

Quando sul contratto vedete la dicitura **“aliquota di retrocessione”** vuol dire proprio questo: quanta parte in termini percentuali, del guadagno della gestione separata, viene retrocesso (dato) al cliente. Se rispetti il piano assicurativo, alcuni prodotti prevedono anche un “terminal bonus” che di fatto, va a compensare le spese sostenute per la polizza (in Italia, solitamente molto, troppo elevate).

È previsto anche il “**tasso tecnico”,** ossia un minimo garantito, in termine di rendimento: di solito si attesta fra il 2 e il 3%. Queste informazioni ti sono indispensabili per capire quanto ti sta rendendo il tuo prodotto. Perché le assicurazioni hanno un pregio e un difetto: dicono tutto, ma molto di quanto dicono, è messo in modo tale da non essere di immediata a facile comprensione. Vediamo perché. Come detto, molte persone hanno contratto delle polizze vita rivalutabili. La gestione separata, quasi sempre investe i premi in titoli di stato e strumenti del mercato monetario, quindi a bassissimo rischio, a cui corrisponde un bassissimo rendimento. Chi ha queste polizze le avrà sicuramente sottoscritte prima del 2000 per motivi che non sto a spiegare dal momento che non rilevano ai fini della comprensione.

Investendo la gestione separata in detti strumenti, è facile notare come, l'evoluzione e gli andamenti dei medesimi, si siano riflettuti fedelmente sui rendimenti delle polizze. Osservate i risultati annuali delle vostre polizze (per legge una volta all'anno, le assicurazioni sono obbligate a inoltrarvi il rendiconto delle gestioni), e vedrete che si muovono in perfetta sintonia con l'andamento di quegli strumenti.

Perché dei medesimi, sono composte. Tuttavia, essendo entrati in Europa, ci sono dei parametri cui tutti gli Stati hanno dovuto uniformarsi: i famosi parametri di Maastricht. Uno di essi, riguarda il costo del denaro, in relazione al tasso d'inflazione.

Entrambi i valori, uno specchio dell'altro, debbono rimanere il più possibili bassi (in quanto indice di minor indebitamento da parte dello Stato) e comunque entro certi limiti percentuali. Come ricorderai, prima dell'euro, avevamo inflazione altissima, e nel 1992, addirittura la nostra moneta uscì fuori dal sistema monetario. È vero che i titoli di Stato offrivano rendimenti percentuali a due cifre, ma questo accadeva perché i corrispondenti valori dell'inflazione, erano a due cifre.

Con l'avvento dell'euro, non è più possibile tornare a livelli inflattivi di tale portata, e di conseguenze neppure a tassi d'interesse così elevati. Pena: la fuoriuscita dall'area Euro. L'inflazione e il costo del denaro, sono le due facce di un'unica medaglia.

Avendo ricondotto la nostra inflazione all'equilibrio imposto da uno dei parametri di Maastricht, avrai notato come anche il costo del denaro, sia calato di molto attestandosi attorno al 3%, guarda caso, valore simile alla nostra inflazione. C'è quindi quell'equilibrio che i parametri di Maastricht hanno imposto per dare stabilita al sistema Europa. Qui, entra in ballo il discorso "tassi di interessi"o costo del denaro. Se il valore è attorno al 3%, assume significato doppio: è basso se "offri denaro" in prestito (acquistando titoli di stato) ma al contempo è basso se "prendi denaro in prestito" (sottoscrivi un mutuo). E viceversa, naturalmente. Torniamo alle nostre polizze. Investendo le gestioni separate in titoli di stato, la cui appetibilità in termini di rendimento è alquanto dubbia per i motivi appena esposti, vedrai che in dieci anni, il rendimento di quelle polizze, anziché aumentare, è calato di anno in anno.

Fino ad arrivare a rivalutazioni del 6-5-4 % negli ultimi anni. Ma questo dati, per quanto corretti, sono piuttosto discutibili. I numeri vanno saputi interpretare oltre che leggere.

Prendiamo ad esempio una polizza rivalutabile dell'anno scorso che abbia offerto un rendimento del 5% (è divertente leggere le lettere che le assicurazioni ti spediscono annualmente, le quali iniziano con la frase: «Gentile assicurato, siamo lieti di informarla che…!»). Come prima illustrato, quello non è il tuo rendimento riportato in soldini, ma il rendimento della gestione separata. Da questo rendimento, devi sottrarre il 15-20% che è la aliquota di retrocessione (ossia la parte di rendimento che incamera l'assicurazione). Per cui, già devi considerare l'80-85% di quel rendimento e non il 100%. L'85% (aliquota di retrocessione) del 5% (rendimento della gestione separata) fa il 4,25% di rendimento effettivo che ti viene riconosciuto. Ma, in realtà devi sottrarre ancora: come prima illustrato c'è il "tasso tecnico" ossia il minimo garantito. Di solito è fra il 2 e il 3%. Ipotizziamo un 2%.

Questo 2% l'assicurazione, contrattualmente te lo deve comunque, in qualsiasi caso. Essendo un valore garantito, a mio avviso, andrebbe scomputato dal "guadagno" che è dato dalla rivalutazione del capitale. Anche se deriva comunque dalla gestione separata. Per cui, se al quel "rendimento" del 4,25% sottraiamo il 2%, rimane una rivalutazione del 2,5%. Ma non è finita qui: sulla rivalutazione, come su qualsiasi altro strumento si applica la ritenuta fiscale del 12.5%.

Quindi rimane il rendimento pari all' 1,96%! Insomma, come puoi vedere la realtà è molto diversa da quanto ti prospettano sul rendiconto annuale. Ma attenzione: le assicurazioni lo dicono, ma in modo tale che, ad un profano, questa situazione non sia immediatamente percepibile. Questo è un esempio, in cui, non è importante "quello" che dicono, ma "come" lo dicono. Orbene, per questo tipo di rendimento (ma anche se fosse il doppio rispetto al rendimento reale dimostrato), è evidente che mi conviene acquistare da solo, i titoli di stato!

In realtà c'è dell'altro: le polizze presentano dei "caricamenti" (costi di sottoscrizione) di solito, piuttosto elevati che devi sostenere, a cui devi sommare la parte di rendimento della gestione separata che non ti viene rigirata (aliquota di retrocessione). Quindi, le assicurazioni guadagnano sia con i costi che sostieni per la polizza, sia con parte dei rendimenti che guadagnano investendo i tuoi soldi e che trattengono.

Per carità: è vero che i titoli di stato da quando siamo in Europa rendono molto poco, e quindi non contesto i risultati delle gestioni separate (peraltro certificati), ma sicuramente le assicurazioni, fra la parte di risultati di gestione che trattengono (aliquota di retrocessione) i costi (caricamenti) che ti applicano sulle polizze (piuttosto elevati), t'assicuro guadagnano molto

di più di quanto non offrano a te. Ecco perché quelle vecchie polizze a mio avviso non vanno più tenute in piedi. Perché renderanno sempre meno, e questo dato è certo visto che dobbiamo rispettare quel parametri di Maastricht prima detti.
Anche se può risultare penalizzante economicamente "riscattare" quei vecchi prodotti (ossia chiedere la liquidazione della prestazione maturata), conviene ugualmente procedere in tal senso, se la scadenza dei medesimi è prevista ad una data ancora distante anni.

Supponiamo che una polizza scada nel 2012. Se lascio quei soldi fino a quella data, so già in anticipo quanto si rivaluterà il mio capitale: ossia attorno ai valori dell'inflazione. Ma, sappiamo tutti, che il costo della vita è cosa diversa dai valori espressi "sulla carta" dai parametri inflattivi.

Peraltro i "panieri" di beni in base ai quali, l'ISTAT calcola l'inflazione, sono alquanto discutibili nella loro composizione. Basti pensare che fino a poco tempo fa, era ancora inserita la "ciriola" (tipo di pane) che quasi non esiste più!Se allora so già quanto mi renderà, e so anche che a distanza di anni, quel capitale, attualizzato all'inflazione, in realtà, sarà "decimato" dall'effettivo costo della vita, allora capisci bene che non ha senso alcuno lasciare il denaro in quel prodotto. Meglio riprenderlo, pagare l'eventuale penalità (che è tanto minore quanto più si avvicina la scadenza) e reinvestire quelle somme in strumenti maggiormente remunerativi. Da qui al 2012, mancano 4 anni, e sono un tempo sufficientemente lungo sia per recuperare le perdite della penalità, che per guadagnare.

Esiste anche l'ipotesi della "riduzione", ossia di non versare più i premi ma di non riscattare il capitale per non subire la penalizzazione. Può essere una soluzione anche se a mio avviso non è delle migliori. Perché in tal caso, ci si "focalizza" solo sulla perdita che si eviterebbe, ma non si impiegherebbe quel capitale in maniera maggiormente produttiva. Spesso, ciò che appare sconveniente dal punto di vista economico, può essere opportuno dal punto di vista finanziario. Ma molte persone, non conoscono questa differenza. Ancora una volta, l'ignoranza può essere causa di perdite annunciate.

Considerazioni

Gran parte dei problemi che le persone hanno avuto con le polizze, deriva dal fatto che sono state intese e/o utilizzate in maniera inappropriata dai sottoscrittori, e vendute dalle assicurazioni o agenti assicurativi, troppo spesso, in maniera altrettanto inadeguata. Le assicurazioni sono uno strumento valido come altri: hanno uno scopo ben preciso, ma è il come si utilizzano a renderli uno strumenti buoni o cattivi.

Non possono essere utilizzate come investimento, nonostante investissero in strumenti finanziari. Perché la maschera assicurativa che li ricopre, impone regole piuttosto rigide, proprio perché questi prodotti, debbono assolvere a funzioni "assicurative". Per loro natura, come esprime la dicitura stessa, le assicurazioni, nascono per tutelare un qualcosa: il rischio che un evento può comportare. E, tramite questo strumento, si "trasferisce" un dato rischio, da te, alle società assicurative, le quali, per quest'assunzione di rischio, giustamente, esigono il pagamento di un premio.

Lo scopo e il senso delle assicurazioni, deriva dal fatto che, alcuni eventi possono risultare devastanti per le persone (se investi involontariamente qualcuno con la tua auto, ferendolo gravemente o causandone il decesso; oppure se decede il capofamiglia di famiglia monoreddito) se dovessero verificarsi. Ecco perché può essere opportuno (ed è necessario, a mio avviso, in certe condizioni) agire a tutela di taluni rischi: pensa solo all'utilità della polizza sanitaria: in caso di problemi di salute gravi, puoi selezionare i migliori professionisti al mondo, e farti operare anche all'estero, se non gradisci l'ospedale pubblico: quanto ti costerebbe tutto questo, qualora tu non avessi la polizza sanitaria?

Decine se non centinaia di migliaia di euro! Ognuno di noi, in questi casi, vuole sempre il meglio. Così come il risarcire il danno che puoi aver causato investendo qualcuno con l'auto, potrebbe essere distarono finanziariamente parlando.

In realtà, lo strumento assicurativo, serve quasi esclusivamente per la tutela di esigenze, pertanto non va inteso come investimento finalizzato al raggiungimento di obiettivi economici. Anche se è stato spesso utilizzato impropriamente come tale. Le polizze finanziarie, nell'ambito di quanto appena analizzato, non hanno a mio avviso alcun senso: perché non risultano giustificati i costi della “maschera assicurativa” che sono solitamente notevoli, e perché investendo essi in fondi o indici, allora, posso acquistarli direttamente io. Possono avere un senso in un caso: sono l’unico strumento che consentono di destinare ad un minorenne, una certa cifra: l’assicurato è sempre il contraente maggiorenne, ma il beneficiario, il minore. In tutti gli altri casi, non è possibile provvedere in tal senso a favore del minore, se non tramite l’autorizzazione del giudice tutelare.

Molti pensano ancora che le polizze, secondo quanto previsto dalle vecchie norme, siano **“impignorabili ed insequestrabili”.** Non è del tutto vero, anzi, la recente giurisprudenza afferma sempre più il contrario. Lo sono, ma a certe precise specifiche condizioni. Oppure ancora, qualcuno le ritiene interessanti per certi vantaggi fiscali. Ma non è per un risparmio (misero nell’entità) che si effettua un investimento, o si sottoscrive una polizza. Certe agevolazioni rappresentano un aspetto interessante, ma non possono mai costituire uno dei principali motivi per cui si sottoscrive uno strumento piuttosto che un altro.

Un'altro tipo di polizza venduta in maniera troppo disinvolta, ossia truffaldina da parte di agenti assicurativi soprattutto, è la cosiddetta "mista", a persone molto giovani. Quando ero Promotore, quasi tutte le persone che venivano da me, ne avevano una. Come ho detto, essa, tutela sia il caso vita, sia il caso morte. In pratica, parte del premio che paghi, va a costituire il capitale rivalutabile (per il caso vita) e l'altra parte del premio a coprire il caso morte, quindi, come quelle dell'auto, è a fondo perduto se non si verifica il decesso. A parte il fatto che per coprire adeguatamente entrambe le esigenze, dovrebbe essere di importo piuttosto elevato, proporre anche il caso morte ad un ventenne che, disgraziatamente dovesse decedere non ha nessuno da tutelare, è "alquanto singolare".

Perché venivano collocate queste polizze? Perché comprendo sia caso vita, sia caso morte, comportavano una specie di "doppia provvigione" per l'assicuratore/agente che le proponeva! A mio avviso, sia pur tenendo conto delle estreme differenze fra le esigenze che variano da persona a persona, le polizze più utili, sono:

- temporanea caso morte pura, e non mista (in caso di famiglia monoreddito);
- polizza sanitaria (visto lo stato della nostra sanità);
- polizza per integrazione pensione (chi ha redditi medio-bassi):
- polizza vita di qualsiasi tipo (anche index e unit linked) per chi desidera impostare la formazione di un capitale a favore di un minore.

Segreto n. 30: qualunque polizza non è mai da considerare o da sottoscrivere come un investimento, ma come una tutela. Questo ne deve limitare l'uso a precise e specifiche situazioni.

Finanza personale su misura

Come abbiamo avuto modo di vedere, la finanza ha un senso e una sua logica nel momento in cui rappresenta un qualcosa che aiuta a risolvere delle esigenze, e a centrare i propri obiettivi. Tramite l'utilizzo degli strumenti finanziari e assicurativi, è possibile realizzare al meglio tutto ciò. Il termine "personale", sta a indicare che, per essere veramente efficace ed efficiente, la finanza, deve essere un qualcosa di specificatamente elaborato su misura, che risponda alle proprie situazioni in maniera precisa e puntuale.

Abbiamo visto che gli strumenti finanziari sono tanti, tantissimi, e quanto sia importante l'analisi della situazione personale, al fine di pervenire alla elaborazione di una pianificazione, ossia all'individuazione di quel percorso, che consentirà di risolvere al meglio, tutte le proprie aspettative, in termini di esigenze ed obiettivi. La vita stessa, è un percorso, e ad ogni fase della vita, corrispondono differenti necessità, a livello personale. La finanza, che dovrebbe seguire costantemente queste evoluzioni personali, è una valida alleata, finché viene utilizzata correttamente, ossia si adatta e si adegua a dette evoluzioni.

Abbiamo anche visto come, di per se, essa sia un insieme di "mezzi", di "strumenti", e quindi, di quanto sia il loro corretto utilizzo ed impostazione, a determinarne l'utilità o meno. Ho sottolineato più volte di come sia fondamentale conoscerne i fondamenti, e rispettarne le regole che ne disciplinano il funzionamento, perché molti degli errori più comuni, derivano proprio dalla mancata conoscenza e comprensione dei medesimi.

L'ho sottolineato quasi in maniera ossessiva, per una semplice ragione. Avendo io avuto molte centinaia di clienti, dopo aver ascoltato migliaia di persone, una cosa mi ha sempre colpito, perché si ripeteva sistematicamente: in fase di analisi, quando procedevo alla "conoscenza" dei clienti poi divenuti effettivi, o rimasti potenziali, naturalmente per valutare l'altrui esperienza in materia, chiedevo sempre (tieni presente che da me, la gente veniva sempre con portafogli disastrati, mai o quasi mai, senza averne uno): «Che tipo di portafogli ha? Come è composto? Perché questo tipo? Mi illustri uno ad uno, gli strumenti che ha in portafoglio, e mi spieghi a quale fine li ha acquistati: a quale esigenza rispondevano, o per quale obiettivo, li ha selezionati»

Ebbene, nessuno sapeva rispondere neppure ad una di queste domande. Nessuno sapeva come e perché avesse un portafoglio di quel tipo, ne conosceva nel dettaglio la composizione, o come mai c'era quel tipo di strumento piuttosto che un altro. O ancora, neanche si ricordava il nome del fondo che aveva sottoscritto, o il perché di quella polizza.

Insomma, nessuno era minimamente consapevole di quanto, come, perché e cosa aveva fatto con i propri soldi. Questo è gravissimo. L'ignoranza cui mi sono riferito fino alla nausea, non riguarda solo la mancata conoscenza in termini di preparazione tecnica, quanto soprattutto, la mancata consapevolezza e conoscenza di quanto fatto ed impostato con i propri soldi.
Quando procedevo incalzante nelle domande appena illustrate, vedevo le persone balbettare, affrettarsi a trovare le più svariate (spesso fantasiose) motivazioni o scuse, quasi si dovessero "giustificare" con il sottoscritto. Non è a me, che si deve rendere conto. Ma a se stessi. I soldi non sono certo i miei.

Volutamente, procedevo in tal senso, incalzano la persona, fino al limite della tollerabilità. Fino a farla sentire quasi "sprovveduta". Non per maleducazione. Ma perché è fondamentale mostrare nella sua crudezza, quale fosse il vero motivo dell'insoddisfazione che conduceva quelle persone da me: la causa della loro insoddisfazione finanziaria (per non dire i "cocci" rimasti di quel che "fu" un portafoglio) risiedeva soprattutto sia nella loro ignoranza, sia nella loro superficialità.

Sai perché ho detto spesso che, per avere centinaia di clienti ne ho dovuti ascoltare migliaia? Perché molti, a seguito delle mie analisi (t'assicuro erano spietate), si sentivano in qualche modo "offesi" o "giudicati", e sceglievano di non proseguire. E con quel tipo di persona, io non desideravo collaborare. Perché da quella "prova", capivo chi sarebbe stato disposto a rimettersi in discussione per comprendere, imparare, e lavorare bene, e chi no. Il mio tempo, è prezioso e non amo sprecarlo con chi cerca soluzioni senza dover "faticare" per compiere il percorso che porta alla soddisfazione finanziaria. La parte più importante e più impegnativa del mio "lavoro" consisteva proprio in questo: "rieducare" finanziariamente il cliente, e reindirizzarlo verso corretti binari. Senza questo passaggio, non si può impostare nulla.

Trasferivo cultura finanziaria, non prima d'aver ripulito il cervello finanziario da tutte le distorsioni, errate concezioni ed impostazioni che essi avevano riguardo denaro e sulla finanza in generale. Come è noto, tutti vogliono il meglio, ma pochi sono disposti a rimettersi in discussione e a faticare per meritarlo ed ottenerlo.

Le persone che invece superavano quell'esame, le tranquillizzavo (dopo averle "strapazzate"): lodavo la loro scelta di aver comunque fatto qualcosa prima di conoscermi perché denotava attenzione ed interesse alla finanza come strumento; e nell'esser venuti da me, perché ciò significava che avevano preso coscienza del fatto che avevano una situazione insoddisfacente, e il tentare di rispondere alle mie domande con umiltà, dimostrava che erano altrettanto pronte a compiere quel percorso che li avrebbe portati sia a recuperare eventuali perdite subite, sia ad impostare quanto si sarebbe rivelato necessario per raggiungere i loro scopi.

Io non ero lì per giudicare o criticare nessuno. Far scappare potenziali clienti, per me, era solo un "mancato guadagno" quindi, una perdita economica. Un danno. Tuttavia, siccome ritenevo che la mia professionalità avesse un valore, era per quel valore aggiunto che desideravo esser remunerato. Non per la semplice vendita di prodotti. Per quello ci pensano i borsini delle banche, dove ti propongono strumenti fantastici senza minimamente capire le esigenze di chi hanno di fronte.

Ma soprattutto senza la collaborazione del cliente, non avrei potuto fare nulla, e come detto, ho sempre considerato prezioso il mio tempo, per sprecarlo. Per la mera vendita dei prodotti, c'è il Bancoposta che offre prodotti finanziari "al chilo" come al supermercato, senza procedere alla necessaria attività di consulenza. Oppure i borsini delle banche, dove non interessa chi sei, ma solo il tuo denaro.
Una volta quando ero in Finecobank, venne da me un ingegnere che aveva circa 400 milioni di vecchie lire, e mi illustrò per filo e per segno, cosa desiderava fare e come intendeva impiegarli. Lo ascoltai pazientemente, annotando tutte le sue idee e motivazioni. Dopodiché procedetti con la mia analisi (gli ingeneri e i medici sono fra le tipologie di clienti più presuntuose) e vidi quanto era lacunosa la sua situazione.

Gli spiegai perché, in relazione all'esito di quell'analisi, ciò che desiderava non coincideva minimamente con ciò di cui avesse maggiormente bisogno, e lui, si sentì in qualche modo "offeso" dal fatto che evidenziavo tutt'altro rispetto a quanto si aspettava. Mi disse che, o impostavo quanto mi aveva illustrato, o non se ne sarebbe fatto nulla. Concluse dicendo che per me, fare quello che voleva lui, non avrebbe fatto differenza perché avrei guadagnato ugualmente. Lo cacciai letteralmente fuori dalla banca.

Altro aspetto, comprensibile ma non condivisibile è che, una volta spiegato il perché di certe mie domande, spesso le persone erano e rimanevano piuttosto ritrose nell'aprirsi completamente, ossia nel fornire tutte le informazioni che di cui avevo bisogno.
Il chiedere, da parte mia, non è certo per soddisfare personali curiosità ma perché maggiori informazioni portano sempre verso migliori decisioni. Ecco perché quasi sempre, in primo appuntamento, preferivo andare io, presso l'abitazione del potenziale cliente: osservando ogni dettaglio della sua casa, ottenevo ugualmente quelle risposte che in prima battuta non mi forniva. Dalla casa di una persona puoi capire moltissimo, su chi hai di fronte.

Insomma, molti si lamentano del fatto che la "vera" consulenza, le banche, la erogano solo alle persone molto ricche. **Non è vero**. I ricchi, molto spesso (e ne ho avuti davvero parecchi come clienti) sono decisamente più propensi ad ascoltare, a collaborare e a condividere tutto il percorso sia d'apprendimento, sia di evoluzione finanziaria che si rende necessario.

Esattamente come ho rilevato troppo spesso che, i ricchi "sono attenti" al denaro, molto più di chi non ne ha. Sembra un paradosso, eppure è così: chi ha i soldi ci sta attento e chi non ne ha o ne ha pochi, spesso, non gli riserva la medesima attenzione che gli riservano i ricchi.
Ma soprattutto i ricchi, comprendono maggiormente l'importanza di un minimo di istruzione finanziaria e sono decisamente più collaborativi, oltre che disposti ad imparare. Questo tipo di approccio, è fra le maggiori differenze fra chi è ricco e chi non lo è.

Non è un caso che, molte persone non ricche, quando hanno avuto la fortuna o il modo di entrare in possesso di grosse somme di denaro, come calciatori, chi ha ereditato grosse fortune all'improvviso, vincitori di lotterie e simili, molto spesso, siano poi cadute in disgrazia. Hanno scritto tanti libri in merito.

Non basta avere denaro per migliorare la propria vita. Il denaro è solo un mezzo. Se s'impara ad utilizzarlo e se ne comprende il suo vero potenziale, allora può diventare uno strumento che ti offre quanto di più prezioso possa esistere oltre il tempo: la libertà. Il problema è che occorre "crescere" a livello personale per poterlo gestire.

Se a qualcuno chiedi: cosa faresti se dovessi vincere al superenalotto? Sentirai che ognuno ti dice cosa comprerebbe, di quanto velocemente si licenzierebbe e manderebbe a quel paese il proprio capo. Nessuno ti dice mai come pianificherebbe, o che li lascerebbe investiti in strumenti tranquilli (anche se rendono poco) finche non ha valutato bene come fare e cosa farne, per ottenere il meglio in relazione alle aspettative. O finché non ha imparato a gestirlo.

Il denaro di per sé, è solo un mezzo, che tuttavia ha una particolare caratteristica: **amplifica ciò che siamo**. Non è il denaro a farti diventare buono o cattivo. Se sei bravo e buono, il denaro ti consente di realizzare ciò che desideri di comprenderne l'intrinseco valore (libertà di essere ciò che si sceglie di essere) e quindi impari a rispettarlo e a rispettare gli altri; se sei mediocre, il denaro, ti da la possibilità di manifestare la tua mediocrità in tutta la sua interezza: mista ad arroganza, presunzione, e mancato rispetto nei confronti di te stesso e degli altri.

Il denaro, è davvero la cartina di tornasole per vedere chi sono le persone! Fare soldi non è così difficile. Il difficile è mantenerli. Una persona che si è arricchita da sola, non ha paura di perdere o di sbagliare: perché ha compiuto quel percorso e quindi ha subito una evoluzione, pertanto sa che l'errore è parte fondamentale di un processo di crescita, e quindi sa anche che se perde, può risollevarsi. Avendo fatto quel percorso sulla propria pelle, l'ha fatto suo, e quindi sa che può ripercorrerlo quando vuole. Perché ha creato qualcosa mediante impegno, dedizione, determinazione elaborando strategie personali, avendo fatto tesoro dei propri errori, considerandoli un investimento.

Le persone che invece hanno paura di agire sono quelle che non hanno fatto quel percorso personale, che non sono disposte ad imparare per crescere, e che preferiscono l'immobilismo per paura. Solitamente persone che non hanno costruito la loro fortuna, ma che gli è pervenuta.

Contrariamente a quanto si crede, circa l'85% dei ricchi nel mondo, lo sono di prima generazione. Perché hanno percorso quel cammino individuale, aiutati anche dalla evoluzione della tecnologia che ne ha accelerato la velocità d'arricchimento. Mentre invece, spesso i rampolli di ricche famiglie con fortune economiche tramandate e quindi pervenute, sono caduti in disgrazia, in quanto essendosi ritrovati con grossi patrimoni, non hanno ritenuto opportuno crescere, per imparare e gestire al meglio i propri beni. La crescita economica, implica sempre una crescita personale. Perché ciò che si "maneggia", ossia il denaro, è l'arma più potente esistente al mondo.

Non basta studiare economia. La conoscenza va sempre accompagnata all'umiltà che consente imparare, di fare esperienza anche e soprattutto attraverso gli errori fisiologici che si commetteranno prima di "riuscire". Di quei megaricchi planetari, da una ricerca effettuata, è emerso che prima di diventare miliardari, hanno riportato una media di **3,2**

fallimenti ciascuno. Ma non si sono arresi, hanno avuto oltre che la determinazione per andare avanti, l'intelligenza di voler capire dove hanno sbagliato, e l'umiltà di ricominciare. E di imparare.

Tralasciando i ricchi e le ricchezze planetarie, gli stessi concetti direi possono applicarsi a noi "poveri mortali": l'aver sbagliato qualcosa nella gestione delle nostre finanze, non deve indurci a "chiuderci" a riccio, o a definire gli investimenti come "pericolosi e rischiosi" . Deve invece indurci a riconoscere che qualcosa non è andato per il verso giusto, a cercare quel qualcosa e ad agire per far sì che quel qualcosa non si ripeta. Questo si ottiene solamente tramite la nostra voglia d'imparare con umiltà, la nostra determinazione nel perseguire un obiettivo, e mediante l'acquisizione della necessaria conoscenza che riduce di molto la possibilità e i margini d'errore.

Poi, occorre "fare". Qualche errore, sarà inevitabile, ma consideralo come il prezzo che paghi, o che hai già pagato, per acquisire esperienza. Necessaria, assieme alla conoscenza, per far si che d'ora in poi, quello che imposterai, ti offrirà ciò che desideri. Sempre.

Segreto n. 31: qualche errore, nonostante la preparazione e l'attenzione, è inevitabile, ma se si fa tesoro di quell'esperienza anziché scappare, si migliora sempre più. Fa parte del processo di crescita e dell'esperienza.

Come evidenziato, ogni fase della vita, ha sue specifiche esigenze. Ad esempio, un **giovane** che ha bisogno di creare un capitale, avendo del **tempo** a disposizione, dovrà optare per un portafoglio di tipo aggressivo, a prevalenza azionaria. Perché solo in questo modo può creare un capitale. Se non dispone di un minimo di capitale iniziale, è opportuno iniziare con un piano di accumulo costante (p.a.c.), ossia acquista quote di fondi "a rate" mediando oltretutto i vari prezzi d'acquisto; mentre se invece ha a disposizione un minimo di capitale, anche piccolo, conviene attendere una fase di ribasso dei mercati, per acquistare singole azioni attentamente valutate, seguirne l'evoluzione e intervenire quando si è raggiunto il target di guadagno prestabilito, per poi ri-effettuare le medesime operazioni.

Le due cose, (p.a.c. e investimento unico, cioè p.i.c.) si possono fare anche contemporaneamente. Per i pac, fondamentale è rispettare i versamenti mensili, ossia darsi quella "disciplina" che consentirà di proseguire e terminare il piano dei versamenti. Il minimo è di 5 anni.

Per cui, è opportuno valutare attentamente quale cifra mensile è da destinare a quell'investimento, senza che ci si possa trovare in condizione di difficoltà, la quale troppo spesso, porta le persone ad interrompere i piani, perdendo così occasioni di ribasso dei mercati. In realtà, in caso di difficoltà è ammessa la sospensione (maturerà l'investimento sulla base di quanto tu hai versato) e senza costi, tuttavia se si desiderano dei risultati che giustifichino l'impegno per tutto quel tempo, è "saggio" rispettare quanto previsto e pianificato. L'investitore attento, in momenti di crolli di mercati finanziari, potendo, incrementa i versamenti sui p.a.c. perché in tal modo, aumenta il numero delle quote che acquista a prezzi piuttosto bassi, mentre ad esempio, si può anche "sospendere i versamenti in periodi di borse euforiche, per poi riprendere e incrementare in fasi di successivi cali.

Ecco perché dico che, comunque gli investimenti vanno seguiti per ottimizzarne i risultati. I versamenti aggiuntivi sui p.a.c. in realtà non sono ammessi, tuttavia i fondi stessi hanno trovato il modo per aggirare l'ostacolo: se si versa più del previsto, s'intendono come la somma di più versamenti assieme.

Quindi, il piano si accorcerebbe. Ecco perché suggerisco quando si sottoscrive un p.a.c. di scegliere la durata più lunga: perché con i versamenti aggiuntivi comunque si accorcia. Mentre invece terminato un piano (ad esempio, di 5 anni) non è possibile effettuare altri versamenti. Occorrerebbe aprirne uno nuovo, e sostenere nuovi costi. Mentre se, lo sottoscrivo a 20 anni, tramite i versamenti aggiuntivi, si accorcia, e posso interromperlo, o concluderlo quando e come voglio, senza spese aggiuntive.

Oppure mantenerlo aperto anche quando lo sospendo (borse euforiche che mi farebbero acquistare ad alto prezzo) per poi riprendere intensamente i versamenti, a seguito di crolli di piazze finanziarie. Io sto "distorcendo" un po' l'utilizzo di questo strumento, ma tramite queste tecniche che ti ho suggerito, ne massimizzo sia l'utilità, sia il rendimento, minimizzando nel contempo le spese. Ma per forzarlo e distorcerlo, bisogna conoscerne bene sia le caratteristiche, sia le modalità tecniche e giuridiche del suo funzionamento.

Perché se invece ho a disposizione piccole cifre, ho parlato di singole azioni piuttosto che di fondi comuni d'investimento? Perché i fondi comuni, attuano una diversificazione tale, all'interno della loro composizione, che a mio avviso non giustifica l'investimento di una piccola cifra. Come detto, hanno un costo, e quella diversificazione, mentre protegge dall'altra parte riduce necessariamente anche i rendimenti. Un giovane che non ha ancora capitale disponibile o ne ha molto poco, non ha bisogno di protezione. Ma che il capitale lavori parecchio per aumentare. Per quanto possibile, suggerisco anche di iniziare un **piano pensionistico**. In entrambi i casi, più si è giovani, meno si deve versare periodicamente. Perché avendo più tempo, si può versare più a lungo con cifre meno elevate. Meno hai tempo, più devi versare. Quindi, meglio iniziare subito per quanto possibile, utilizzando nel contempo i benefici fiscali che i piani pensionistici offrono.

Sempre dall'analisi il giovane deve partire, per determinare con esattezza quali sono gli obiettivi che intende perseguire e raggiungere, ma soprattutto quanto è in grado di destinarvi economicamente. Ovviamente, nel corso degli anni, se migliora o peggiora la situazione economica, va ri-adeguato anche l'importo destinato alla pianificazione finanziaria.

L'importante è iniziare: anche con poco, ma l'importante è iniziare, perché si entra già nell'ottica di creare qualcosa, e si concretizza l'impegno con i fatti e non con le parole. Già ci si inizia a dare una disciplina.
Ad esempio, se si contrae un mutuo, della durata media di anni 20, si può abbinare un p.a.c. di 10-15 anni, il cui risultato finale, potrebbe andare a ridurre e/o estinguere il mutuo. Questo è l'esempio di uno strumento finanziario, abbinato come investimento, ad un obiettivo ben preciso. **In tal modo, dai soldi investiti, avresti creato un capitale che ti consentirebbe di "pagare meno" il mutuo, in quanto soldi non pervenuti da maggiori tue entrate, ma semplicemente dall'investimento**.

Se in 10-15 anni, il capitale versato, è raddoppiato (periodo congruo per un risultato del genere), quella plusvalenza del 50% o tutto il capitale, potresti destinarlo per estinguere anticipatamente il mutuo, oppure parzialmente, e tenerti il resto dei soldi da destinare ad altri scopi. Oppure il piano d'investimento, potrebbe essere destinato per l'avvio di una attività economica o studio professionale per quando si prevede di avviarla o aprirlo.

Tutti sanno che ci vuole del denaro per avviare qualcosa di imprenditoriale o professionale. Come vedi, se non hai i soldi, o hai un piccolo capitale ti ho mostrato come fare per iniziare a far lavorare il tuo denaro per te.

Segreto n. 32: se agisci con intelligenza, con poco, o un singolo investimento, puoi guadagnare più volte: con i proventi di un primo investimento, ne alimenti un secondo, e così via.

Poi, come visto in precedenza, per avviare o un'attività o uno studio professionale, con internet, si riducono drasticamente i costi dell'investimento iniziale, avendo al contempo una fantastica forma di pubblicità accessibile a tutti, e che porta il tuo nome ovunque nel mondo! Molti lavorano per denaro. Quasi tutti, per la verità perché col denaro ci si "campa". Ma pochi fanno in modo che il frutto del proprio lavoro, il denaro, produca anch'essa denaro, e contribuisca a migliorare la propria posizione. Ossia pochi fanno in modo che sia il denaro a lavorare per loro.

Quando chiedo alle persone: «Quante ore lavori al giorno? Di media, diciamo 8 ore al giorno? Moltiplicato per 22 giornate lavorative, fanno 176 ore. Tu, lavori 176 ore al mese per avere denaro. E quanto tempo impieghi per gestire, investire, o pensare a come far fruttare quel denaro? Cioè: lavori molte ore per il denaro, e poi gli dedichi del tempo?» Nessuno mi risponde. Non fa i soldi chi lavora di più. A parità di sforzo, fa i soldi chi li impiega in maniera intelligente, razionale, ottimizzando e gestendo al meglio le proprie finanze.

Segreto n. 33: non diventa ricco chi lavora di più, ma chi lavora "meglio", ossia chi fa lavorare il proprio denaro.

Pensa: se tu venissi retribuito a seconda del tempo che dedichi al tuo lavoro (impiegato o libero professionista non fa differenza) essendo la giornata composta da 12 ore (il resto, si dorme e si mangia) il tuo guadagno sarebbe limitato, appunto da tempo che hai a disposizione per lavorare. Se si guadagnasse a seconda del "tempo" che si può lavorare, non esisterebbero i ricchi.

Segreto n. 34: oggi, guadagna chi ha le idee, o chi migliora una precedente idea o innovazione. Poi, il lavoro, altro non è se non la concretizzazione e applicazione del tutto.

Non dico che devi inventare l'idea del secolo, ma puoi comunque far fruttare e girare meglio le tue risorse: pianificando, investendo, razionalizzando, ottimizzando. Ricorda eBay: già 40 anni fa esisteva il concetto (Postal Market), ma qualcuno ha avuto l'idea di trasferirlo online e su scala mondiale. Eppure non si è inventato nulla di nuovo: si è migliorata un'idea preesistente! Molti mi dicono: ma non ho davvero nulla, o ho poco! Beh, industriati: apri un conto con dei tuoi amici, più o meno nelle tue condizioni, e "unite le forze", per poi dividere in proporzione! Oppure se hai tempo ma non hai denaro, rivolgiti a chi ha denaro, ma non ha tempo per investire. Offri a pagamento il tuo tempo e la tua preparazione. Non è quanto fanno i professionisti di qualsiasi settore? Bene, in questo tipo di settore c'è poca concorrenza, perché è un settore non "tradizionale".

Insomma, le soluzioni ci sono per chi vuole trovarle. Un suggerimento. Finché vivi a casa con i tuoi, oltre a divertirti, risparmia il più possibile, perché come esci di casa, le spese, fioccano!

Se proprio non hai soldi, oltre ad associarti a qualcuno, unendo così le forze, trova il modo di reperire un minimo di soldi: vendi (Porta Portese, eBay) tutto quello che non ti serve, fai qualche lavoretto che ti consenta di partire per effettuare un primo investimento. Parla a tuo padre se possibile (economicamente parlando) o a parenti, amici, che siano disposti a darti fiducia (naturalmente prima devi prepararti finanziariamente). Ricorda: se sei giovane hai tempo, mentre chi è meno giovane, ha denaro, ma meno tempo. Tu metti il tuo tempo e le tue capacità, altri che non hanno ne tempo ne voglia, il loro denaro. È così che sono nati i fondi comuni d'investimento!

Se invece sei giovane, ma non giovanissimo, ossia fra i 27 e i 40 anni, le tue esigenze ed obiettivi, saranno diversi, e probabilmente più vari, e complessi. Unitamente al fatto che avrai comunque un minimo di capitale a disposizione. In questo caso, in base all'analisi devi avere davvero ben chiaro il tuo conto economico (entrate e uscite) per partire da una accurata ottimizzazione e razionalizzazione delle spese per i motivi espressi nel capitolo a questi concetti, dedicato.

Poi, assolutamente devi impostare se non l'hai ancora fatto una posizione previdenziale, e comporre il tuo portafoglio, sempre a prevalenza azionaria, ma non come se si trattasse di un giovanissimo: ti servirà un minimo di fascia di semiliquidità per esigenze, ed imprevisti, e, avendo più anni, rispetto al giovanissimo, si suppone che l'obiettivo casa e famiglia, sia più vicino in termini di anni. Un semigiovane ha anche dei mezzi di trasporto da mantenere, forse un affitto o un mutuo, e tutto quanto (palestra, hobby, vita sociale) prima pagava papà. Ora è tutto sulle sue spalle, pertanto la razionalizzazione delle spese e l'ottimizzazione delle medesime, acquista maggiore rilevanza, rispetto al giovanissimo.

Ecco perché in questa fase della vita, la corretta gestione del risparmio (soprattutto delle spese) è prevalente. Durante i primi anni di lavoro, normalmente le retribuzioni non sono elevate, mentre i desideri sono sempre ambiziosi! Niente paura: si può fare più di qualcosa, a parità di stipendio e/o entrate d'altro genere.

Comprendo che i giovanissimi e i giovani vogliano e debbano divertirsi (la vita non è una valle di lacrime, e il divertimento è il sale della vita) tuttavia t'assicuro che ci si può divertire ugualmente anche razionalizzando e ottimizzando le proprie spese. Per le spese come assicurazioni, conto corrente, e spese correnti ti ho spiegato come. Per internet e telefono, suggerisco Teledue. Risparmi il canone e ha tariffe competitive. Lo stesso dicasi per il cellulare: opta per soluzioni maggiormente idonee alle tue esigenze.

Consiglio: non cadere nella trappola delle carte di credito "revolving" o negli acquisti a rate, quelli famosi ad "interessi zero, e prima rata dopo sei mesi". Gli interessi non possono essere zero, altrimenti, significa che chi eroga, riprenderebbe esattamente quello che ti ha finanziato: comprendi da solo che non avrebbe senso. Ma soprattutto gli acquisti a rate, a meno che non si tratti di beni assolutamente necessari (è per questo tipo di acquisti, che nacquero le rate dopo la seconda guerra mondiale), hanno la pessima caratteristica di farti perdere il polso della situazione riguardo le tue spese, e soprattutto ti portano ad avere un tenore di vita superiore alle tue possibilità, perché puoi avere quello che desideri senza avere i soldi disponibili.

Ma in tal modo, ipotechi il tuo futuro. E la società, è organizzata in modo tale per cui, tu t'indebiti e lavori praticamente per pagare quelle rate. Oggi la gente, fa anche le vacanze a rate, o si compra l'inutile a rate.

Compra quanto ti puoi permettere. Rimango perplesso quando sento ai telegiornali che "molti" non ce la fanno più a pagare i mutui contratti a tasso variabile. Per carità, c'è chi davvero ha difficoltà, ma la verità è che molte persone, non ce la fanno più a pagare il mutuo, perché oltre alla rata del medesimo, hanno quelle contratte per tante altre cose, dalla macchina, alle vacanze, ai cellulari, allo stereo, alla tv al plasma, ecc.

Il tutto, caricato su entrate che non giustificano quel tenore di vita, porta allo "scoppio" di situazioni di insolvenze su più o tutti i fronti. C'è crisi, ma tutti vanno in macchina a qualsiasi ora nonostante il prezzo della benzina sia alle stelle. Poi però si lamentano del pane che è aumentato di così poco, rispetto alla benzina.

Tutti sono "incollati" per ore al cellulare. Sarei curioso di sapere cosa hanno da dire per ore. Non è meglio incontrarsi a quel punto? Se si ha tempo (ore) da passare al telefono, si ha anche per incontrarsi, non credi? Le compagnie telefoniche si sono arricchite enormemente proprio a causa di questo continuo incessante chiacchierare. Ma come facevamo quando non c'era il cellulare? Non che uno non debba parlare al telefono o non andare in macchina, ma l'uso corretto, piuttosto che l'abuso di mezzi come questi, farebbero risparmiare molti soldini soprattutto a coloro che si definiscono poveri.

Prendete l'abitudine, a meno che non sia indispensabile, di non acquistare a rate. Comprate quello che potete permettervi, rimandando ad altro momento le spese che al momento non sarebbe opportuno fare. Vedrai che sopravvivi ugualmente, e imparerai a decidere tu, di cosa hai bisogno e di cosa puoi fare a meno.

Oggi la gente, crede di essere libera, ma non si rende conto di essere prigioniera in una prigione delle peggiori: quella senza "sbarre" alle finestre, in cui ci si è ficcati volontariamente, inconsapevolmente, in quanto figli della società del consumismo, in cui siamo stati abituati a non pensare con la nostra testa; ma a subire quello che la pressione mediatica ci inculca: cultura dell'apparire. È da questo, che dobbiamo liberarci. Se non s'impara a risparmiare (senza tuttavia condurre una vita monacale), a ottimizzare, a razionalizzare le proprie spese, per avere più soldi da investire (proprio per poter acquistare serenamente domani), non si guadagnerà mai.

Segreto n. 35: impara a ragionare con la tua testa. Per la società consumistica, sei solo un mezzo per guadagnare. Diventa investitore, per poi scegliere tu, come e quando

concederti il piacere di spendere. Non essere il mezzo per arricchire altri.

La prima forma di guadagno, deriva proprio dal risparmio. Perché con quei soldi, si può procedere ad investimenti che generino denaro, per poi poterlo spendere. **I soldi sono fatti per essere spesi. Ma prima li devi creare.** Altrimenti entri nella trappola: lavori per pagare debiti, e non per guadagnare. I debiti inoltre hanno degli interessi, che maggiorano quanto devi. I ricchi, non è che non spendono. Spendono con cervello, stanno attenti a non buttare via i soldi. I poveri spendono troppo spesso, ciò che non hanno per quello che vorrebbero avere. E s'indebitano sempre più. Ecco perché esistono i ricchi e i poveri, **sia pur con le dovute eccezioni** ovviamente. Molti poveri (**sempre con rispetto per le dovute eccezioni**) sono tali, perché ragionano da poveri, si comportano da poveri, e non fanno quello che invece fanno i ricchi: far fruttare il proprio denaro, per far si che possano poi spendere.

Quindi, giovanissimo: finché sei a casa risparmia il più possibile dal momento che non hai ancora delle spese per mantenerti.

Così facendo, parti avvantaggiato in quanto puoi crearti senza particolari sforzi un minimo di capitale. Nel frattempo fallo "girare" o unisci le forze (economiche) con qualcuno per investire. Ricorda che hai il tempo dalla tua, e sfrutta questo elemento. Dai valore alla tua preparazione finanziaria e metti il tuo tempo a disposizione nei confronti di chi ha già del denaro, ma non ha tempo per farlo fruttare.

Meno giovane: ottimizza, razionalizza al meglio la gestione delle tue spese, e con i soldi risparmiati, inizia un piano previdenziale, oppure aderisci a quella della tua categoria se ne hai uno previsto per la tua attività professione, o impiego. Se hai già un piccolo capitale, destinalo ad un investimento piuttosto aggressivo da abbinare ad un mutuo per l'acquisto di una casa di cui probabilmente avrai bisogno. Oppure agganciala a qualche altro obiettivo che per te è importante. Anche per te, potrebbe avere un senso "unire" le forze finanziarie con qualche persona di tua fiducia, per aumentare la massa da destinare agli investimenti. In questa fase della vita, piuttosto delicata perché segna il passaggio da ragazzo a uomo, è importantissimo effettuare l'analisi per identificare le esigenze e gli obiettivi che intendi perseguire.

Per poi porre in essere immediatamente la pianificazione finanziaria.

Se non sei in grado di provvedere a tutto quanto emerso in analisi, non fa niente: comincia con quanto ritieni prioritario ed importante. Al resto, provvederei nel prosieguo, appena potrai.

Quasi nessuno può cominciare tutto, tutto insieme: ma l'importante è iniziare. Deve diventare un'abitudine la disciplina. E vedrai che quando i risultati dei tuoi sforzi, iniziano a portare i primi risultati, sarai soddisfatto, e questo aumenterà la tua voglia di proseguire, di intraprendere nuove iniziative finanziarie (connesse ad altri obiettivi, o ad obiettivi precedentemente tralasciati). Non c'è nulla di più gratificante nel vedere come la tua pazienza, il tuo sforzo, siano ricompensati adeguatamente. Allora la disciplina e lo sforzo, non appariranno più come pesanti. Anzi, ti appariranno leggeri anche perché nel frattempo ci avrai fatto un po' l'abitudine. E ti verrà voglia di continuare, perché l'investimento consapevole, ha un pregio a differenza della maggior parte delle situazioni lavorative della vita: è meritocratico: se hai fatto bene, il successo sarà assicurato. Ma finché non vedi i primi frutti, non te ne puoi rendere conto.

Con i frutti degli investimenti, oltre che a divertirti (che è importante) potresti ad esempio crearti una posizione previdenziale, o acquistare una polizza sanitaria, o una "temporanea" caso morte (queste ultime due, se hai già famiglia). Uscirebbero fuori senza che tu debba cacciare fuori un soldo dalle tue entrate.

Oppure potresti destinare (solo) i proventi di un investimento (senza smobilitarlo), ad un'altro investimento. Ad esempio se hai un p.i.c. ossia una certa cifra investita, potresti fare un "piano di prelievo programmato": ossia periodicamente i proventi di quell'investimento, potrebbero andare ad alimentare un nuovo piano di accumulo costante (p.a.c.). Così investiresti e guadagneresti 2 volte sullo stesso medesimo capitale.
Come vedi di spunti, te ne ho dati parecchi, che tu abbia soldi ma soprattutto che tu, non ne abbia. Non serve essere milionari per fare un po' di soldi, o per migliorare le proprie posizioni. Serve predisposizione e cervello.

Il resto, dipende da te. Voglia, determinazione, creatività, disciplina, impegno e umiltà nel voler diventare finanziariamente istruito, sono tutti fattori che dipendono da te. T'assicuro che non è né difficile, né impossibile. La cosa più difficile, è entrare in quest'ottica, e agire di conseguenza. E questo, è il percorso che devi intraprendere e percorrere tu. Io ti ho illustrato cosa fare, come farlo, e ti ho fornito sia pur in maniera superficiale, i mezzi per agire.

Per i meno giovani o coloro che hanno già un capitale (fra i 40 e 50 anni): il discorso cambia un po', in quanto, probabilmente a talune esigenze (casa) importanti, si è già provveduto. Inoltre si presume che si disponga di un minino di capitale, derivante dal risparmio e dal miglioramento della propria posizione lavorativa. Se si dispone di un capitale dato dal risparmio, avendo già provveduto ad alcune esigenze importanti, ed avendo delle responsabilità nei confronti dei familiari (per chi ne ha) il portafoglio sarà di tipo "bilanciato", ossia non a prevalenza azionaria. Il motivo è semplice: un capitale è già a disposizione, per cui si dovrebbe puntare ad una rivalutazione del medesimo, senza tuttavia accollarsi i tempi e i rischi di un azionario puro (necessario invece per i giovanissimi e i meno giovani). Mentre per obiettivi ben precisi, può comunque essere di tipo azionario, ma sempre tenendo conto del fattore tempo, necessario per ottenere risultati accettabili.

Se non si è ancora impostata la risoluzione delle primarie esigenze, occorre provvedere in merito. È vero che più tardi si comincia, più si deve versare (non perché costi di più ma perché il tempo per provvedere è minore, quindi occorre maggiorare i versamenti), ma è anche vero che si dovrebbe già disporre di un capitale, da impiegare, ripeto, alla tutela delle fondamentali esigenze, quelle per cui, se non si provvede, potrebbero comportare guai molto seri.

Se invece si è provveduto, o la condizione attuale si ritiene soddisfacente, o si punta ad una rivalutazione del capitale con annesso rischio moderato, oppure, ad esempio, potremmo impiegare le risorse disponibili destinandole ad una sorta di "integrazione" delle proprie entrate fisse: magari selezionando delle obbligazioni che offrano delle cedole periodiche interessanti (verificare sempre la solidità dell'emittente), mantenendo inalterato il proprio capitale.

Da unire comunque ad una parte del portafoglio azionario, perché come detto in precedenza (al di la delle cedole che offrono un rendimento periodico, fisso o variabile a seconda del tipo di obbligazione che si seleziona), l'obbligazionario, segue i corsi delle politiche monetarie, quindi del costo del denaro, il quale a sua volta è agganciato all'inflazione, che, riporta valori non in linea con quelli reali.

Ricordi? Se tu acquisti un btp da 100.000 euro, di durata decennale, è vero che puoi prendere una cedola, diciamo del 4% con cui arrotonderesti le tue entrate mensili, ma al termine dei 10 anni, ti viene restituito il valore nominale, ossia i 100.000 euro. I quali, per esperienza, non avranno mai lo stesso potere d'acquisto di 10 anni fa.

Per cui, la composizione più o meno bilanciata del tuo portafoglio deve necessariamente ricomprendere una parte obbligazionaria (che fornisce delle entrate tramite gli interessi) e da una parte azionaria, che va a rivalutare in termini reali il denaro investito. Interessanti, a parte le obbligazioni a reddito fisso, sono anche i fondi comuni d'investimento specializzati in obbligazioni di paesi emergenti.

Naturalmente se opti per il reddito fisso, ti consiglio di acquistare obbligazioni (in caso di nuove emissioni) quando i tassi sono elevati. Con il costo del denaro alto, fissi la rendita a quel parametro. O di acquistare obbligazioni a tasso variabile solo quando i tassi sono ai praticamente ai minimi (così possono solo crescere). In alternativa puoi acquistare sul mercato secondario obbligazioni già emesse, Ne trovi di tutti i tipi, e alcune sono piuttosto interessanti.

Oppure puoi comprare dei fondi specializzati in reddito fisso, o variabile nel cui regolamento sia prevista la distribuzione del proventi. Se hai dei figli piccoli, ti consiglio di iniziare con dei piani di accumulo costanti: con 100 euro al mese per x anni, garantisci loro un capitale iniziale quando saranno maggiorenni, o comunque più grandi. Tanto, se non lo fai, dovrai pensarci dopo e versando tutto insieme! Meglio pensarci subito, con poco al mese, che diventerà un tanto (sempre in relazione a quanto versi, ovviamente) grazie al lavoro dei gestori e dei mercati.

In realtà, una sorta di rendita potresti ottenerla anche tramite l'acquisto di singoli titoli azionari piuttosto consolidati che erogano dividendi più o meno stabili: azioni come Enel, Eni, Unicredit, Telecom, ed altre. È vero che il capitale oscillerebbe maggiormente, ma se è la rendita che t'interessa, non ha importanza delle fluttuazioni momentanee. Tanto, se i titoli sono "buoni", acquistati ad un prezzo favorevole sul mercato (a seguito di crisi dei corsi azionari), guadagneresti sia in conto capitale (quando recuperano) sia in conto interessi (dividendi).

A prescindere dal capitale di cui disponi, non serve avere un numero elevato di azioni, obbligazioni o quant'altro. Servono pochi strumenti, ma buoni. Il poco, come numero, è dato dalle proprie specifiche situazioni. Ovviamente, queste sono ipotesi "tipo". Può essere che invece, persone in questa fascia di età, abbiano esigenze completamente diverse. Ma qui, si torna al discorso "analisi" che è fondamentale. Per le **persone anziane**: completamente diverse sono le esigenze. Qui, la propria attività lavorativa è conclusa, la casa, si presume pagata (per chi ha contratto un mutuo), e i figli essendo già grandi, si presuppone siano autonomi ed indipendenti.

In questo caso, il denaro risponde principalmente a due esigenze: **la serenità di una riserva per la vecchiaia, e la disponibilità di un capitale per l'eventuale assistenza sanitaria.** Tieni presente che a quest'età non è praticamente più possibile stipulare polizze sanitarie, o se è consentito, occorre corrispondere un premio elevatissimo. Per cui, il capitale o parte del medesimo, potrebbe servire in tal senso. Oltre a qualche soldino da regalare ai nipotini!

Naturalmente il portafoglio di una persona anziana, dovrà avere come scopo principale, la sicurezza, e il mantenimento del potere d'acquisto. Pertanto dovrà essere composto soprattutto da strumenti **obbligazionari, e monetari**. Conservativo. Una piccola parte, minoritaria, va sempre e comunque posizionata in azionario, anche perché, impostata la pianificazione per la sicurezza del capitale, avendo già risolto nel corso della vita esigenze varie ed avendo centrato i propri obiettivi, si può anche speculare per guadagnare senza avere obiettivi cui agganciare l'investimento!

Le persone appartenenti a questa fascia d'età non hanno le esigenze dei giovani e dei meno giovani in termini di spese da programmare. Ne il fattore tempo, è dalla loro parte per certi tipi d'investimento, di cui, comunque non necessitano dal momento che si presume abbiano più o meno realizzato quanto nel corso della vita, avevano desiderato costruire. Questo, li rende più liberi dall'impegno di pianificare e impegnarsi per anni, per raggiungere ciò che presumibilmente hanno già raggiunto. Pertanto, ferma restando la destinazione del capitale (e relativi investimenti) alla tutela di quelle esigenze, per il resto, possono "divertirsi" ad effettuare operazioni a meri fini speculativi.

Considerazioni

Questi esempi appena riportati, di situazioni di vita, e relativi investimenti, sono naturalmente generici ed indicativi. Ogni persona, a prescindere dall'età, ha delle proprie caratteristiche che la rendono diversa dagli altri. Tuttavia alcune esigenze ed obiettivi, sono più o meno comuni a tutti, nelle relative fasce d'età; ed è su quelli che mi sono soffermato, per dare un'idea come poter agire, su quali presupposti, e per quali fini.

Ci sono anche quelli che chiamo investimenti alternativi. Non sono i fondi speculativi, o strumenti finanziari derivati (chiamati appunto tecnicamente investimenti alternativi), ma altri tipi di investimenti, in settori differenti, ugualmente importanti ai fini della gestione delle proprie risorse. Non tratterò volutamente di investimenti d'arte, filatelici, numismatici o simili, in quanto presuppongono una conoscenza ed esperienza che pochissimi hanno.

RIEPILOGO SEGRETI DEL GIORNO 7

- SEGRETO n. 30: qualunque polizza non è mai da considerare o da sottoscrivere come un investimento, ma come una tutela. Questo ne deve limitare l'uso a precise e specifiche situazioni.
- SEGRETO n. 31: qualche errore, nonostante la preparazione e l'attenzione, è inevitabile, ma se si fa tesoro di quell'esperienza anziché scappare, si migliora sempre più. Fa parte del processo di crescita e dell'esperienza.
- SEGRETO n. 32: se agisci con intelligenza, con poco, o un singolo investimento, puoi guadagnare più volte: con i proventi di un primo investimento, ne alimenti un secondo, e così via.
- SEGRETO n. 33: non diventa ricco chi lavora di più, ma chi lavora "meglio", ossia chi fa lavorare il proprio denaro.
- SEGRETO n. 34: oggi, guadagna chi ha le idee, o chi migliora una precedente idea o innovazione. Poi, il lavoro, altro non è se non la concretizzazione e applicazione del tutto.
- SEGRETO n 35: impara a ragionare con la tua testa. Per la società consumistica, sei solo un mezzo per guadagnare. Diventa investitore, per poi scegliere tu, come e quando

concederti il piacere di spendere. Non essere il mezzo per arricchire altri.

GIORNO 8:
Idee alternative

Vi sono degli investimenti, alcuni dei quali li tratteremo in maniera del tutto sganciata dalla correlazione fra strumenti e necessità personali, a mio avviso interessanti da conoscere. Poi, ognuno vedrà come eventualmente coniugarli con la propria pianificazione finanziaria.

Oggi, ad esempio, sarebbe opportuno **acquistare dei dollari U.S.A**. e depositarli su un conto corrente in valuta online, remunerato in base ai tassi d'interesse U.S.A. Con il dollaro così basso, moneta appartenente comunque alla nazione ancora più importante del mondo, è un'opportunità a mio avviso.

Si otterrebbe un guadagno in conto valutario (quando il dollaro recupererà terreno) e in conto interessi (dato dalla remunerazione del conto corrente in valuta). Oppure è da valutare anche l'acquisto di **pietre preziose** da investimento, non certo montate su gioielli, ma in apposito involucro chiuso ermeticamente. Ce ne sono per tutte le tasche. La funzione di questo tipo di acquisto, non consiste tanto nel guadagno (anche se i metalli e le pietre hanno un loro mercato) quanto piuttosto nel fatto che mantengono il reale potere d'acquisto del denaro che avete speso. Perché il loro valore è agganciato a parametri reali.

Come quando l'emissione della carta moneta era agganciata all'oro. Certi beni, essendo "limitati" in natura, valgono molto, e meno ve ne sono, più valgono. Le pietre, sono definite "preziose" appunto perché sono rare. Di qui il loro valore. Qualcuno potrebbe chiedere: "ma se trovano un enorme giacimento di diamanti? Il prezzo calerebbe drasticamente!"

In realtà non è così: se anche si trovasse quel tipo di giacimento, per non alterare il mercato, non si immetterebbero nel medesimo grosse quantità di pietre preziose, poiché se così fosse, il valore di quel bene, calerebbe in maniera vertiginosa. E chi ha i giacimenti, t'assicuro non ha affatto interesse a che questo accada! L'oro e il petrolio, a mio avviso sono cresciuti troppo come valutazioni. Entrambi gli investimenti appena descritti, sono relativamente tranquilli: il dollaro perché ai minimi valori, le pietre preziose come diamanti, rubini, smeraldi, sai meglio di me, quando costano da sempre! È vero che esistono dei fondi comuni d'investimento che investono proprio in settori del genere, tuttavia, in questi due casi, penso sia meglio procedere direttamente all'acquisto. Elimini il costo dell'intermediario, comprando direttamente, e non paghi le commissioni di gestione.

Tuttavia vi sono dei fondi interessanti che investono ad esempio, in nuove tecnologie, fonti energetiche rinnovabili, su farmaci e ricerche in campo medico, o in aree geografiche in piena evoluzione, come India, Cina, Russia, Corea, Australia, paesi dell'est, Turchia.

In certi settori e/o aree geografiche può essere utile selezionare anche dei fondi d'investimento, in quanto la conoscenza di quei "contesti" presuppone una competenza davvero specifica e settoriale.
Oppure può essere interessante acquistare box auto: si affittano tranquillamente e non ci sarà mai il problema di un'eventuale sfratto per morosità con annessi e connessi.

Guadagnare dal settore immobiliare

Il settore immobiliare è da sempre il preferito dagli italiani, rispetto ad altre forme d'investimento. L'Italia è il paese con la maggior percentuale al mondo di proprietari di case: l'80% . Da cosa nasce questa passione? Fondamentalmente dalla nostra tradizione culturale, ma anche dall'ignoranza, riguardo la conoscenza di altri tipi di investimenti. Inoltre, il settore immobiliare non richiede particolari competenze tecnico-professionali.

Il mattone è l'unico investimento che a differenza di altri non comporta una preparazione tecnica e specifica, è "tangibile", ed è considerato sia a torto sia a ragione in "investimento sicuro" anche perché "oscilla meno" nelle sue valutazioni, a differenza del mercato finanziario. Tuttavia i suoi cicli economici sono molto più lunghi, sia in positivo sia in negativo. Ricordi la crisi del settore immobiliare a seguito di tangentopoli?

Durò molti anni. Circa una decina, o quasi. A torto, perché a differenza degli investimenti, l'immobile presenta dei costi periodici piuttosto elevati (ici, irpef, manutenzione straordinaria) e se l'inquilino non paga, per anni non percepisci reddito e sei costretto a sostenere spese legali per liberare l'immobile (inoltre da anni lo Stato applica sistematicamente il blocco degli sfratti) in quanto il sistema giudiziario è alquanto lento e farraginoso in materia (oltre che alquanto costoso). In questo caso, possedere un immobile potrebbe rivelarsi un onere economico notevole e basta. Inoltre l'immobile qualora tu dovessi avere improvvisa necessità di denaro, non è un bene prontamente e facilmente liquidabile, se non a prezzo di un forte sconto.

A ragione perché l'immobile si rivaluta sempre nel tempo, e soprattutto si adegua al **reale** costo della vita, quindi fa riferimento a parametri concreti, non teorici (come l'ISTAT). E se l'inquilino paga regolarmente, ed è affidabile, si gode di una rendita stabile.

Ma come mai l'immobile si rivaluta sempre? Se non si rivalutasse, visti gli alti costi di mantenimento, non avrebbe senso possederne. Inoltre, c'è un'altra ragione precisa: lo spazio fisico del nostro paese, è piuttosto limitato. Questo fa si che, ottenere le licenze edilizie per costruire, è sempre più difficile, pertanto la domanda è quasi sempre superiore all'offerta (cosa che non accade in America, dal momento che di spazio ne hanno moltissimo. Ecco perché là, gli andamenti del mercato immobiliare sono più simili quelli dei corsi azionari: ossia possono calare e di molto anche).

Nelle città, ad esempio, non è possibile costruire (cosa invece possibile nelle periferie) quindi se acquisti una casa in una città, sai che non aumenterà l'offerta per mezzo di nuove abitazioni immesse sul mercato. Questo da stabilità ai prezzi. Inoltre da quando hanno abolito l'equo canone, finché la rata d'affitto più o meno coinciderà con la rata di un mutuo, la gente preferirà sempre sostenere quest'ultima: almeno, quanto versato per anni, invece di essere a fondo perduto, li renderà proprietari di un qualcosa di valore, per se, o da lasciare ai propri figli.

Questi sono i motivi per cui il mattone in Italia, non conosce crisi. E non ne conoscerà. Quello che tuttavia può accadere è che in tempi negativi per l'immobiliare, rallenti la crescita dei prezzi. Mai che calino. Le crisi, in qualunque settore, servono per ripulire i mercati dagli eccessi: ossia della spazzatura che si vende a peso d'oro. E questo vale per qualsiasi mercato. Ma se l'immobile presenta un giusto profili qualità/prezzo, si vende anche in tempi di crisi. Si dilatano solamente i tempi di vendita, e probabilmente occorre maggior elasticità nella trattativa.

L'immobile da punto di vista finanziario, è una "immobilizzazione" del capitale. Se desideriamo una rendita, è la soluzione migliore? Non sempre. Vediamo perché. Prendiamo ad ipotesi un immobile acquistato al fine di percepirne un affitto che abbia la funzione di una rendita. È stato stimato che un immobile, renda fra il 4 e il 5%.

Supponiamo di acquistare una casa da 300.000 euro e paragoniamo la rendita rispetto alla equivalente cifra, investita ad esempio in dei titoli di Stato. Nel caso dell'immobile, ipotizzando il 4% di rendita derivante dalla locazione, dobbiamo sottrarre l'incidenza fiscale: ICI, IRPEF, e costi di manutenzione straordinaria. È vero che questi ultimi sono "una tantum" ma quando arrivano sono sempre di notevole entità. E prima o poi, arrivano. Poi c'è sempre il rischio inquilino, ossia che non paghi. Se investissimo la medesima cifra in BTP, a parità di rendimento, avremmo solo il prelievo fiscale del 12,5% sul guadagnato. Non avremmo altri tipi di tassazione, né di spesa, e soprattutto scomparirebbe il rischio inquilino.

Inoltre, se dovessimo aver bisogno di soldi, liquidando i titoli, in tre giorni avremmo i soldi disponibili in conto corrente. Ad esempio, anche per acquistare un immobile, in caso di ottima opportunità. E ve ne sono, perché spesso le persone hanno necessità di liquidare in fretta (chi deve partire perché è stato trasferito, divisioni ereditarie, chi è in difficoltà economica, ecc.).

Ma l'investimento in btp non si rivaluta come gli immobili (anche se non necessariamente tutti quei 300.000 euro potrebbero essere investiti i btp), ma al tempo stesso, non comporta tutti quei costi.
Allora che significa, che alcuni investimenti finanziari, sono migliori degli investimenti immobiliari?

Sì e no. A certe condizioni e per certe esigenze sicuramente sì. Ad esempio per chi vuole investire mantenendo la liquidabilità dell'investimento come esigenza fra le primarie, a parità di rendita.

Se invece acquisti un immobile a sconto rispetto i valori di mercato, e hai la fortuna di avere un inquilino che paga regolarmente, allora l'investimento immobiliare è difficilmente battibile. O anche se lo compri a sconto, semplicemente per rivenderlo, senza necessariamente affittarlo.

La validità dell'affare immobiliare, dipende da come acquisti. Ecco perché si suole dire che l'affare si fa quando si compra. Come vedi, anche qui, ci sono molte credenze e miti da sfatare sull'investimento, che ci sono state tramandate da generazioni e che non abbiamo mai messo in discussioni, che tuttavia non sempre sono veritiere. Anzi, spesso non lo sono. Ho conosciuto persone che quando hanno avuto bisogno di denaro, sono state costrette a svendere buoni immobili a prezzi decisamente non congrui.

Come sempre, la conoscenza dei pro e dei contro di un investimento, delle dinamiche dei relativi mercati, unitamente alla valutazione ed adattabilità di un tipo d'investimento alle proprie esigenze, sono fondamentali per non commettere errori (solita analisi e corretta pianificazione).

Segreto n. 36: l'investimento immobiliare come quello finanziario ha dei pro e dei contro: come sempre l'investimento migliore è quello che meglio si adatta alle tue esigenze

Quindi, perché un immobile possa esser considerato un buon investimento (altrimenti è una semplice immobilizzazione di capitale), deve rispondere a delle precise caratteristiche, personali, oltre che oggettive. Innanzitutto **non deve essere acquistato a prezzo di mercato** (a meno che il mercato non sia in fase negativa), ma al di sotto del medesimo.

Poi, importante è **l'ubicazione** (zona), **il piano** (sconsiglio piani terra e primi piani, a meno che i prezzi non siano davvero molto bassi), **l'esposizione** (almeno doppia), **la tipologia** (i mono, i bilocali e i trilocali sono fra i più commerciabili), **le condizioni del palazzo, il contesto in cui si inserisce, la presenza di servizi pubblici e commerciali nella zona, il traffico, la signorilità dell'appartamento, la possibilità di variare la distribuzione interna** (soprattutto per gli immobili più grandi, o anche piccoli ma mal distribuiti), l'importo di **oneri condominiali,** compreso il riscaldamento, gli **affacci, se c'è il portiere,** la verifica di **spese straordinarie** deliberate ma non ancora effettuate (cui saresti tenuto a pagare), **l'offerta in zona** di immobili simili a quello che t'interessa (maggiore è l'offerta, minore è il prezzo sia di locazione sia di eventuale vendita), le **condizioni interne** dell'appartamento (potresti doverlo ristrutturare a costi elevati se non fossero buone, o a norma per l'impiantistica).

Interessanti sono anche gli immobili ad uso ufficio e i locali di tipo commerciale (negozi): anche qui, difficilmente presentano le problematiche tipiche dello sfratto in caso di morosità e/o finita locazione, e nel frattempo si percepisce l'affitto. Costano meno rispetto agli immobili per uso abitativo, ma rendono altrettanto.

Insomma, sono molti i fattori di cui tener conto, in caso di investimento immobiliare, sia a fini locativi, sia a fini di semplice compravendita. O anche per abitarci (nel qual caso non si tratterebbe di investimento, ma sarebbero ugualmente elementi da valutare per non doversi trovare successivamente a dover spendere molti soldi). **Ma come si acquistano immobili a**

sconto? Vi sono varie strade percorribili: spargete la voce presso i portieri (unitamente alla promessa di una ricompensa in caso vi facciano fare l'affare) che vi riferiranno in caso di persone in difficoltà che debbono vendere (magari anche perché hanno urgenza di trasferirsi, o necessità di una casa più grande); Sulle riviste del settore, spesso gratuite (Porta Portese a Roma è il massimo): selezionate molte proposte che ritenete interessanti e fate l'offerta per ciascuna di esse ad un prezzo ridotto di almeno un 20% : vedrai che qualcuno prima o poi, accetta.

Le **case degli enti rimaste inoptate** (ossia gli inquilini che per legge, avendo il diritto di prelazione, non hanno tuttavia accettato), le aste e i fallimenti (di cui approfondiremo dopo), e le vendite da parte di enti vari. Vi sono altri modi di acquistare immobili a sconto. Essi sono: nude proprietà e case occupate.

La **nuda proprietà**, consiste nel fatto che tu, acquisteresti un immobile, lasciandoci dentro il vecchio proprietario fino al suo decesso. Questo tipo di operazione, talvolta è adottata proprio dalle persone anziane che non hanno nessuno a cui lasciare la propria casa quando non ci saranno più, e che al contempo hanno bisogno o semplice desiderio di tranquillità economica. Per questo motivo, paghi uno sconto di circa il 30% rispetto al valore dell'immobile. Perché finché campano si riservano il diritto di usufrutto del bene, mentre a te, rimane la (nuda) proprietà delle mura senza alcun diritto di abitazione o possibilità di liberare l'immobile anzitempo. Lo sconto sarà tanto maggiore quanto minore sarà l'età del vecchio proprietario, viceversa, sarà tanto minore quanto maggiore sarà l'età del medesimo.

In pratica, ti assumi il "rischio" della durata della vita dell'usufruttuario. Il vantaggio, consiste appunto nello sconto, ma lo svantaggio, consiste nel fatto che finché l'occupante è in vita, non percepisci affitto e sostieni parte dell'imposizione fiscale mentre a tuo carico totale sono le spese di manutenzione straordinaria.

Inoltre, l'usufruttuario, potrebbe "campare" molto più delle previsioni. Tutto dipende dall'appetibilità commerciale dell'appartamento, dall'età dell'usufruttuario, e dall'entità dello sconto. La nuda proprietà è indicata nei casi in cui si dispone di

denaro, e non si ha fretta, ne necessità di liquidarlo nel breve-medio termine.
Oppure per chi desidera acquistare casa per i propri figli, o ancora per chi desidera semplicemente un ritorno in conto capitale un domani. Perché quel ritorno, sarà composto dal recupero dello sconto (dovuto giuridicamente alla riunione della nuda proprietà con l'usufrutto, riservato all'ex proprietario finché vive) e dall'eventuale (praticamente certa) rivalutazione dei valori immobiliari che negli anni si verificano più o meno costantemente.

Quindi, se si sceglie "bene", il ritorno sull'investimento, potrà compensare ampiamente sia le attese, sia le spese sostenute negli anni. Se hai acquistato la nuda proprietà, puoi anche rivendere casa prima che si liberi (se per qualsivoglia ragione cambiassi idea, o nuove circostanze sopravvenute ti costringessero a liquidare). Nel qual caso, anche tu dovrai concedere lo sconto, per lo stesso motivo in base a cui, acquistasti.

Ma probabilmente sarà inferiore a quello che hai ottenuto tu, perché nel frattempo sarà trascorso un certo periodo. Tuttavia se sono nel frattempo passati degli anni, lo sconto sarà minore, rispetto al quello che fu praticato a te. Sconsiglio quest'ultimo tipo di operazione perché come detto tante volte, lo strumento selezionato (di qualunque natura esso sia, immobiliare, finanziario) produrrà risultati desiderato se si lascia lavorare nei termini, nei modi e alle condizioni che ne regolano e ne disciplinano il corretto funzionamento. Tuttavia in caso di necessità, sai che puoi vendere.

Case occupate: qui, acquisti un immobile già locato (quindi, affittato). Per il fatto che non è "libero" riporti uno sconto. E, a differenza della nuda proprietà, nel frattempo che l'immobile è occupato, percepisci un reddito, costituito dall'affitto. Naturalmente per questo motivo lo sconto è minore rispetto al prezzo d'acquisto della nuda proprietà.

Qui, oltre alle caratteristiche dell'immobile prima evidenziate, occorre valutare molto bene il contratto d'affitto che lega l'inquilino all'appartamento: durata massima della locazione, a che punto si è del contratto in termini di anni trascorsi, importo del canone, rivalutabilità del medesimo nel tempo e a che precise condizioni e parametri essa avviene, la regolarità dei pagamenti, che non vi siano arretrati. Dirai: perfetto, se tanto desidero acquistare per affittare, comprando una casa già affittata prendo due piccioni con una fava! Può non essere così. Ecco perché ti suggerisco di analizzare e valutare attentamente il contratto d'affitto, e di prendere informazioni precise sull'inquilino.

Scoprirai che i canoni locativi sono molto spesso inadeguati in quanto il relativo contratto d'affitto, è stato stipulato anni addietro. E la rivalutazione dei medesimi, essendo agganciata a parametri non reali (ISTAT) è sempre alquanto modesta. Se il contratto è a te sfavorevole in tal senso, occorre vedere quanti anni ancora dura il contratto, e considerare che, anche in caso di disdetta per finita locazione, potrebbero volerci anni per liberare l'immobile. Nel frattempo, sempre che l'inquilino continui a pagare, continueresti a percepire quei canoni inadeguati, spesso neppure sufficienti a coprire le spese. Ottenere poi lo sfratto a seguito (dopo anni) di sentenza a te favorevole, t'assicuro è impresa davvero ardua.

Esattamente come in campo finanziario, ogni altro tipo d'investimento, compreso quindi l'immobiliare, ha dei pro e dei contro da valutare molto attentamente. Ciò richiede quindi buon senso, esperienza e conoscenza delle materie o dei settori in cui s'intende operare. Lo ripeterò fino alla nausea. Se sbagli nell'immobiliare, puoi trovarti in situazioni piuttosto gravose, e alquanto onerose da sostenere, oltre ad aver immobilizzato per lungo tempo, centinaia di migliaia di euro.

È vero che, a differenza di quanto possa accadere in campo finanziario, i soldi comunque li recuperi e tutti (almeno nominalmente) in caso d'errore (ma potrebbero volerci molti anni e recupereresti comunque quanto versato all'epoca, cifra che sicuramente avrà perso nel frattempo il suo potere d'acquisto); tuttavia in campo finanziario, se qualcosa non va per il verso giusto, puoi liquidare immediatamente il capitale per reinvestirlo (recuperando quindi l'eventuale perdita subita) in tempi davvero brevissimi, e iniziare a guadagnare.

Aste immobiliari: oggi sono diventate di gran moda. Ma, in cosa consistono? Si tratta di procedimenti giudiziari, nei confronti prevalentemente di persone che hanno contratto mutui, e che poi si sono rivelate non più in grado di pagare. Oppure di persone che da anni non sostengono più oneri condominali, per cui, il condomino ne chiede l'esecuzione forzata. Questi ultimi sono tuttavia una minoranza. Cosa accade quando non si paga più un mutuo? L'istituto erogante (banca) inizia le procedure esecutive. Come sai, quando acquisti un immobile tramite mutuo, la banca iscrive ipoteca sull'immobile.

L'ipoteca, giuridicamente è un diritto reale di garanzia (che tutela appunto la banca dall'insolvenza nei confronti della persona a cui ha prestato il denaro per acquistare casa), che attribuisce al creditore il potere di espropriare il bene sul quale l'ipoteca è costituita, e di essere soddisfatto con precedenza (a seconda del grado di ipoteca, ma di solito le banche pretendono il primo grado) sul prezzo ricavato dall'espropriazione (vendita). L'ipoteca ha valore anche se il bene viene alienato verso terzi.

Ebbene a seguito di reiterate insolvenze da parte di chi ha contratto il mutuo, e di tentativi di conciliazione in qualche modo evidentemente non riusciti, la banca per recuperare quanto prestato, intraprende quanto previsto dalla legge a sua tutela: il procedimento di esecuzione forzata, grazie appunto al diritto che le spetta a seguito di trascrizione di ipoteca sul bene. L'ipoteca è quel diritto giuridico che consente a chi l'ha iscritta di essere un creditore privilegiato, ossia di essere fra i primi a veder soddisfatte le proprie pretese in caso di inadempienza contrattuale (mutuo in questo caso). La procedura, al di là della trafila delle necessarie "carte bollate" inizia dal punto di vista "pratico" con il "pignoramento" del bene, ossia il rilascio dell'immobile a seguito di sentenza a favore del creditore. Trattasi di espropriazione forzata, basata su una sentenza di un giudice, a seguito di inadempienza contrattuale da parte del soggetto che non paga il mutuo, a favore dell'istituto che ha erogato il denaro.

Nelle fasi iniziali della procedura, il bene viene fatto stimare e valutare da un perito nominato dal giudice (mentre la perizia del valore del bene all'atto della concessione del mutuo, è eseguita dal perito nominato dalla banca); il C.T.U. (consulente tecnico d'ufficio), e quel valore sarà preso come "base d'asta".

Ma come mai, le aste, si dice che, riguardo i prezzi d'acquisto, possano essere davvero "convenienti"? È semplice: come è noto, il nostro sistema giudiziario, ha dei tempi molto lunghi. Quindi succede che molte procedure di esecuzioni forzose, durano anni. Quindi, fra la data della perizia, e la data effettiva dell'asta, passa molto tempo. Essendo la perizia eseguita anni addietro, riporta dei valori economici all'epoca vigenti, e come è facile intuire, sono quasi sempre ben distanti da quelli attuali.

In pratica, dall'inefficienza del sistema giudiziario (dovuto alle sue lungaggini) possono scaturire delle interessanti opportunità. Addirittura, ancora vi sono perizie i cui valori economici sono espressi in "lire"! Ecco come mai, puoi trovare immobili a prezzi non in linea con i valori reali, attuali. Ma, allora, è una manna!

Anche qui, ci sono dei "distinguo" e delle considerazioni da fare. È un settore in cui occorre avere una conoscenza specifica e tecnica piuttosto elevata. Perché le procedure giuridiche di questo settore sono decisamente complesse, e variano molto spesso. Rientrano non a caso come parti importanti di materie universitarie come diritto privato e diritto commerciale. Dal

2006 la normativa in materia è mutata in maniera sostanziale. E se non la si conosce a fondo, si rischiano situazioni molto difficili da cui può esser arduo uscirne fuori. Ad esempio, l'irrevocabilità dell'offerta. Prima potevi ritirarti (se cambiavi idea) in corso d'asta, oggi non è più possibile. Oppure, ad esempio, per partecipare ad un'asta, occorre prestare una cauzione pari al 10% del prezzo offerto. Ebbene se ti aggiudichi un immobile e per qualsiasi motivo entro i 60 giorni previsti, non saldi il prezzo totale, la cauzione rimane incamerata dal tribunale. E si tratta di decine di migliaia di euro.

Da dove deriva il rischio che il partecipare ad un'asta può eventualmente comportare? Da più situazioni. Ad esempio, molte informazioni sia nella perizia, sia negli atti giudiziari disponibili da consultare per valutare l'opportunità o meno nel partecipare, sono spesso lacunose, inesatte, incomplete o addirittura errate. Una volta, ho visto letteralmente "piangere" l'aggiudicatario di un attico, perché aveva scoperto che, nell'immobile che aveva acquistato, non c'era l'ascensore (questo fattore nuocerà gravemente in caso di vendita), cosa non evidenziata in perizia.

Oppure spesso ai periti non è consentito l'accesso da parte del debitore, nell'immobile pignorato, per cui non possono che rilevarne le caratteristiche desumendole dai documenti catastali. Ancora, non sono stati in grado di stabilire se gli occupanti (non sono necessariamente gli esecutati, ossia coloro che non pagano il mutuo) fossero in possesso di regolare contratto d'affitto, che, se vi fosse, e risultasse antecedente all'atto del pignoramento, sarebbe opponibile all'aggiudicatario, nel senso che non si potrebbe mandare via se non a scadenza del contratto, e dopo avergli fatto causa (in tal caso, è come se si acquistasse una casa occupata).

All'asta vanno anche immobili senza le varie licenze: di abitabilità, di costruzione, ecc. È vero che per essi, se costruiti antecedentemente ad un certo anno, è sempre prevista la concessione in sanatoria, ma è altrettanto vero che potrebbe risultare particolarmente oneroso, e che non tutti gli abusi sono sanabili. Se lo sono, potrebbero rivelarsi piuttosto onerosi. Perché mentre il tribunale può vendere un immobile in qualsiasi stato giuridico si trovi, al privato questa facoltà non è data.

Per cui, se e quando si deve rivendere l'immobile, se non si è adempiuto a quanto previsto dalla legge in merito, non si può vendere. O quando invece è possibile, trovi molte difficoltà a reperire compratori.
Ho un amico che acquistò a 180 milioni di vecchie lire un monolocale in una zona nobile di Roma. Il prezzo era buono, solo che era così basso in relazione alla zona, perché era accatastato come C2, e non come abitativo, anche se lui l'aveva trasformato (di fatto) in una abitazione. E molto carina per giunta.

Ebbene è un anno che non riesce a venderlo perché non essendo abitativo, gli acquirenti hanno grosse difficoltà ad ottenere un mutuo, o i notai non gli redigono l'atto, perché di fatto, la destinazione d'uso non è conforme a quanto previsto dalla legge. Quell'immobile se fosse stato classificato ad uso abitativo, varrebbe circa 220.000 euro. Così non è, quindi fu pagato 90.000 euro.

Sarebbe stata una buona idea se avesse deciso lui di andarci a vivere, ma optando per la rivendita del medesimo, sta incontrando una marea di difficoltà. Ad esempio, in un immobile del genere, gli enti erogatori delle varie utenze (gas, acqua, elettricità, telefoni) per legge possono rifiutarsi di procedere ai vari allacci. Insomma, come puoi immaginare, non è semplice muoversi correttamente. Se poi vi fosse un preliminare di compravendita effettuato dall'esecutato (per sottrarre il bene alla procedura), in data antecedente all'atto del pignoramento, saresti costretto, in caso di aggiudicazione, qualora il sottoscrittore del preliminare pretendesse giudizialmente l'esecuzione del suo contratto, a cedergli l'immobile.

È vero che c'è la garanzia per l'evizione (diritto a pretendere dal creditore, ossia la banca che ha dato il via al procedimento di espropriazione, la restituzione del prezzo pagato e delle spese sostenute), ma avresti tenuto fermi per anni, molti soldi, e sopportato molte seccature giudiziarie e non.

Insomma, soprattutto in questo settore, l'ignoranza può esser causa di errori che potrebbero rivelarsi piuttosto onerosi. Alle volte, anche una preparazione specifica può non essere sufficiente ad evitare errori, proprio a causa della superficialità con cui, in Italia, si effettuano atti e procedure, ma sicuramente la conoscenza approfondita ne limita la possibilità, e comunque ne fornisce delle soluzioni e/o scappatoie (se possibile) qualora si verificassero. Ora che abbiamo visto gli aspetti negativi, vediamo quelli positivi: alcuni immobili possono risultare ottimi sia come aspetto commerciale (per abitarci o per investimento) sia come prezzo a basa d'asta, e con la documentazione disponibile piuttosto esaustiva e soddisfacente, tale da porti in condizione di poter effettuare delle idonee valutazioni. Il prezzo di un immobile all'asta, se riesci a prenderlo naturalmente, può essere inferiore ai valori attuali, da un 20 ad un 40%.

Dentro l'immobile c'è sempre l'esecutato (fin che può resiste ovviamente, ed ogni mese che vi passa dentro, evita quindi di pagare un affitto che dovrebbe, se fosse andato altrove), ma in questi casi, non si pongono le problematiche previste per lo sfratto.

Queste procedure di liberazione dell'immobile seguono discipline diverse (previste per favorire l'accesso a questo mercato) anche perché nel caso di sfratto, devi instaurare una causa civile che dura anni; mentre il "decreto di trasferimento" (atto con cui il giudice trasferisce l'immobile a titolo derivativo e quindi non a seguito di compravendita) è già di per sé, titolo esecutivo per la liberazione dell'immobile. Non a caso nell'atto redatto dal giudice c'è l'ingiunzione all'esecutato o nei confronti di chiunque occupi l'immobile senza alcun titolo, a liberarlo, a favore dell'aggiudicatario. In pratica ti elimini il processo, previsto invece dallo sfratto. Con quell'atto redatto da giudice, puoi richiedere la forza pubblica per la liberazione dell'immobile.

Bada bene, che non possono non dartela: perché la forza pubblica deve adempiere ad un'ingiunzione del giudice, non ad una tua richiesta. Se non procede, si configura come omissione d'atto legalmente dovuto. Per cui, le problematiche tipiche per gli sfratti (prima della sentenza del giudice), in caso si aggiudicazione di un immobile a seguito di asta, non si pongono. E non è cosa da poco. Inoltre è differente il regime giuridico: in caso di sfratto, casa è sempre del proprietario, ma la presenza dell'inquilino era giustificata in base ad un regolare pregresso rapporto giuridico preciso (di locazione), ecco perché devi instaurare un giudizio, se rivuoi casa.

In caso di esecuzione immobiliare, le cose stanno diversamente: l'esecutato non pagando il mutuo, non è più proprietario della casa. E questo concetto, si evince con l'atto del pignoramento. Per cui, l'esecutato, una volta che ti sei aggiudicato l'immobile e che hai ottenuto l'atto con cui il giudice ti trasferisce la relativa proprietà (quindi non prima del decreto di trasferimento) non ha titolo alcuno, né attuale, né pregresso per occupare l'immobile. È un perfetto estraneo. Ecco perché diverse procedure, rispondono a diverse situazioni. Ma soprattutto, ecco perché devi istruirti anche in questo settore, se intendi operarvi senza correre rischio, o riducendone al minimo l'eventuale incidenza.

Non mi addentro nelle procedure giuridiche di partecipazione alle aste, in quanto esse costituirebbero materia da trattare in un intero volume, pertanto rimando l'approfondimento del settore a testi specializzati, reperibili in qualsiasi libreria giuridica ed economica. Interessante è anche (sempre tramite le procedure esecutive) la valutazione di acquistare **locali commerciali e/o negozi.**

Al fine di percepire una rendita, possono considerarsi più appetibili rispetto all'acquisto di un immobile da affittare a privati. Mentre un inquilino, se lo mandi via, può tranquillamente trovare altra soluzione locativa, per l'inquilino di tipo commerciale, non si possono fare le medesime considerazioni: molto del successo dell'attività commerciale dipende dall'ubicazione, e cambiarla può comportare perdita della clientela, magari fidelizzata nel frattempo. Inoltre, l'attività commerciale, genera flussi di cassa periodici, per cui, è più difficile che il titolare d'azienda, non possa pagare. Pagherà prima te e il personale dipendente, poi tutto il resto. Anche se non è impossibile che un negozio possa fallire e chiudere: ci sono attività che aprono e chiudono perché non ce la fanno.

Naturalmente devi verificare la "qualità" dell'inquilino commerciale: se si tratta di pizzeria a taglio per esempio, puoi star certo che sarà un ottimo inquilino da punto di vista di affidabilità per la corresponsione dei canoni. Anche l'acquisto di **terreni**, può esser interessante. Su quelli non edificabili, si possono tuttavia fare molte cose.

Ad esempio, piantarci degli ulivi, che non richiedono particolare manutenzione, per rivendere a peso d'oro il legno quando è il momento, oppure affittarli a chi desidera impiantarvi colture, oppure ancora sfruttare le leggi e i finanziamenti previsti per chi avvia determinate attività.
Altre situazioni appetibili, sono date dalla possibilità di "**frazionamenti**" di unità immobiliari grandi, con più ingressi, a condizione che rispettino certe normative, altrimenti, catastalmente non è possibile procedere al frazionamento.

C'è poi la **cessione di compromesso**. In pratica, quando il progetto di costruzione di un palazzo, è allo stadio iniziale, ossia sulla carta, i costruttori, scaglionano i pagamenti a stato d'avanzamento dei lavori. Si paga un tot a prenotazione e un tot al compromesso. Come intuisci man mano che la costruzione avanza, e s'avvicina al termine di realizzazione, i prezzi non sono più quelli iniziali, anche perché per larga parte, gli appartamenti sono già stati venduti.

Ebbene, a fini speculativi, puoi cedere il tuo compromesso d'acquisto, (che hai sottoscritto a prezzo iniziale) al nuovo prezzo, maggiorato appunto dal fatto che l'immobile non è più sulla carta, ma reale e in stato avanzato. Queste operazioni presentano l'indubbio vantaggio di non apparire mai come proprietari (perché non hai mai firmato un rogito) e quindi di non essere soggetti alle previste tagliole fiscali in caso di alienazioni di proprietà.

Ulteriore investimento interessante, oggi, a mio avviso, può rivelarsi l'acquisto di **box e posti auto** vista la carenza cronica di parcheggi nelle grandi città. Il vantaggio di queste operazioni e dato sia dall'utilità appena evidenziata, sia dal basso costo dell'investimento rispetto all'acquisto di un appartamento.

E, con la locazione di un box, oltre che a percepire un'entrata, non avrai mai i problemi tipici dell'inquilino che non paga (giudizio civile, sfratto, ecc.). Pochi ad esempio, sanno che, mentre è previsto che sui terreni classificati come non edificabili non è possibile costruire sopra, è consentito costruire "sotto" sia pur a certe condizioni. Per cui, se individui un terreno interessante, ubicato in zona in cui la gente parcheggia, lo paghi come terreno agricolo, ci costruisci dei parcheggi, e lo rivendi.

Degne di rilevo sono anche le **cessioni di credito**, effettuate da società specializzate. Come sai, le banche, da un decennio, preferiscono "cartolarizzare" le loro sofferenze. Cosa fanno? Vendono un dato "pacchetto" di crediti a delle società di cartolarizzazione. La cartolarizzazione consente di rendere dei crediti "liquidi", crediti che, altrimenti risulterebbero inesigibili finché incagliati. In sostanza, un incaglio commerciale, si trasforma in uno strumento finanziario che circola, e che quindi rende fluido il mercato. Ebbene, queste società, rilevano quei pacchetti a prezzo notevolmente inferiore rispetto all'ammontare dei crediti stessi.

Le banche, in tal modo, anziché investire tempo e denaro per effettuare le relative procedure giudiziarie, smobilitano quelle che per loro sono "rogne", rientrando nel possesso di danaro (spesso per esigenze di bilancio, che deve essere il più possibile a posto, dal momento che essendo società quotate in borsa, trimestralmente devono pubblicare i dati relativi al loro stato patrimoniale). Tieni presente che parte di quel denaro che la banca cede, non è denaro effettivamente erogato, ma è costituito dal mancato incasso della quota interessi che avrebbe percepito se i crediti fossero andati a buon fine.

Ebbene, la società specializzata in cartolarizzazione, avendo acquistato dei crediti, a sua volta, li cede (a cifra maggiorata del loro guadagno) a terzi. Se tu acquisti un credito, da cosa è dato il tuo guadagno? Dalla differenza di prezzo fra la cifra relativa a quanto hai acquistato, e la base d'asta a cui l'immobile viene venduto. Si perché comunque l'immobile va all'asta. Quello è il guadagno sicuro. A cui possono aggiungersene altri: puoi procedere a rilevare alla medesima asta l'immobile per cui hai acquistato il credito (al solo debitore esecutato è vietato partecipare all'asta dell'immobile che lo riguarda), riportando così un doppio utile: hai speculato sul credito, e ti sei aggiudicato l'asta per quell'immobile a valore inferiore rispetto le quotazioni attuali.

Poi ci sono i cosiddetti **stralci** anche se sono più complessi tecnicamente. Riguardano la fase antecedente all'asta, e precisamente quando il credito da parte della banca nei confronti dell'esecutato, viene classificato come "sofferenza" o "incaglio". Ancora non è stata effettuata la perizia da parte del C.T.U.

Ebbene, in questo caso, occorre valutare l'esposizione del debitore: a quanto ammonta e quanti sono i creditori. Se l'esposizione è pari o addirittura maggiore al valore della garanzia (immobile) allora non conviene perché la banca, difficilmente accetterà proposte minori. Lo stesso dicasi se vi sono più di tre creditori: diventa complesso trattare con tutti, e basta che uno solo non accetta, per far saltare il tutto. Ma come funzionano? Rilevata la "bontà" del credito, nel senso che è inferiore al valore dell'immobile dato a garanzia, e verificato che il numero dei debitori sia ristretto (se fosse uno solo, l'istituto erogante il mutuo, sarebbe il massimo), in pratica, si rileva il debito del debitore: occorre un mandato o un'autorizzazione da parte del debitore a in tuo favore (altrimenti non avresti alcun titolo, ne la banca potrebbe procedere in tal senso) che accetta la cessione del debito nei tuoi confronti.

Ma perché il debitore, dovrebbe essere interessato a compiere una simile operazione?Semplice: lui, casa l'ha persa comunque, ma se tu non intervieni, non avendo pagato il mutuo, rimarrà segnalato nella centrale rischi e non potrà più ottenere o un altro mutuo, o qualsiasi tipo di prestito personale.

Mentre invece se effettua l'operazione appena descritta, torna "vergine" dal punto di vista finanziario, e può riaccendere un mutuo, in quanto essendo estinto il debito (che hai rilevato e pagato tu) non viene segnalato presso la centrale rischi. In aggiunta, gli si promette solitamente anche una piccola somma. Conviene a lui, conviene a te, conviene alla banca. Perché la banca fa questo tipo di operazioni? Perché se non le facesse, ci vorrebbero soldi e tanti anni, per recuperare il capitale erogato. In tal modo, elimina sia i primi sia i secondi.

Ancora: **la vendita dei millesimi**. Avrai letto spesso, sia su riviste specializzate, sia su siti di aste giudiziarie, la dicitura "cedesi... 25/200 millesimi come quota parte di proprietà". Qui, puoi rilevare con basse cifre, delle quote di immobili. Per farne che? Semplice: per rivenderle. Sì, perché se rilevi quota parte di proprietà, la prima cosa che fai, è contattare i legittimi proprietari, informandoli del fatto che per quella quota parte che hai acquistato, sei proprietario. E comunichi loro la tua intenzione di vendere, in quanto per legge, hanno il diritto di prelazione.

Se accettano, maggiori il prezzo, ossia carichi un utile su quanto ha sborsato per acquistare. Se non accettano, non possono assolutamente bloccarti, in quanto è previsto giuridicamente che tu possa chiedere la "divisione giudiziale", ossia la vendita forzata, per recuperare la tua parte. Siccome anche se di quote millesimali si tratta, fanno sempre riferimento ad un immobile destinato all'asta, la valutazione del medesimo, sarà per i motivi prima esposti, inferiore al valore reale, quindi quando l'immobile verrà aggiudicato, la tua quota parte, è sempre costituita dallo stesso numero di millesimi, solo che vanno calcolati sul valore maggiore. Se poi, all'asta, il prezzo sale più del previsto, perché quell'immobile è particolarmente appetibile, allora ti è andata alla grande.

Strategie di acquisto all'asta

Operazione meramente finanziaria; **compro solo il credito:** acquisto un credito ipotecario dal valore di 130 euro da una banca, per 100 euro (a sconto perché la banca incassa subito).La base d'asta è di 150 euro. **L'utile è dato dalla differenza fra costo credito (100 euro) e il suo valore nominale (130 euro): 30.000 euro.**

Operazione immobiliare: **compro il credito e mi aggiudico l'asta**: acquisto un credito ipotecario dal valore di 130 euro da una banca, per 100 euro. La base d'asta è di 150 euro, oltre ad aver comprato (a sconto) il credito, mi aggiudico anche l'asta a 160 euro. In realtà, il valore del mio credito nominale è di 130 euro, e quindi devo versare altri 30 euro. Totale speso: 100 euro (acquisto credito che vale 130) + 30 per aggiudicazione: tot. 130 per un immobile che mi aggiudico a 160. **Utile netto: 30 euro + l'immobile da rivendere sul mercato con ulteriore guadagno.**

Operazione immobiliare con **base d'asta INFERIORE all'entità del credito**: acquisto un credito ipotecario dal valore di 130 euro, per 100 euro. La base d'asta è 125 euro, cioè inferiore all'ammontare del credito. Qui, effettuo istanza al giudice per farmi assegnare direttamente l'immobile. **Utile netto: 25 euro (ho pagato 100 per l'assegnazione di un bene valutato 125 come base d'asta) + l'immobile da rivendere con ulteriore**

guadagno. Quindi, è possibile acquistare un immobile anche attraverso la cessione del credito (ipotecario).

Acquistando un credito ipotecario (tralasciando l'operazione meramente finanziaria), si può quindi eventualmente acquisire la proprietà ad un prezzo vantaggioso in due modi: **diretto**: quando l'entità del credito è superiore alla base d'asta, si chiede l'assegnazione al tribunale, **indiretto**: quando, oltre ad aver acquistato il credito, mi aggiudico anche l'asta. Qui, in pratica, divento creditore di me stesso. Solo che ho acquistato il credito ad un valore economico inferiore al credito nominale (sconto cessione credito). Quindi, quel "vantaggio economico" si riflette anche in sede di asta nei confronti di terzi partecipanti (vedi * nella seconda strategia).

Se invece non ci si aggiudica né direttamente né indirettamente l'asta, allora, il guadagno riportato è dato dalla differenza fra costo acquisto credito e valore nominale del medesimo: diventa l'operazione meramente finanziaria. Comunque vada, si esce con un guadagno.

Da non trascurare anche il "**monte di pietà**" dove si tengono le aste per i beni mobili; oppure sempre presso i tribunali, le aste per i medesimi. In entrambi i casi, si tratta di beni lasciati a garanzia di qualche forma di prestito e finanziamento cui poi, non si è onorato. Come vedi, ti ho fornito l'elenco delle operazioni praticabili, anche in campo immobiliare, oltre che mobiliare, per guadagnare. Naturalmente ogni singolo argomento trattato in questa sede, è stato affrontato in maniera volutamente generica, solo per darti un'idea di quali possibilità vi possano essere, in cosa consistano, per permetterti di valutarne l'appetibilità, o la idoneità alle tue caratteristiche d'investitore. Quindi, la voluta superficialità, ha come scopo quella di fornirti un generico panorama delle operazioni possibili.

Ogni singolo argomento, ha delle precise caratteristiche e procedure normative, che di solito viene trattato tecnicamente con singoli testi. Come è giusto che sia. Per cui, ti consiglio, ora che hai una idea in generale, di selezionare quello che t'interessa, e di acquistare un relativo specifico testo. Sottolineo che le informazioni che ti ho fornito, non sono da sole sufficienti, per valutare l'opportunità o meno di addentrarsi in questo o quello investimento. Devi necessariamente approfondire.

Perché, come più volte spiegato, lo scopo di questo testo, non è quello di riempirti di tecnicismi su tutti i temi trattati (e quindi confonderti) anche perché per farlo, non basterebbero mille pagine, quanto piuttosto di fornirti degli "indirizzi" generali, delle idee, senza confonderti, da poter sviluppare una volta individuati i settori d'interesse.

Come reperire denaro se non ne hai

Se si dispone di somme di denaro, naturalmente il problema non si pone. Se invece, come spesso accade, c'è la buona volontà, ma non si dispone di capitale (giovani),dopo aver valutato quante opportunità vi possano essere, occorre procurarselo.

Gli affari senza soldi, non si fanno. O forse sì? Sì, si possono fare ugualmente. Parte delle soluzioni per reperire denaro, le ho già espresse quando ho affrontato i capitoli finanziari, e sono ugualmente validi: se ad esempio hai pochi soldi, unisci le forze con tuoi amici, parenti, o con chiunque valuti positivamente l'investimento immobiliare.

In realtà, anche in finanza è relativamente semplice: in momenti di crolli, se come detto hai unito le forze con dei tuoi amici, il gioco è fatto. E, riportati i primi risultati, puoi mostrarli a qualcuno interessato, che potrebbe essere un nuovo "socio", per far toccare con mano, la possibilità di ottenere risultati concreti (quando invece tutti gli altri, scappano!). Tornando all'immobiliare è più facile reperire denaro, proprio perché il mattone è nel DNA degli italiani. Se si trova un buon affare, e si dimostra la convenienza dell'operazione, percepibile anche da parte di chi, non è particolarmente sofisticato culturalmente, il denaro si trova facilmente.

Tutti "sono convinti" che l'immobiliare sia sicuro! E quel diffuso generale convincimento sarà il tuo punto di forza. Sul finanziario, come detto, il discorso non è diverso, ma è più complesso, perché non si tratta di un bene tangibile; occorre pertanto avere delle notevoli attitudini nella comunicazione, e meglio ancora, conoscere le tecniche della comunicazione. Perché sia efficace, efficiente, e ti consenta di raggiungere l'obiettivo denaro da raccogliere. Però si può fare, se dimostri di sapere quando comprare e quando vendere.

Oppure, fatti una competenza specifica, offri i tuoi servizi a chi ha denaro, ma invece a differenza tua, non ha tempo né per studiare il settore, né per operare nel settore. Ad ogni operazione andata a buon fine, stabilisci chiaramente (in anticipo) il tuo compenso. Mostra i rendimenti offerti da strumenti finanziari "tranquilli" e paragonali a quanto potresti riportare con investimenti immobiliari, veramente tranquilli, a parità di rendimento. Oppure, sottolinea ancora che, mentre il rendimento dei corsi azionari oscilla molto, a parità di rendimento, con l'immobiliare non si subiscono oscillazioni che potrebbero portare situazioni di perdita seppur momentanee. In pratica, fa capire che davvero proponi investimenti redditizi privi di rischio (ecco perché ti devi fare una competenza specifica).

Segreto n. 37: molte persone hanno denaro ma non il tempo per informarsi per investirlo, e se tu non hai danaro, ma tempo e preparazione, vendi il tuo tempo e la tua preparazione.

Oppure ancora, effettua tu, investimenti immobiliari con i denari di terzi, offrendo loro un tasso di remunerazione sul capitale, maggiore rispetto a quanto prenderebbero in banca, relativamente al loro profilo di rischio sopportato. La gente per un 10% ha accettato di investire soldi in investimenti altamente pericolosi (bond argentini, obbligazioni Parmalat) vuoi che non sia stracontenta di ottenere un rendimento analogo davvero senza rischi? È il sogno di tutti. E tu, devi comunicare efficacemente questa opportunità. Perché non stai proponendo astratte operazioni. Ma concrete opportunità, verificabili in qualsiasi momento dal tuo "socio" o "associato" in partecipazione agli utili. Per questo, è necessario che tu, sviluppi anche e soprattutto delle doti di **comunicazione:** spesso non è tanto importante "quello" che si dice, ma "come" lo si dice. Non a caso, una delle nuove facoltà universitarie, è proprio "scienza della comunicazione".

Ad ogni modo, esistono dei validissimi corsi anche audio, per sviluppare questa abilità e/o migliorarla. Questo è un fattore essenziale ai fini di coinvolgere persone nelle tue iniziative, e di trattare ed interloquire con le banche.

Segreto n. 38: per reperire denaro, devi saper comunicare. Comunicare è vendere. Puoi esser l'uomo migliore del mondo, ma se non sai comunicare, non sarai in grado di saperti vendere.

Veniamo alle istituzioni tradizionalmente deputate ad erogare denaro: le **banche**. Esse, sono le uniche aziende autorizzate alla raccolta del risparmio, al fine dell'esercizio del credito. Le banche, non nascono principalmente per raccogliere denaro. Nascono per impiegarlo. Il denaro di per sé, per le banche, rappresenta solo un costo. Sai cosa significa? Che le banche, acquistano il denaro dalla BCE (banca centrale Europea) e il costo del denaro, rappresenta appunto il costo che le banche devo sostenere per comprare la "merce" denaro.

Quindi, l'utile della banca, non è rappresentato dal denaro di cui dispone (anche gli interessi che ti paga sui conti correnti o sui loro prodotti, rappresentano dei costi per la banca) ma da come e quanto "fa girare" quel denaro. Sotto varie forme, la banca "presta" soldi, in cambio di una remunerazione su quei prestiti (che siano mutui, prestiti personali, certificati di deposito, pronti contro termine, riporti finanziari, non fa differenza: sono diverse modalità tramite cui la banca “impiega” prestando denaro).

Molti sono convinti che le banche prestino denaro solo a chi già ne ha, o a chi offre garanzie solide. Questo per parte è vero, tuttavia dipende dal fatto che la legge, in termini di possibilità di recupero delle somme erogate a vario titolo, è poco incisiva e poco efficace nella tutela di chi presta denaro. C’è un detto che recita: «Se devi 100 milioni alla banca, sono cavoli tuoi, ma se le devi un miliardo, sono cavoli della banca!». Da noi, la legge oltre ad essere lacunosa, è anche decisamente poco “stringente” in materia di truffe, raggiri, e simili. Mentre se in America, devi un centesimo al fisco o alle banche, hai finito di campare.

Ecco perché in Italia avvengono molte frodi bancarie ed assicurative. È vero che le banche, spesso, nei confronti dei clienti, si comportano in maniera alquanto dubbia, ma t’assicuro che altrettanto spesso, avviene il contrario. Comunque, se non hai **“solidità”** per ottenere denaro, puoi puntare sulla **“affidabilità”.**

Che si crea nel tempo, oppure inizialmente tramite una busta paga, o una garanzia da parte di chi possiede una busta paga (e questo garante, potresti farlo "socio" nelle tue operazioni, visto che lui ti offre quell'elemento chiave dato dalla affidabilità della busta paga, scambiando questo favore con un compenso derivante dalla divisione dei profitti). Qui, introduciamo il concetto di **debito**. Prima occorre tuttavia sfatare un'altra credenza fra le più errate, ma generalmente condivisa: il "debito non è cosa buona". Anche in questo caso, l'erronea credenza deriva dall'ignoranza. Non è buono contrarre debiti che non si è in grado di restituire, e per acquistare beni non produttivi. L'esempio eclatante è l'uso, anzi, l'abuso che la gente fa delle carte di credito: acquistano beni materiali, troppo spesso inutili, e per anni, lavorano per pagarli. Contrarre un debito per acquistare un'auto da 50.000 euro, è un debito non buono, anche perché dopo solo un anno, l'auto si è già deprezzata alquanto, mentre l'importo che devi è sempre quello, e maggiorato degli interessi. In più l'auto non ti aiuta a produrre denaro, ma ti consente solo di "apparire".

Mentre invece, se hai riportato molti utili a seguito di operazioni immobiliari, può rendersi necessario contrarre un debito simile, per abbattere gli utili, ridurre l'imponibile (se hai effettuato operazioni con strutture giuridicamente atte ad effettuare deduzioni e detrazioni di tal genere) e scaricare quota parte di detta spesa.

Contrarre dei debiti per fare affari, o anche per non farne (quando come appena visto, ti "serve" spendere) in certe condizioni, è cosa più che buona. Per cosa ci servono le banche altrimenti? Ecco a cosa mi riferisco quando sostengo che ogni mezzo o strumento, banche comprese, o debito, di per se non è buono o cattivo; ma buono o cattivo lo rende solamente l'utilizzo che si sceglie di farne.

Ma anche qui, ritorna il concetto di cultura: devi approfondire il diritto societario e il diritto tributario, per sfruttare a tuo favore le agevolazioni previste. Se io ad esempio individuo una interessante opportunità immobiliare in una delle qualsiasi forme viste nel precedente capitolo, valutata la convenienza economica, e quantificando il guadagno potenziale, posso acquistare tramite un mutuo, per poi rivendere l'immobile con il mutuo (accollo da parte di chi compra).

In tal modo, la banca è garantita dalla tua busta paga o di un tuo garante; tu hai effettato l'operazione riportando un utile, e spesso, anche all'acquirente va più che bene trovarsi già pronto il mutuo, in cui deve semplicemente subentrare al tuo posto. Dal tuo guadagno devi naturalmente sottrarre le spese del mutuo e gli interessi. Ma di solito, queste operazioni hanno un orizzonte temporale fra 1 e 2 anni, quindi il mutuo, lo pagherai per pochissimo tempo. Naturalmente prima trovi il compratore meglio è. Puoi iniziare subito, appena hai l'immobile, e non di rado accade che nel giro di 2-3-4 mesi hai già l'acquirente.

Se hai semplicemente poco denaro puoi anche partecipare alle aste di beni "mobili" presso il monte dei pegni, e presso i tribunali. Puoi rilevare gioielli ed orologi a prezzi interessanti per rivenderli privatamente o a qualche amico commerciante. O se non ne hai, puoi stipulare accordi con commercianti del settore, che ti possono comprare la merce, o esporla per venderla, per tuo conto.

Tornando alle banche, l'affidabilità è data dal corretto svolgimento del rapporto che intrattieni con loro. Dopo le prime operazioni che effettui, diventi cliente conosciuto favorevolmente, e l'affidabilità deriva dal fatto che hai dimostrato, oltre che d'esser corretto, anche capace di produrre denaro per te, e per la banca. In maniera peraltro a bassissimo rischio. Magari la banca avesse clienti tutti di questo genere, t'assicuro che li prediligerebbero alla grande! Quindi abbiamo visto come fare per ottenere denaro quando ancora non sei conosciuto dalla banche, e di quanto e come diventi più facile ottenere denaro una volta che ti sei costruito la tua reputazione. Poi, arriverà anche la "solidità" (tua economica) che unitamente alla affidabilità già conquistata faranno sì che, le banche ti aiutino costantemente ed in maniera ottimale, per quello che ti serve.

Come detto, se imposti un rapporto del genere con le banche, esse saranno ben liete di aiutarti. Davvero, farebbero carte false per avere clienti simili. Il problema è che clienti di questo tipo sono una esigua minoranza. Molti credono che depositare tanti soldi in banca, sia fattore di "affidabilità". Non è vero: è sinonimo di "solidità", e da solo, come fattore, per quanto importante, non basta a creare quel rapporto mediante il quale essa diventi tua effettiva “partner” d’affari.

Anche perché se hai molti soldi depositati (magari impiegati in prodotti bancari), quei denari sono comunque tuoi, rappresentano un debito per la banca (perché deve restituirli in caso di richiesta; e gli interessi che ti devono su quel denaro, per la banca rappresentano un “costo”). Tu mi dirai: ma la banca, utilizza il denaro che deposito, erogandolo a chi ne ha bisogno, e quindi guadagna su quel denaro. Certo, se così non fosse, non avrebbe senso che “tenesse” i tuoi soldi. Ma deve compensare quei guadagni con i costi che sostiene per tenere e gestire e remunerare il tuo denaro. A parte il fatto che la banca ha dei precisi requisiti cui attenersi riguardo l’equilibrio fra quanto raccoglie e quanto eroga, tuttavia, se il cliente viene considerato “affidabile” erogando denaro, la banca elimina il problema di quanto per lei, è rappresentato dai costi da gestire. Credimi, la banca preferisce chi “utilizza” il suo denaro, rispetto a chi lo “deposita”, perché guadagna maggiormente. L’avresti mai detto? Eppure è così.

Segreto n. 39: le banche preferiscono il cliente "affidabile" rispetto a quello considerato "solido". Il primo utilizza il denaro della banca correttamente, e quindi, porta solo profitto; il secondo, rappresenta anche un costo, per la banca.

Anche se ha necessità del denaro altrui per "rivenderlo" sotto varie forme, oltre che ad acquistarlo con i propri mezzi. Quindi, se impari ad instaurare un corretto rapporto con la banca (con cui è opportuno anche e soprattutto l'aspetto relazionale, perché è su quello che nel tempo si crea il rapporto, oltre che sul buon esito delle operazioni) essa diventa un valido alleato, anzi, il mezzo finanziario, tramite cui realizzi le tue operazioni. Quasi tutte le persone diventate ricche in maniera intelligente, si sono arricchite utilizzando risorse di terzi, e in particolar modo, delle banche. Perché, ripeto, le banche, principalmente, sono li proprio per questo.

Per mostrarti la validità di quanto appena illustrato, ti pongo un esempio: supponiamo che io disponga di 100.000 euro di capitale. Trovo una casetta che mi piace, e so che potrei rivenderla a

130.000 euro. Otterrei un guadagno pari al 30% del capitale investito: ossia 30.000 euro.

Se io anticipassi 30.000 euro in contanti e contraessi un mutuo per i restanti 70.000 euro, acquisterei ugualmente la casa, e rivendendola, otterrei sempre i 30.000 euro di guadagno. Tu dirai: beh, quale è la differenza? Ho in entrambi i casi comprato a 100.000 e rivenduto a 130.000. Il guadagno è identico, anzi devo pagare gli interessi per il mutuo.

Perché mai se ho il capitale disponibile? È proprio qui, il segreto! Nel primo caso (utilizzando soldi miei) ho riportato un 30% di guadagno; ma nel secondo caso, il 100% di guadagno, perché a parità di valore d'acquisto, e di plusvalenza riportata, ho tuttavia investito di mio, solo 30.000 euro. Perché gli altri 70.000 ce li ha messi la banca. Capisci ora?

Se spendi il tuo capitale puoi fare un'operazione singola, come quella appena mostrata. Se utilizzi il denaro della banca, puoi farne almeno due, di simili, raddoppiando i guadagni, e nello stesso tempo che avresti impiegato per effettuarne una sola col tuo intero capitale. Tecnicamente, si chiama utilizzo della "leva finanziaria", ossia capacità di sfruttare le proprie possibilità d'indebitamento, per aumentare la tua "potenza di fuoco" finanziaria. Ecco come si creano grandi ricchezze in poco tempo. Utilizzano la loro possibilità d'indebitamento per fare affari immobiliari, non per spese inutili.

Segreto n. 40: il debito, se correttamente utilizzato è il più potente strumento per arricchirti in fretta anche con pochi o senza soldi.

Oppure puoi fare un'altra cosa ancora: acquisti con un mutuo un immobile e lo affitti: in pratica il mutuo si paga da solo tramite il canone di locazione, e al termine del mutuo, ti ritrovi un immobile acquistato con i soldi della banca, ma pagato con quelli dell'affittuario: quindi, per te, a zero spese. Ecco perché che tu abbia soldi o meno, puoi utilizzare soldi della banca. Anzi, è preferibile, come soluzione.

Se ne hai sei sicuramente più avvantaggiato perché sei anche "solido", ma se non ne hai, puoi essere "affidabile" per cifre non iperboliche: basta che “rimedi” una busta paga, o chi garantisce per te (un tuo probabile associato che ha valutato positivamente le tue idee e le tue strategie) e ti erogano un piccolo mutuo, con cui iniziare modeste operazioni immobiliari.

Ad esempio, oggi sono molto richiesti dagli extracomunitari i seminterrati. Costano piuttosto poco, rispetto agli appartamenti,e dopo averli “ripuliti” per bene, e arredati da Ikea, puoi rivenderli tranquillamente a quella categoria di persone o a chiunque li voglia. Visto l’impegno economico non elevato, anche chi acquisterà, avrà relativa facilità ad ottenere un mutuo per acquistare. Queste operazioni sono piuttosto veloci. Ho degli amici che si sono specializzati solo in questo tipo d’operazioni. Le banche, su operazioni immobiliari, sono relativamente tranquille, e ben disposte, in quanto possono applicarvi sopra l’ipoteca che li tutela. Inoltre, se non considerassero l’investimento immobiliare sicuro, pensi che presterebbero il denaro a tassi più bassi rispetto qualsiasi altro tipo di finanziamento possibile e previsto?

Non ti consiglio di chiedere prestiti per acquistare strumenti finanziari. Non solo avrai difficoltà ad ottenerli, ma se i mercati dovessero flettere improvvisamente, potresti essere chiamato urgentemente ad integrare le garanzie. Mentre invece se hai dei titoli, o strumenti finanziari, puoi darli in "pegno" a loro favore, a fronte di un prestito di cui potresti aver bisogno in caso di opportunità immobiliare.

Nel qual caso, effettuata l'operazione, "sposti" la garanzia prestata, (pegno) dai titoli, all'immobile acquistato (che diventa ipoteca). Perché questo spostamento? Semplice: mantenendo "liberi" da qualsiasi vincolo di garanzia, quei titoli, puoi eventualmente "rimetterli" a garanzia, se tu trovassi un ulteriore affare, magari perché non hai avuto ancora il tempo di vendere quanto precedentemente prima acquistato! In definitiva, se impari ad utilizzare in maniera appropriata la banca, essa diventa lo strumento indispensabile per farti guadagnare:

- aumentando la tua potenza di fuoco finanziario se hai già un capitale;
- finanziando i tuoi affari immobiliari se non hai capitale ma sei

affidabile,

- continuando a finanziare le tue operazioni se vuoi, anche se hai denaro tuo.

Se disponi di un immobile, tuo, o frutto della prima operazione compiuta, puoi utilizzare in alternativa al mutuo un altro strumento: il **conto corrente ipotecario**. In pratica, consiste in un prestito che la banca ti eroga, garantito dall'ipoteca che mette sul tuo immobile. In genere il limite massimo erogabile è pari a metà del valore della casa, perché l'ipoteca si iscrive normalmente per un valore doppio, rispetto a quanto ti erogano.

A differenza del mutuo, l'erogazione è simile ad un semplice scoperto: ti viene concessa una linea di credito, utilizzabile quando trovi l'affare, anche in un'unica soluzione, senza le varie "complicanze" operative del mutuo. E il denaro puoi restituirlo come vuoi: tutto insieme o meno. È né più né meno di uno scoperto bancario: solo che essendo l'importo concesso elevato, è garantito dall'ipoteca su casa tua.

Io utilizzo spesso questo strumento, e lo prediligo rispetto al mutuo, perché pur essendo utilizzabile anche per questo tipo di operazioni, tuttavia è più rigido proceduralmente, in quanto nasce per questo scopo. Il conto corrente ipotecario, invece sì. Ma è ottenibile solo se già disponi di un immobile. Questo tipo di strumento di debito richiede prudenza, per ovvie intuibili ragioni.

Conclusioni

Come ti ho illustrato, il "debito" se utilizzato in maniera appropriata e quindi, non "frivola", è di fatto il miglior strumento finanziario che esista al mondo: ti consente di fare soldi, sia che tu ne abbia, sia che tu non ne abbia. Ti consente di aumentare le tue possibilità d'investimento, e di effettuare più operazioni nel medesimo tempo, contemporaneamente. Ecco perché anche in finanza, ci sono fondi che operano in tal senso: quelli speculativi (hedge funds) di cui ti avevo detto che non è opportuno parlare in questa sede: applicano il medesimo concetto, utilizzano la leva finanziaria (ossia il denaro che hanno unitamente alla loro capacità e possibilità d'indebitamento) per maggiorare la loro potenza operativa. Tuttavia, li ritengo piuttosto rischiosi: dagli anni '80 ad oggi, ne sono falliti parecchi, anche se il numero complessivo dei medesimi è elevato. Utilizzare il debito in finanza, è meno gestibile del debito contratto per l'immobiliare.

Per fortuna (nei confronti della gente) le banche non prestano soldi per acquisire attività finanziarie, mentre prestano soldi, per acquisire attività immobiliari. Ora, dopo queste spiegazioni, cosa pensi delle banche e del "debito"? Vedi come e quanto credenze errate, tuttavia largamente condivise e comuni, forniscano prospettive completamente errate che non consentono di intervenire ed effettuare operazioni interessanti?

Avresti mai pensato che fosse possibile guadagnare anche senza avere soldi? Di poter disporre di cifre maggiori rispetto a quante tu ne abbia, utilizzando le tecniche che ti ho appena illustrato? A casa, a scuola, ti hanno mai spiegato quanto ti sto spiegando io? No, probabilmente ti hanno inculcato il concetto: studia per trovare un buon lavoro (e quindi dedicare tempo ed energie per far sì che altri si arricchiscano con il tuo impegno professionale), oppure se non vuoi studiare, trovati un lavoro o impara un mestiere.

Il che, non è sbagliato di per sé. Perché all'inizio, bisogna pure mangiare! A mio avviso, tuttavia, il protrarsi nel tempo di questo tipo di "cultura" che ti porta ad agire per anni secondo quegli schemi, porta a sprecare la propria esistenza finanziaria, in quanto si "rincorre" lo stipendio, e/o si lavora per pagare tutti gli acquisti a rate che si fanno, soprattutto per beni non fruttiferi, di consumo. Non è vero che per guadagnare devi lavorare di più: devi lavorare meglio e far funzionare il cervello. Poi, a quel punto, il lavoro, altro non è che la "concretizzazione" delle idee.

Ricorda: guadagna chi ha le idee, o chi migliora idee preesistenti. Il resto delle persone, passa la vita a rincorrere uno stipendio, una retribuzione media. Perché non vuole vedere oltre, non è disposta ad imparare o a rimettersi in discussione, e si accontenta. E poi, spesso, si lamenta delle proprie condizioni. Dipende da te, da cosa vuoi dalla vita.

Ieri sera, il figlio di un mio amico mentre spiegavo quanto appena descritto mi ha chiesto: «Ma se fosse così facile, come mai non lo fanno tutti?» Sai cosa gli ho detto? Che avrebbe trovato la risposta in quanto ho scritto nell'introduzione. In quell'unica pagina, c'è il riassunto della crescita personale che sono stato costretto a fare. O meglio, che ho scelto di fare, per migliorare.

Perché la difficoltà delle cose, non risiede nelle cose stesse, quanto piuttosto da come ti poni di fronte alle difficoltà. Se ritieni che non sia possibile, non ti sarà possibile. Se ritieni che non sia necessario rimettersi in discussione, non cambierai mai il tuo modo di vedere la vita e non farai nulla per cambiarla.

Se ritieni azzardato o rischioso rimetterti in gioco, non avrai mai lo stimolo, l'energia, e la voglia di ottenere il meglio per te. E non lo otterrai mai. Dipende da quanto ritieni di valere, da quanto sei disposto a scommettere su di te. E se tu stesso non punti sulla tua persona, nessun altro lo farà. La vera difficoltà, non è nel cambio pratico di vita, ma nel cambiare dentro se stessi. Ecco perché mentre nasciamo tutti uguali, poi, ci differenziamo l'un dall'altro. Perché un uomo, si definisce dalle proprie scelte, e solo da quelle. C'è chi scommette su se stesso, chi invece si trincera dietro una presunta sicurezza, o chi cerca solo certezze. Scelte legittime, sia chiaro, tuttavia spesso quelle persone sono proprio coloro che si sentono sfortunate, o che passano la vita a dire che se avessero avuto l'occasione, sarebbe stato diverso.

Io non sono nato ricco: mio padre era un piccolo imprenditore e mia madre una casalinga. Mio nonno, direttore dello zoo, e l'altro mio nonno, un funzionario delle ferrovie. Volevo il meglio per me: volevo godermi la vita, e soprattutto fare un qualcosa che mi piacesse davvero, che mi stimolasse. Non volevo passare la vita a convivere con un lavoro che mi desse la possibilità solo di arrivare a fine mese. E aspettare la pensione per essere libero. Non ho mai voluto avere capi sopra di me, e non desideravo rendere conto a nessuno.

Sono "precario" da sempre, per scelta. Volevo e voglio vedere chi sono e quanto valgo. Io credo in me, e sono sempre stato pronto a scommettere su me stesso. Alle volte ho vinto, altre ho perso. Ma quando ho perso, non mi sono mai arreso o buttato giù. Non ho mai dubitato veramente delle mie capacità e possibilità.
Ho avuto paure, dubbi, ripensamenti, mi sono anche scoraggiato, ma non ho mai permesso a queste emozioni di decidere della mia vita al mio posto. La mia storia professionale è piuttosto

"irrequieta": sono stato assistente universitario a giurisprudenza ma non mi soddisfaceva il sistema (anche se mi piaceva l'insegnamento); ho fatto tutta la trafila professionale per diventare avvocato, ma anche qui, non mi piaceva il sistema; ho lavorato per anni nella impresa paterna, per capire che non faceva per me.

Poi, avendo la passione per la finanza da sempre (già investivo in proprio e per conto terzi) intrapresi la professione di promotore di servizi finanziari. Come detto bellissima professione, ma anche qui, non mi è mai piaciuto come funziona in Italia il settore, esclusivamente in mano alle banche, e ho lasciato.

Essendo nel mondo delle aste e del settore immobiliare da anni (passione come per la finanza) ho deciso di addentrarmi esclusivamente nel medesimo, così non ho davvero più nessuno a cui dover rendere conto. Se non a quelle persone che, anche in questo settore, hanno continuato a darmi fiducia (e soldi).
Io non sono mai stato un dipendente neppure un solo giorno della mia vita. Tuttavia, in qualche modo, a qualcuno si risponde sempre. Ecco perché il settore immobiliare ha risposto ad

alcune mie pretese ed aspettative, oltre al fatto che, lo definisco "meritocratico": se fai un buon affare, il risultato sicuramente arriva.

Domani cosa farò? Non ne ho la più pallida idea. Ma non me ne curo. Perché so che l'energia che ho dentro, la passione che metto in quello che faccio quando scelgo qualche settore, mi daranno le giuste spinte per addentrarmi in nuove avventure. Come tutti, non essendo nato ricco ho le mie difficoltà: ho una compagna, e da 15 giorni un figlio. Quindi responsabilità.

Ho le bollette da pagare, il condominio, le assicurazioni auto, ecc. Eppure, da sempre ho cercato di fare quel che mi piace, e non ho mai avuto paura di cambiare: timore sì, ma paura no. La voglia di lavorare non mi è mai mancata, e quella di studiare neppure. Quindi, già so che non fallirò. Non si può fallire se ci si prepara adeguatamente, ci si impegna. Sai le notti che ho passato insonni quando cambiavo radicalmente vita? Non hai idea. Ma ho sempre fatto ciò in cui mi trovavo meglio, che mi piaceva. Quando certe esperienze le ritenevo concluse, non aveva senso che vi rimanessi ancorato. L'uomo ha bisogno di stimoli, di rimettersi in gioco, di confrontarsi con gli altri e con se stesso, di andare oltre, di vedere quanto vale e cosa è capace di fare.

Se sei in gamba, ma soprattutto hai voglia di fare, in qualsiasi cosa tu scegli di avventurarti, riuscirai. Non perché sei un mago, ma perché ci scommetti tutto te stesso seriamente, e ci profondi energie, amore, passione, ed impegno. Ho sempre studiato, mi sono sempre informato, aggiornato, approfondito in qualunque settore ho praticato. Ho commesso errori, ma mai grossolani.

Tutto quello che ho fatto in precedenza mi è comunque servito: la mia preparazione giuridica (quando insegnavo all'università), la mia esperienza imprenditoriale (quando lavoravo con mi padre, nell'organizzazione e gestione dell'azienda, e nel trattare col personale dipendente), la mia esperienza da Promotore di servizi finanziari (la comunicazione è la cosa più importante che ho imparato, e il valore della fiducia che la gente mi ha conferito). Quindi, ogni esperienza sia dal punto di vista umano che professionale, ha contribuito enormemente alla mia crescita globale. Ogni esperienza, ricorda, che serve sempre, perché in qualche modo ti fa crescere, e anche se professionalmente può non essere affine ad altre nuove iniziative, umanamente, è sempre e comunque fondamentale. E tutto dipende dal salto di qualità umano. Perché la preparazione chiunque può farsela: basta studiare, frequentare corsi, o leggere libri.

Ma la crescita personale, non è cosa da tutti: potenzialmente lo sarebbe, ma la storia ci dimostra quanto poche siano le persone disposte a scommettere su se stesse. Perché quel tipo di percorso, è duro, e ti obbliga a rivedere tutto te stesso, a guardarti dentro, a modificare quello che devi, a ripulire quello che sei, da ciò che ti frena, che ti tiene inchiodato e che non ti consente di "decollare".

Eppure sarebbe alla portata di tutti. Ma, come detto, le scelte che compiamo, qualificano ciò che siamo. E il nostro presente, nonché il nostro futuro, dipende proprio da quello che scegliamo per noi stessi. Oggi, nel settore immobiliare oltre a gestire il mio denaro, gestisco le risorse di molte persone che seguivo professionalmente quando ero promotore finanziario: ho guadagnato la loro fiducia comportandomi sempre onestamente e correttamente e quando ho comunicato loro che abbandonavo le banche per i motivi prima descritti per intraprendere questa nuova attività, mi hanno seguito senza domande.

Ho evidenziato loro che, mentre prima gestivo il loro denaro, ma il medesimo era detenuto dalla banca, ora sarei stato il a detenere e a gestire quel denaro. Non avrebbero avuto dietro un istituto che in qualche modo, garantiva la correttezza del mio operato. Eppure non hanno esitato: mi hanno conferito il loro denaro senza problemi, domande e perplessità. Mi onora questa fiducia, perché la reputazione e la credibilità sono le ricchezze maggiori di cui un uomo possa godere, disporre.

Segreto n. 41: la credibilità, la professionalità e l'etica personali, sono le uniche vere ricchezze che abbiamo, che non si possono comprare, ma solo guadagnare, che ci qualificano, e che fanno si che le persone ti diano fiducia e soldi.

E se in tutto questo, sono riuscito io, non vedo perché non possa riuscirci anche tu. Io non sono certo un genio, né come detto, sono nato ricco. In realtà sono diventato "ricco": ho guadagnato me stesso, con sudore, fatica, timori. E quando ho scommesso e vinto su me stesso, non ho avuto difficoltà a trovare chi facesse altrettanto su di me. Ma se non l'avessi fatto io per primo su di me, giustamente non l'avrebbero fatto altri. È questo quello che ho inteso dire nell'introduzione. Per riuscire devi scommettere su te stesso. Sei tu, il miglior investimento su cui possa puntare.

RIEPILOGO SEGRETI DEL GIORNO 8

- SEGRETO n. 36: l'investimento immobiliare come quello finanziario ha dei pro e dei contro: come sempre l'investimento migliore è quello che meglio si adatta alle tue esigenze
- SEGRETO n. 37: molte persone hanno denaro ma non il tempo per informarsi per investirlo, e se tu non hai danaro, ma tempo e preparazione, vendi il tuo tempo e la tua preparazione.
- SEGRETO n. 38: per reperire denaro, devi saper comunicare. Comunicare è vendere. Puoi esser l'uomo migliore del mondo, ma se non sai comunicare, non sarai in grado di saperti vendere.
- SEGRETO n. 39: le banche preferiscono il cliente "affidabile" rispetto a quello considerato "solido". Il primo utilizza il denaro della banca correttamente, e quindi, porta solo profitto; il secondo, rappresenta anche un costo, per la banca.
- SEGRETO n. 40: il debito, se correttamente utilizzato è il più potente strumento per arricchirti in fretta anche con pochi o senza soldi.
- SEGRETO n. 41: la credibilità, la professionalità e l'etica

personali, sono le uniche vere ricchezze che abbiamo, che non si possono comprare, ma solo guadagnare, che ci qualificano, e che fanno si che le persone ti diano fiducia e soldi.

GIORNO 9:
Aneddoti di un promotore finanziario

Bene, dopo averti prima "depresso" illustrandoti lo stato delle cose (la realtà) e il futuro che ci si prospetta se non facciamo, partendo da noi stessi; per poi averti (spero) "risollevato" mostrandoti come è possibile cambiarle, senza particolari sforzi sovrumani, senza necessariamente aumentare le tue entrate, o dover diventare ciò che non sei; è giunto il momento di raccontare qualcosa di divertente, che allenti un po' la tensione e lo sforzo, che tramite quanto ho voluto trasferirti, ti ho "imposto".

Prima però vorrei offrire qualche delucidazione sulla mia ex professione. La professione di promotore di servizi finanziari, per me, è stata la più bella esperienza del modo, ed la ritengo professione la più appagante che possa esserci, se correttamente svolta, e soprattutto una volta che sarà "sganciata" dalle banche, dalle S.I.M. sulla quale, scriverò il mio prossimo libro destinato a chi volesse intraprenderla. È vero che a differenza dei dipendenti bancari (i borsini nelle filiali) non essendo stipendiati, i promotori, sono più "autonomi" nello svolgimento della loro attività.

Tuttavia sono comunque legati da un rapporto professionale (contratto di agenzia o mandato senza rappresentanza) con un istituto, e per certi versi, debbono comunque sottostare a certe logiche aziendali, che si concretizzano nell'imposizione di "budget" cui sono tenuti a rispettare. Non avendo i "diritti" contrattuali, previsti invece dal contratto dei dipendenti (a tempo indeterminato), le direzioni commerciali, se il promotore non raggiunge quei budget, possono oltre che esercitare una indebita pressione, anche adottare provvedimenti "spiacevoli" e pericolosi per la sua autonomia, fra cui la eventuale rescissione del mandato o del contratto di agenzia.

E, dal momento che, "formalmente" i clienti che il promotore ha e trova "sono della banca" (i contratti che legano i promotori li fanno le banche, e, guarda caso, totalmente sbilanciati a loro favore), comprendi come spesso, possano essere "indotti" a seguire delle direttive aziendali, anche e soprattutto quando non le condividono, in quanto spesso contrarie o comunque non in linea agli interessi del cliente. Bada che nessuna banca fornisce clienti al promotore: deve trovarseli da solo. Di qui la palese ingiustizia: nei mandati che legano i promotori, le banche obbligano ad accettare la clausola che sancisce: "i clienti sono della banca".

Per carità: se si viene mandati via, si può ricorrere alle vie giudiziarie, ma nel frattempo, la banca avoca a sé la clientela che il promotore ha con sudore, fidelizzato. E nel mentre, come "campa" il promotore, dal momento che la clientela, è la sua vera ed unica risorsa di guadagno?

Di per contro, il promotore ha qualche vantaggio: se in termini di qualità di servizi offerti per i clienti, o di remunerazione per se stesso su base provvigionale, non è soddisfatto, può scegliere di cambiare banca, portandosi dietro i suoi clienti. I modi ci sono, anche se formalmente i clienti, come detto, sono della banca: basta far fare una dichiarazione da parte del cliente che chiede la liquidazione delle proprie posizioni e che il denaro venga trasferito altrove. In tal modo, il promotore non appare direttamente e non si pone in termini di concorrenza sleale. Anche se comunque tale passaggio va fatto in un certo modo, onde evitare di incorrere nelle trappole contrattuali che la banca, costringe a sottoscrivere quando firmi il mandato.

Quando questa attività sarà possibile svolgerla in maniera totalmente autonoma, come quella del commercialista, dell'avvocato, del notaio, ossia a parcella, o a percentuale sugli utili, allora sarà davvero libera. La direzione sarà quella. In America è così da anni. C'è un motivo per cui da noi ancora non è così: dal punto di vista della "responsabilità" sia civile che penale, la banca, è obbligata in solido con il promotore (se si rivela la sua connivenza o mancata azione di controllo) verso il cliente.

Se anziché il "monomandato" fosse possibile il "plurimandato", in caso di responsabilità per fatti civilmente e penalmente rilevanti, sarebbe arduo, se non impossibile, capire quale banca, deve rispondere in solido con il promotore. Ecco perché si è vincolati ad un monomandato. Tuttavia, il problema si bypassa, come accade nelle altre professioni: non il plurimandato, ma azione professionale totalmente autonoma, senza alcun tipo di mandato; ed imposizione dell'obbligo di assicurazione professionale (come per i medici) che tuteli sia i promotori, sia i clienti. In pratica, si lavorerebbe a parcella, su consulenza, e il promotore non si legherebbe a nessuna banca: può effettuare la consulenza che poi il cliente, concretizza presso la sua banca, o presso istituti con cui il consulente ha delle convenzioni, se il cliente preferisce.

Non mi sembra che le società che distribuiscono fondi d'investimento, si leghino alle banche per vendere. Fanno convenzioni. E lo stesso potrebbe/dovrebbe valere anche per il promotore. Il cliente così, sarà padrone di decidere se attuare la sua pianificazione presso la sua banca, o presso istituti finanziari con cui il promotore ha stipulato convenzioni. La responsabilità in tal modo, sarebbe imputabile solamente al promotore.

Quindi, in questo modo, si eviterebbero rischi di qualsiasi genere, e il cliente, che sarebbe ugualmente tutelato, potrebbe usufruire della consulenza, senza doversi spostare necessariamente dalla sua banca. Oggi, invece se desidera essere seguito da un

professionista, deve depositare i soldi presso l'istituto a cui è legato il promotore. Non ha altre soluzioni.
Il punto è che le banche, osteggiano questo tipo di evoluzione delle consulenza: perché slega i professionisti e i suoi clienti dalla loro influenza (e dall'imposizione di budget aziendali assurdi, e vendita di prodotti molto redditizi per la banca, ma poco redditizi per il cliente); e perché in tal modo, per effettuare "convenzioni" con i professionisti che consigliano ai clienti, questo o quel prodotto/servizio, dovrebbero davvero proporre ed ideare prodotti qualitativamente migliori. Oltre che pagarli meglio ai consulenti.

Come al solito, è la concorrenza a migliorare la qualità, e ad abbassare i prezzi. E le banche, su questo, tengono duro, anche se il destino della mia ex categoria, sarà quello appena illustrato. Tuttavia finché possono, resistono! Quindi, ad oggi, la concorrenza reale non esiste ancora.

Ecco perché non esercito più l'attività. Finché è obbligatorio per legge, svolgerla esclusivamente tramite mandato che "lega" ad una banca o sim (società, d'intermediazione mobiliare), questa professione non può essere esercitata in maniera totalmente autonoma, libera, e coscienziosa, perché troppo spesso gli interessi commerciali e le esigenze bilancio delle medesime, non coincidono con le esigenze dei clienti. Non è un caso che, le banche e le sim, spingano i clienti a sottoscrivere prevalentemente polizze finanziarie, e gestioni patrimoniali o fondi comuni, mentre tralasciano totalmente le singole azioni, obbligazioni, o scoraggiano prodotti a bassa remunerazione. È vero che non impediscono certo il loro utilizzo, ma se ci fate caso, non ne parlano mai, ne vi invitano ad inserirle nei vostri portafogli.

Perché in quei casi guadagnerebbero molto di meno: solo le commissioni di negoziazione. Mentre su atri tipi di prodotti, percepiscono sia commissioni d’entrata e/o d’uscita e commissioni di gestione.

È logico che inseguano il profitto (come detto, non sono enti di beneficenza), ma t’assicuro che molti dei portafoglio che “consigliano”, potrebbero essere proposti ugualmente (con le medesime caratteristiche di rischio/rendimento) facendoti spendere meno della metà. I famosi ETF, che sono fondi che non richiedono l’elemento umano perché sono gestiti da software (replicano fedelmente la composizione dell'indice di riferimento su cui vuoi puntare, e ne riadatta automaticamente la composizione, al variare dell'indice), costano molto di meno di un fondo, e guarda caso, non te li propongono mai. Ti dicono che i fondi gestiti dal gestore a differenza di quelli gestiti da software, sono a "gestione attiva"e che a differenza degli ETF (a gestione passiva) cercano di ottenere risultati migliori del mercato. Ma se confronti i fondi, vedi che le gestioni "attive" non esistono: tutti i gestori si uniformano al "benchmark" (parametro oggettivo di riferimento con cui confrontare il rendimento del fondo), e quasi mai fanno meglio del mercato e quindi dei fondi che replicano gli indici, ossia gli ETF.

A mio avviso, gli ETF, saranno destinati a sostituire i fondi, perché per come lavorano mediamente i gestori, non hanno ragion d'essere, sia i costi che devi pagare, sia i risultati, sempre in linea con i mercati. Questo, accadrà quando il cliente, ossia la massa che investe, si sveglia dal proprio "torpore" mentale finanziario, e inizia a curarsi meglio dei propri affari.

Ma, relativamente alla situazione del promotore finanziario, è sicuramente migliore della situazione cui debbono sottostare i dipendenti di banca, addetti ai borsini.
Perché ho detto che l'ho considerata la migliore esperienza che mi sia capitata nella vita? Perché mi ha consentito di conoscere migliaia di persone. E, quando tratti denaro, influisci sulla vita delle persone, presente e futura. Puoi fare più danni di qualsiasi altro tipo di professionista che invece interviene solo su alcuni aspetti della vita finanziaria del cliente; così come puoi contribuire a realizzare i sogni delle persone, o "salvarle" da precedenti situazioni che avrebbero potuto condurle a tragiche conseguenze.

Trattando denaro, entri necessariamente nell'intimità delle persone: nelle loro esigenze, nel loro modo di essere, di vivere, nei loro sogni, nelle loro debolezze, nei loro difetti, nelle loro grandezze, nei loro progetti, nelle loro angosce. Il denaro, riguarda qualsiasi aspetto della nostra vita.

Quindi si crea inevitabilmente un rapporto personale profondo, intimo, di tipo confidenziale, anche perché il cliente va seguito nel corso della vita, per i motivi spiegati all'inizio del libero. Il rapporto, nasce, si consolida e prosegue nel tempo, e in maniera continuativa. Sono diventato amico di molti miei ex clienti. "Entrare" a fondo nelle persone, condividerne ogni aspetto soffrire e gioire con loro delle relative situazioni ed evoluzioni di vita, dei risultati sia positivi che negativi, che, inevitabilmente possono alternarsi, costruire con loro (perché è un lavoro di squadra: se il cliente non comprende condivide e collabora, tutto è inutile) quello che intendono realizzare, è di una soddisfazione umana, prima che professionale, senza pari.

Da un senso anche alla tua vita: l'esser stato utile più di qualcuno; aver aiutato le persone a risolvere i loro problemi economici, aver salvato da disastri più o meno certi qualcuno, e l'aver contribuito a realizzare qualche sogno nel cassetto a qualcun altro! Dimmi cosa c'è di più gratificante di questo!

Per arrivare a vivere questo, il mio percorso di crescita personale (perché quella professionale era già buona) è stata lungo e doloroso. È a quel percorso che devo molto: l'esperienza in termini umani che ne ho ricavato, ha cambiato me stesso, mi ha fatto crescere, mi ha illustrato chi sono, tramite lo specchio degli altri. Ha fatto di me, l'uomo che sono oggi, ecco perché a tutte le persone che sono state mie clienti che hanno avuto fiducia in me; ma soprattutto a quante non lo sono state (nonostante avessimo avuto l'opportunità d'incontrarci) dedico questo libro. È grazie a tutte loro che sono cresciuto. Perché ringrazio anche coloro che non hanno "apprezzato" la mia professionalità?

Perché mi hanno insegnato un concetto fondamentale, necessario per evolvere, e di cui, onestamente, ero in difetto: l'umiltà. Come anticipato nell'introduzione. Mi spiego: io sono un professionista laureato, molto preparato tecnicamente, di onestà cristallina, e che davvero ha a cuore le sorti finanziarie della gente. Ho sempre svolto questa professione con vero amore e dedizione, quasi esagerate.

Ho sempre compreso l'importanza del valore "sociale" di questa mia attività, e ne avvertivo il peso della enorme responsabilità. La gente affidandoti i soldi, ti mette in mano la propria vita. Si fida e si affida a te! In quale altra professione è così? Quindi, mi ritenevo il professionista che tutti desideravano, di cui tutti avevano bisogno, e che per le persone, sarebbe stata una vera fortuna incontrarmi: per le mie doti morali, professionali, e per il mio impegno granitico. In effetti era, perché ero davvero quel tipo di persona, e lo sono ancora. Tuttavia, successe che, all'inizio della attività, circa 300 persone, le prime che ebbi l'opportunità di contattare, non solo non mi scelsero come professionista di fiducia, ma più di qualcuno, mi ha quasi sbattuto la porta in faccia. O ha cambiato idea dopo il nostro primo incontro, senza spiegarmi il perché.

A parte i casi "singolari" che sono comunque (per fortuna) una minoranza quindi in quanto tali, non fa testo; questo fatto mi portò a riflettere: se io mi ritengo "il top" o comunque fra le persone più preparate ed oneste, soprattutto in questo mare magnum di sedicenti professionisti e con livelli di preparazione media alquanto superficiale, in cui molti "professionisti" sono dei meri venditori e non consulenti veri e seri; come mai, quelle persone non "fanno la fila" per avermi come consulente personale?

Ma come: cercano il meglio per il loro denaro, si fanno fregare da altri, si lamentano del fatto che non ci sono professionisti seri, e quando lo trovano, lo “mandano via? Avevo due scelte: o ritenerli stolti (300 persone!), immeritevoli della mia considerazione, e della mia professionalità; oppure prendere in considerazione l’ipotesi che forse, qualcosa di “sbagliato” era in me e non in loro. Non nella preparazione professionale, ma nel mio carattere, che li portava a percepirmi in maniera diversa da quello che sono.

Come detto, il “contatto umano” è tutto nella vita, nelle relazioni, a maggior ragione in una professione delicata come questa. Il problema, quindi, ero io. Non la mia preparazione, o le persone che non mi hanno accettato. Loro non conoscendomi, non potevano sapere chi fossi realmente, e soprattutto, non erano tenuti a darmi credito: non mi dovevano niente. Ero io a dover conquistare e meritare la loro fiducia. Non viceversa.

Capito questo, ho lavorato su me stesso. Me stesso, era l’unica cosa che potessi migliorare veramente, e guarda caso, la più importante! Hai idea cosa significhi arrivare a capire questo? Ti attraversano e travolgono pesantemente emozioni come rabbia, insoddisfazione, depressione, amarezza, incomprensione, odio, paure, senso di inadeguatezza, voglia di mollare. Ma se hai l'umiltà di rimetterti in discussione, capisci come quelle emozioni sono solo uno schermo che, ti illudono (inconsciamente) di "proteggerti" dal mondo esterno, mentre in realtà ti "condannano" alla mediocrità, perché altro non sono dei tentativi del tuo "ego", di proteggere e conservare se stesso. Tu, che ti difendi da te stesso. Ma da chi? dal tuo ego, che impedisce al tuo "io", che è ciò che veramente sei, di emergere, perché se emerge, il tuo ego, muore. Ecco perché i saggi dicono che per rinascere, occorre prima dover e voler morire.

Quando le emozioni (principale arma dell'ego, perché non gestibili dalla ragione) agiscono al tuo posto, decidono della tua vita. Mentre ti illudi di controllarla. Fa male rimettersi in discussione, perché implica una spietata analisi di te stesso, nelle tue debolezze, nelle tue miserie, nelle tue meschinità, nei tuoi difetti. E se tu, per primo, non accetti e nascondi a te stesso ciò che di te, non ti piace; come puoi pensare che la tua persona possa piacere agli altri?

Ecco da dove nascono molte incomprensioni, ma soprattutto, ecco la fondamentale lezione di vita che quelle persone, coloro che avrebbero potuto essere miei clienti e hanno scelto di non diventarlo, mi hanno impartito.
Il loro rifiuto mi ha costretto a rimettermi in discussione, perché più di ogni altra cosa, volevo capire come mai, non mi sceglievano, visto che ero così "bravo". E ho capito. Quindi ho potuto liberarmi di molti miei (volontari) limiti, riconoscere molti di quegli schermi che avevo messo inconsciamente a protezione alle mie debolezze, per potermene sbarazzare; restituire Manuel a me stesso, e diventare finalmente quello che sono, che avrei dovuto essere da tempo. Realizzare il mio destino: essere ciò che sono, e non che ritenevo di dover essere.

Questa è l'esperienza umana che ho fatto, praticando quella professione. Ma cosa ho capito, riguardo a quei potenziali clienti, rimasti potenziali? Innanzitutto, ho imparato che è più saggio "ascoltare" davvero, piuttosto che preoccuparsi di fare bene il proprio lavoro, o di voler dimostrare che sei bravo. Se sei bravo, non puoi che svolgere bene il tuo lavoro, quindi non serve preoccuparsi.

Ascoltare davvero, significa aprire tutti i propri “sensori” verso l’altro, senza che pregiudizi, preconcetti derivanti dalla tua cultura, e modo di intendere e vedere la vita, filtrino la tua percezione e conoscenza della persona che hai davanti. Noi non ce ne accorgiamo, ma a livello istintivo, in qualche modo, tendiamo a valutare, a giudicare immediatamente chi abbiamo davanti, in base a dei nostri parametri. Questo è sbagliato, perché ti porta ad una percezione e quindi valutazione troppo spesso diversa, da ciò che invece è veramente la persona che hai di fronte. Perché i parametri su cui le altre persone sono “tarate”, altrettanto spesso, sono diversi dai nostri. Il che non significa che siano peggiori. Sono semplicemente diversi.

E, come è noto, il “diverso” in quanto non immediatamente percepibile, o percepibile solo se fai lo sforzo di sintonizzarti su quella (altrui) lunghezza d’onda, comporta sempre molta fatica. Implica l’uscire da te stesso, per immergerti nel mondo altrui, ai fini di una reale comprensione di quel mondo diverso.

Ma è il diverso, che proprio tramite quella fatica, ti fa crescere, ti fa capire quanto mondi differenti dal tuo, siano altrettanto validi, interessanti e comunque meritevoli d'attenzione. Io non ascoltavo: mi limitavo a sentire, e mi preoccupavo che quelle persone, comprendessero e valutassero quanto potessi essere bravo e quindi utile. Mi preoccupavo di me, piuttosto che di loro. La paura del "rifiuto" o di quel mancato riconoscimento, mi condannava sistematicamente.

Le persone, evidentemente, avvertivano tutto questo, e non se la sentivano di fidarsi ed affidarsi al sottoscritto. Non mi fidavo io di me stesso, perché mai avrebbero dovuto farlo loro? Oggettivamente non ne avevano alcun motivo per farlo. Io neanche l'avrei fatto al posto loro. Quindi ho capito che quando non diventavano miei clienti, o non sottoscrivevano contatti (sempre tranne casi particolari), la colpa era sempre e solo mia.

Ero io il problema, ma al tempo stesso, ero anche professionalmente la soluzione più idonea per loro. Capisci l'intricato "incastro" in cui mi ero cacciato? Quando ho capito questo, dopo aver lavorato su me stesso per imparare ad ascoltare davvero le persone, non preoccupandomi più del loro giudizio, e neppure del mio verso me stesso, sono stato libero di agire al meglio: di essere veramente migliore. Avendo lavorato "su" di me, ora potevo lavorare "con" loro e "per" loro. Se non ci si dà per primi a se stessi, non si può dare nulla agli altri, tantomeno pretendere che gli altri ti diano qualcosa. A quel punto non ho più fallito nessuna trattativa, nessuna chiusura di contratto. Istintivamente avevo imparato ad ascoltare me stesso, quindi potevo farlo anche nei confronti degli altri. Avevo affrontato le mie paure, le mie debolezze, quindi potevo comprendere e intervenire anche su quelle degli altri. Ho imparato a leggere dentro me stesso, quindi sono diventato così libero da me stesso, da poterlo fare anche con gli altri.

Solo così ho potuto finalmente aiutare gli altri. Solo così, sono diventato veramente "bravo". La preparazione professionale, chiunque può procurarsela: basta studiare. Ma "concedersi a se stessi, per dare veramente agli altri", è un percorso di vita, di crescita, che non tutti, scelgono di fare. È questa a mio avviso, la principale differenza fra le persone. Tutto nella vita ha un prezzo.

Io, l'ho pagato volentieri, perché non è mai il centrare un obiettivo a farti crescere; è il percorso che hai dovuto compiere per raggiungerlo, a dare valore a quell'obiettivo. Quel risultato per me, valeva il prezzo da pagare (rimessa in discussione che avrebbe comportato: paura, depressione, ansia, rabbia, delusione, ecc). Quando ho vivisezionato me stesso per affrontare ciò che non mi piaceva, ho potuto procedere, demolire, accettare quello che di me non potevo cambiare, e a costruire quello che volevo essere: una persona migliore di quella che ero. Naturalmente ad una maggior consapevolezza di se stessi, occorre una altrettanto valida capacità di comunicazione.

Quando alle persone ho offerto un servizio/prodotto migliore (me stesso) non hanno avuto nessuna esitazione a "comprarmi". Era quello il "meglio" che cercavano e che io non avevo capito. A quel punto, mi avrebbero perdonato (come qualcuno dei miei clienti effettivi ha fatto) anche alcune scelte finanziarie rivelatesi non ottimali (non avendo la palla di vetro, non sempre è possibile azzeccare scelte giuste, anzi, inevitabilmente qualcuna se ne sbaglia), e avrebbero continuato a scegliermi, perché non avrei avuto timore di dire loro la verità: nonostante fossi preparato, posso sbagliare anch'io.

La serietà e l'onestà intellettuale pagano sempre e non sminuiscono mai il tuo valore. Perché nessuno è perfetto, e tutti possono sbagliare (mai in maniera grossolana, perché denota incompetenza o superficialità). Ed è successo. Non ho mai perso un cliente, quando ho sbagliato. Quindi questa attività professionale mi ha insegnato a guardare dentro me stesso, a intervenire su me stesso; mi ha insegnato di conseguenza a ascoltare veramente gli altri, senza pregiudizi, preconcetti, cercando il più possibile di entrare nel loro mondo per capire davvero chi erano.

Naturalmente non ho eliminato tutti i miei difetti: l'ho fatto con quelli che potevo, e ho accettato quelli che non potevo eliminare, imparando tuttavia a gestirli, invece di lasciare che fossero loro a gestire me. E t'assicuro che "vedere nuovi e diversi" mondi, per me, è stata una scoperta!

È stato come viaggiare; è stato un viaggiare! Tutto questo, mi ha fatto crescere e mi è servito, non solo in ambito professionale, ma soprattutto in ambito personale. Nella vita in generale e nelle relazioni personali e private. Inevitabilmente, quando si cambia, si cresce come persona nella sua interezza, non "a compartimenti stagni". Ti ho "rivelato" queste mie esperienze perché spero che ti facciano comprendere quanto, come spiegavo nei primi capitoli del libro, fosse importante imparare a vedere le cose per quello che sono, rendersi conto della realtà che ci circonda, e di quanto fosse importante rimettersi in discussione per se stessi. Niente cambia, società compresa, se noi per primi, non cambiamo noi stessi.

Se accettiamo lo stato delle cose, fuori o dentro di noi, e non facciamo nulla per cambiarlo se non ci piace, siamo inevitabilmente condannati ad uno stato di infelicità e insoddisfazione che ci fagociterà, e si nutrirà dei sentimenti che genera e autoalimenta. Senza che noi ce ne rendiamo conto. Ecco perché ho battuto molto sulla nostra capacità di rimettere in discussione noi stessi, se e quando qualcosa non ci piace.

Segreto n. 42: se non si è umili, non s'impara e non si cresce: se ci si limita a sentire invece di ascoltare, non si entra nel cuore e nella testa di se stessi. E se non si riesce a farlo su se stessi, è impossibile farlo nei confronti degli altri. E quindi ottenere fiducia e soldi.

Ma ora, come promesso, racconterò degli aneddoti divertenti. È vero che ho incontrato moltissime persone, ma è altrettanto vero che alcune di esse, sono state piuttosto "singolari" (oggi ci rido, ma all'epoca t'assicuro c'era poco da ridere), e con altre mi sono trovato in situazioni decisamente "imbarazzanti"! Come si suol dire; il mondo è bello perché varia! O, come dice la parodia di quel proverbio: il mondo è bello perché è "avariato"! Sono veri entrambi i detti!

Mi sono capitate persone di ogni genere, di ogni tipo. I clienti più "complessi" per la mia esperienza, sono medici ed ingeneri. I primi sono solitamente presuntosi (ho avuto la possibilità di conoscerne molti perché avevo una sorta di convenzione con il CRAL dei medici di Roma), e non ha mai capito in base a cosa.

Con loro, adottavo la tattica che si usa con i bambini: per riportare la mia attività a "loro misura" mi servivo delle analogie che accomunavano le nostre professioni (con relativi esempi):anche io partivo dall'analisi e dalla raccolta informazioni, per formulare la "diagnosi". A seguito della medesima, elaboravo la "prognosi" per identificare la loro "malattia finanziaria", per poi valutare la "cura" al fine di una completa, stabile e pronta "guarigione" per una scoppiettante "salute" finanziaria: davvero facevo come si fa con i bambini!

Con gli ingegneri, dal momento che hanno una predisposizione alla matematica, e quindi "pensano" di poter capire le "alchimie" finanziarie che regolano mercati e strumenti finanziari, li portavo a scontrarmi sul "loro terreno", ma con una differenza: la matematica che hanno studiato, non comprende la matematica finanziaria, che invece fa parte della mia preparazione e professione.

Quindi, davo loro la sensazione di addentrarmi in un settore a loro congeniale (per tranquillizzarli) per poi condurli verso quel ramo della matematica (calcoli algoritmici su cui si basano le elaborazioni da parte di software, al fine di emettere previsioni che oltre a tener conto delle evoluzioni passate, formulassero calcoli di probabilità in ordine alle possibilità in termini percentuali, che si verifichino eventi ipotizzati), per riportarli alle necessaria “umiltà” che mi avrebbe poi consentito di instaurare un rapporto tale da lasciarmi compiere, nel loro interesse, il mio lavoro al meglio! Terribili sono i commercianti: la loro presunzione, deriva dal fatto che, nel loro settore, il commercio, sono economicamente “riusciti”. Quindi, trattandosi di “soldi” loro, “ne capiscono”.

In quei casi, lodavo la loro capacità e bravura nell’aver condotto con successo la loro attività commerciale; e non provocavo mai, come con gli ingegneri, una specie di “scontro di forze, diretto” (per ricondurli alla ragione), perché nel loro caso, essendo loro oggettivamente in grado da soli di generare denaro, la finanza serviva prevalentemente per gestire le risorse che non avrebbero destinato al mantenimento dell’azienda.

Perché loro, ovviamente, il grosso del loro guadagno, saggiamente, lo reinvestivano nella loro azienda. Quindi cercavo di essere utile nella gestione della finanza personale, nella ottimizzazione fiscale e tributaria laddove avessero grossi guadagni, e proponevo loro soluzioni assicurative, nel caso l'azienda, si fosse potuta trovare in condizioni di difficoltà. Molti commercianti, erano piuttosto "rustici" e t'assicuro non è stato facile far loro vedere oltre le loro credenze e la loro presunzione! Poi ci sono i "pignoli" che, spesso, capiscono di finanza quanto di teologia, ma pretendono che gli spieghi tecnicamente tutto, perché hanno come problema psichico quello del "controllo", senza capire che il controllo, non deriva dal "possesso" delle informazioni che erogo, ma dalla loro "comprensione".

Che io tecnicamente spieghi la curva di Gauss, o la deviazione standard di un titolo azionario, o ancora la variazione del beta prospettico, se non si ha un sostrato culturale che giustifichi l'erogazione di quel tipo d'informazione, è totalmente inutile. È solo un'informazione che se non inquadrata in una preparazione idonea, non consente di essere utilizzata per una corretta valutazione di quanto s'intende verificare. Quando spiegavo questo, dovevo procedere con estrema cautela per fare sì che il cliente non pensasse che intendessi dargli dell'ignorante!

Poi ci sono quei clienti che sposano la tua professionalità, ma che ti massacrano tutti i giorni, più volte al giorno di telefonate, in quanto ansiosi patologici. Dovevi sentire le loro voci a seconda delle evoluzioni dei mercati: euforici (sembravano drogati) quando le borse salivano, e tombali, quando le borse crollavano. In realtà non avevano assolutamente nulla da dire (anche perché io spiego sempre prima che, oscillazioni del capitale ci saranno sempre, perché sono fisiologiche, e se non vi fossero, i mercati, certo non salirebbero), volevano solo condividere in caso di gioia, o essere consolati e rassicurati, in caso di depressione finanziaria.

Immagina la mia voglia di condividere gli umori altalenanti e sempre agli estremi opposti, con queste persone! Ma fa parte del gioco... le persone amano essere rassicurate! Umanamente comprensibile, e per certi versi anche giusto, ma il problema è che troppo spesso, le persone non hanno il senso della misura. Te lo garantisco!

Fondamentale, per chi svolge questa professione, è dotarsi di 2 telefoni: uno personale e uno per lavoro! Se no, non campi: ti chiamano a tutte le ore. Poi c'è chi ti "delega" tutto. Si fida e affida ciecamente. Il che, naturalmente gratifica dal punto di vista fiduciario, ma non è sempre così, almeno per me, non lo era: la mia intenzione principale, scopo peraltro di questo libro, era quella di trasferire un minimo di istruzione finanziaria, e soprattutto di render cosciente ed edotto il cliente, sul COSA avessimo fatto, sul PERCHÈ e per quale MOTIVO, ossia a quali fini. Molti si ritenevano "appagati" solo perché ritenevano d'aver trovato una persona di cui fidarsi e del resto, non gli interessava nulla. Ripeto: ero onorato di cotanta fiducia, ma "frustrato" dal fatto che non potevo trasferire loro quello che ho sempre ritenuto il maggior valore aggiunto che io avessi avuto da offrire: una educazione alla finanza.

Non per me: io ne sono pregno. Ma per loro, per far sì che la loro felicità finanziaria, non dipendesse dalla "fortuna" di aver trovato un consulente bravo, ma dal controllo e dalla gestione delle proprie finanze, perché i soldi, sono sempre i loro, in definitiva. Questo era un limite che, di quei clienti, non potevo superare, in quanto avrebbe necessariamente influito sul rapporto fiduciario: per loro, darti carta bianca, fiducia, era il massimo. Se avessi preteso altro, potevano pensare che non lo ritenessi abbastanza, avrebbe potuto in qualche modo, influire negativamente sul rapporto.

Poi ci sono i “singoli casi”. Capita che qualche cliente, si possa “invaghire” di te. Come detto, nell’analisi, si presta molta attenzione alla persona. Soprattutto quando si trattano temi delicati, compito del consulente, è quello di tranquillizzare emotivamente il cliente, farlo sentire a proprio agio (l’analisi non si effettua certo come avviene in un interrogatorio al commissariato!).

Questa attenzione estrema alla sensibilità della persona, questa manifestazione di comprensione, dedizione alle altrui esigenze, e soprattutto la tua “cortese e paziente” attenzione a tutto quanto ti sciorina il cliente quando prende il via (si sente sicuro), può essere scambiata per disponibilità di altro genere, soprattutto da parte di persone con problemi familiari, di solitudine, sentimentali, di relazione.

Più di qualche volta, sono stato costretto a interrompere la relazione professionale per "sopravvenuta impossibilità" di poter procedere! Una persona, donna naturalmente, di fronte al mio cortese diniego di fonte alle sue insistenti "avances", sentendosi rifiutata, ebbe la brillante idea di venire in banca e farmi una scenata, come se fossimo due ex! Per inciso, sono contrario a relazioni affettive con clienti, non per motivi deontologici perché non ne ravvedo davvero, ma perché inevitabilmente, le due cose prima o poi "cozzano" e possono creare problemi poco simpatici. Una volta sola ebbi una relazione con una cliente molto ricca. La relazione non funzionò, e lei, naturalmente non scisse la mia figura personale da quella professionale, pertanto, pensò di "punirmi" levandomi tutti i soldi affidati in gestione, influendo piuttosto negativamente sulla mia dichiarazione dei redditi di quell'anno!

Capitò anche d'essere oggetto dell'attenzione di qualche "maschietto"! Almeno i maschietti sono molto più "delicati" nelle avances, rispetto alle donne! In questi casi, non sono situazioni facili. Quando certe persone "problematiche", scambiano la disponibilità con altro, sei costretto a precisare lo stato effettivo delle cose, dal che naturalmente scaturisce la delusione del/la cliente, che si sente in qualche modo “tradito/a”: a loro modo di vedere, prima erano stati ricoperti di attenzioni, e poi, il gran rifiuto! Si, direi che in qualche modo si sono sentiti traditi.

Ma certo non poteva essere un mio problema. Lo era quello di ricondurli alla ragione. In questi casi quasi sempre il rapporto professionale s’interrompeva.
Ci sono state anche clienti decisamente molto aggressive. Io, per abitudine, offrivo la consulenza a casa del cliente, perché, come spiegavo nei primi capitoli, soprattutto finché non li conosco, la propria abitazione, mi parla di loro. Naturalmente finché non si instaura un rapporto fiduciario, la gente è piuttosto restia ad addentrarsi in certi argomenti (a me necessari per procedere a corretta valutazione), ecco perché, dall’abitazione del cliente, potevo desumere molte di quelle informazioni confidenziali che mi erano indispensabili.

La casa di una persona ti dice tutto, su quella persona. Ebbene, le volte che mi fissavano appuntamento in tarda serata, e non appena aprivo la porta o si presentavano in abiti decisamente "succinti", o trovavo già la tavola imbandita, con calici di prosecco, e candele accese!

Qualcuna è stata ancora più "aggressiva" e t'assicuro sono dovuto andare via in maniera non proprio simpatica, perché il cortese rifiuto, non risultava affatto gradito! Hanno anche tentato di coinvolgermi in un gioco di "coppie", senza che io, minimamente avessi potuto immaginare! A dirlo così, viene da sorridere, ma immagina a trovarsi in quelle situazioni! Io, con la gente che mi affidava denaro, ci "campavo"! A proposito di coppie: problematico, era quando certe coppie, mie clienti da anni, con cui abbiamo condiviso davvero molto professionalmente, all'improvviso, si separavano.

Diventavano delle "iene" l'uno nei confronti dell'alto/a, e dal momento che, occorreva "separare" anche le situazioni finanziarie che avevano in comune, ognuno cercava con mezzi più o meno subdoli, di "tirarmi dalla propria parte".

Ho avuto anche una coppia di omosessuali, che praticamente si "separò" nel mio ufficio, davanti a me, in una consueto appuntamento per l'assistenza. Naturalmente la loro "separazione" in diretta, fu alquanto plateale: immagina una lite fra due omosessuali, piuttosto accalorata! Sembrava un film. Solo che quel giorno, in sede, oltre ad essere presenti altri clienti, c'era anche la mia direzione commerciale! Che non apprezzò affatto! Ebbi anche una cliente, moglie di un noto personaggio politico, che, in fase di analisi, all'improvviso, sbiancò, e mentre parlavamo, svenne e cadde per terra: chiamai subito il 118, che identificò immediatamente il malore: le era appena venuto il ciclo! Solo che fuori della banca, c'era l'auto delle guardie del corpo, e immagina la loro reazione non appena videro arrivare l'ambulanza e uscire dalla banca con lei sulla barella! Pensavano le avessi fatto qualcosa!

Come sai, io ritengo molto importante l'assistenza costante e continua al cliente, dopo aver effettuato la pianificazione. E quindi, fisso da subito il calendario degli incontri (anche perché avendo avuto molti clienti, e dovendo offrire lo stesso servizio a tutti, era assolutamente necessario, da parte mia, programmare le visite di assistenza). Cosa che quasi nessuno offre. Ebbene un cliente chiese alla direzione commerciale di cambiare professionista, perché non desiderava essere “importunato”. Voleva che io fossi “a disposizione” solo quando mi contattava lui.

Poi ci sono i “furbi”. Due in particolare, ricordo con poca simpatia: il primo caso, si trattò della vedova di un mio amico, ricco farmacista del sud, che sapendo di avere un male incurabile, volle che gli organizzassi tutto il suo patrimonio, in modo tale che, una volta che lui fosse morto, la sua consorte potesse vivere con le sole rendite che gli avrei dovuto procurare tramite la pianificazione di un portafoglio “ad hoc”. Onorai i desideri e le esigenze del mio amico, e assistetti la sua signora anche da altri punti di vista: legali, commerciali, successori, tributari. Nonché emotivi (non avevano figli su cui fare affidamento).

Ebbene, la signora non “gradiva” che fossi io a gestire il suo patrimonio, non perché non le fossi “simpatico”, ma perché in sostanza, voleva fare quello che le pareva con quei soldi, e non desiderava esser costretta a dover interagire necessariamente con nessuno. Fin qui, nessun problema: i soldi, erano i suoi, non i miei, pertanto avrebbe potuto disporne come meglio avesse creduto. Era un suo pieno e sacrosanto diritto, e sarebbe stato mio preciso dovere adempiere puntualmente. Bastava chiederli.

Invece, sentendosi probabilmente in difficoltà nei miei confronti (quando il marito morì le mostrai sia l'entità del patrimonio liquido, sia come era organizzato e perché era organizzato in quel modo: desiderando lui, una rendita per lei, era opportuno agire in un modo: mentre lei da una parte, "consumava" per vivere, dall'altra, il medesimo, doveva essere investito per "rigenerarsi", per mantener inalterata la sua entità complessiva) sia perché avevo gestito bene il suo patrimonio, sia perché l'avevo assistita umanamente, oltre che professionalmente; non sapeva come dirmi che, di quanto aveva impostato il defunto marito, non le interessava nulla. Voleva i soldi e basta. Temeva di "disonorare" le buone intenzioni del marito, e in qualche modo, di offendere me. Sai come fece per riprendersi i soldi, invece che chiederli semplicemente visto che era suo pieno diritto?

Cominciò a mostrarsi insoddisfatta ad ogni incontro di assistenza, a manifestare perplessità (senza avere un minimo di cultura per valutare o per ragionare in termini finanziari) e a contestare i bassi rendimenti (dal marito scelti, perché avendo un grosso patrimonio, prioritario era giustamente mantenere il valore del medesimo, piuttosto che assumersi rischi inutili, necessari solo per chi ha invece bisogno di crearne uno, o aumentarne altro di modeste dimensioni).

Per capire come stavano le cose, proposi di rivedere tutto il portafoglio, e riformularlo sulla base di quanto da lei desiderato, avvisandola che, naturalmente ad un maggior rendimento, si sarebbe associato un maggior rischio. Allora la cosa non le stava bene. Insomma, voleva guadagnare molto, senza assumere rischio. In conclusione, la sua fu una misera tattica per far sì che l'insoddisfazione portasse ad una naturale conseguente "conclusione" del rapporto fiduciario. Non le diedi questa soddisfazione.

Dopo averle riportato la prova di tutti i guadagni riportati, in relazione al profilo di rischio voluto dal marito, strappai di fronte a lei, tutti i suoi contratti, la invitai ad andarsene, sottolineando quanto non avessi gradito da parte sua la mancanza di rispetto, verso di me, e verso la preoccupazione del suo defunto marito nei suoi confronti. Poteva semplicemente chiedere indietro, quello che era suo di diritto.

Capitano anche persone così meschine. Prima piangeva chiedendo conforto, recitando la parte della vedova inconsolabile, e poi, una volta recuperata un minimo di sicurezza, si è rivelata per quello che era: opportunista, maleducata, accecata dal denaro a tal punto da passare sopra qualsiasi forma di rispetto, per poterne disporre. Ti ho detto: il denaro, tira fuori dalle persone, quello che sono. Poi, in tal senso, ebbi come cliente anche uno scrittore : mi venne presentato da un mio amico. Il tipico scrittore "intellettuale" che si professava di "sinistra" inorridendo nei confronti del capitalismo, ma che t'assicuro viveva e spendeva quanto o più rispetto ad un capitalista (abitava nella migliore zona di Roma, aveva un'auto da 80.000 euro e via dicendo).

Questa persona, che si riteneva un investitore sofisticato (fai da te), tale non si rivelò: era "disperata" perché aveva preso una batosta di circa 600 milioni di vecchie lire, in singole azioni. Meno male che era un investitore! Un investitore che possa definirsi tale, avrebbe utilizzato strumenti di "copertura" (derivati) per tutelarsi da eventuali "ribassi" di mercato (oppure sarebbe stato in grado di capire quando era il momento buono per acquistare).

Ma quel cliente, non li utilizzò ne azzeccò il momento giusto sia per comprare, sia per vendere; pertanto, a seguito del crollo delle borse del 2000, riportò una perdita devastante. In realtà, con la sua attività, guadagnava bene, ma al contempo, conduceva un tenore di vita piuttosto allegro, e aveva anche qualche vizio piuttosto costoso (il gioco).In pratica, lavorammo assieme, riformulando l'intero portafoglio (anzi, lo formulammo, perché quello che aveva fatto, era un accozzaglia di strumenti finanziari, senza alcuna connessione e correlazione).

Dopodiché procedetti all'analisi personale, arrivando a capire e valutare perché la sua situazione personale, disastrata come quella finanziaria, potesse prendere (e le stava prendendo) direzioni piuttosto pericolose che avrebbero influito ulteriormente sulle sue già massacrate finanze. Il suo era un problema psicologico riguardo il denaro, derivante dal irrisolti rapporti con se stesso, e con la sua famiglia originaria, che lo stava conducendo alla rovina. Insomma, per reimpostare tutta la sua situazione, piuttosto complessa in molti aspetti (compreso quello fiscale, tributario, commerciale e familiare, essendo separato), abbiamo impiegato due anni, tramite un lavoro piuttosto complicato, e dagli incastri finanziari alquanto delicati.

Non immagini il tempo che ho dovuto dedicargli. E la pazienza. I frutti, iniziavano ad arrivare nei tempi previsti, stava recuperando, e gli effetti della pianificazione sulle sue vicende personali iniziavano a farsi sentire in maniera positiva. La gente ha una strana abitudine: fa di testa sua, perde denaro a velocità incredibile, ma pretende di rifarlo in maniera altrettanto veloce! Io spiegai che rimediare agli errori, necessita di tempo, oltre che di reimpostazione di portafoglio.

Se hai 100 euro, e subisci una perdita del 50%, ti rimangono 50 euro. Ma per recuperare la perdita subita, il tuo rendimento deve essere del 100% e non del 50%, perché il capitale su cui si lavora (dopo la perdita) è dimezzato. Quindi se voglio che 50 euro, tornino 100, comprendi come il rendimento debba essere del 100%! Ecco perché il

portafoglio non può crescere alla stessa velocità con cui hai perso.

Cosa mi fa un bel momento quel cliente? Un giorno mi chiama e mi dice: «Sai Manuel, ho deciso di ritirarmi dal lavoro che faccio, e di impiegare quello che mi rimane, in un'attività commerciale con un mio amico: vorremmo aprire un locale che sia una sorta di enoteca/salotto culturale.» Naturalmente per ciò che mi riguarda, non c'era alcun problema: i soldi erano i suoi, e riguardo il mio portafogli clienti, è fisiologico che alcuni (realizzati i propri obiettivi) escano, mentre dei nuovi ne entrano. Anzi, fui contento della sua scelta, e mi proposi di aiutarlo nell'avviamento dell'attività. La gente mi affidava i soldi proprio per raggiungere obiettivi ed esigenze, non a vita natural durante! Realizzati, era scontato che se li riprendessero.

Siccome non sono proprio nato ieri, sentii puzza di bruciato. In genere la senti quando qualcosa nel rapporto professionale non va. Non era questo il caso; visto che quanto avevo fatto per lui, filava liscio come l'olio.

Tuttavia la puzza la sentivo ugualmente. E in questo lavoro, ho affinato molto il mio istinto e le mie percezioni. Insomma, ho scoperto che la faccenda del locale da avviare non era vera, e che aveva spostato i suoi soldi presso un noto istituto di "private banking", facendosi imbambolare da qualche offerta o persona! Per carità, la concorrenza è ottima cosa, e nel mio caso, data la scarsa preparazione della media dei professionisti di questo settore, la cosa, mi ha sempre avvantaggiato, tuttavia, mi sorprende sempre, la facilità con cui le persone, si fanno imbambolare da promesse strabilianti, piuttosto che imparare a valutare sulla base di professionalità, risultati, e correttezza nei rapporti.

Quel cliente, persona di mezza età, di livello culturale molto al di sopra della media, non ha avuto ne il coraggio, ne il rispetto dovuto nei miei confronti, per dire semplicemente la verità, ossia che preferiva differenti soluzioni. Non poteva avere quel coraggio, perché sapeva che non solo stavo agendo molto bene, ma che lo stavo tirando fuori dai guai. Ma se fosse stato Uomo, avrebbe dovuto assumersi la responsabilità della propria scelta.

Per rispetto nei confronti di chi, come me, aveva dato il massimo. Oltre che per educazione.

Naturalmente mi "complimentai", non per la **scelta** di levarmi i soldi (legittima in quanto soggettiva) ma per non aver reputato opportuno avermi dato spiegazioni sul cosa non fosse andato (visto che i risultati erano in linea con quanto preventivato); e per la **modalità** con cui ha attuato quella scelta: la menzogna, la mancanza di rispetto. Che non meritavo, visto l'impegno profuso, la dedizione e i risultati riportati.
Purtroppo capitano persone umanamente mediocri, come questa e la precedente. Ma c'è una costante che rilevo in loro, che le accomuna: molti problemi psicologici personali mai risolti, che di fatto le rendono persone estremamente sole.

Talvolta trattasi anche di persone di alto profilo culturale (come quest'ultima), e questo dimostra una cosa: la cultura, se non poggia su una base di umana sensibilità, altro non è che un ammasso di nozioni. La cultura dovrebbe sensibilizzare, raffinare, aiutare ad evolvere. Ma per alcune persone non è così. Perché manca loro la base di umanità, data dalla sensibilità e dal rispetto per gli altri. Dall'amore per gli altri e per se stessi. Ecco perché la caratteristica che per la mia esperienza, accomuna molte di queste persone, è la solitudine. Perché non hanno niente da dare, neppure a se stesse.

Però si lamentano sempre (altra caratteristica comune), e si ritengono "furbe" e superiori agli altri, dimostrandolo tramite le mancanze di rispetto! In maniera tuttavia sempre alquanto infantile. Una cosa ho imparato: il denaro è la cartina di tornasole di tante cose, a livello personale. Non è il denaro a rendere "buone o cattive" le persone. Il denaro, "amplifica" quello che esse sono: se sono buone, il denaro non solo non altera le loro personali caratteristiche, ma anzi, è anche un mezzo per dare una qualche forma di concretezza a certe qualità; se sono cattive, soprattutto grazie al possesso del denaro, lo manifestano evidenziando arroganza, ignoranza, presunzione, e scarso rispetto verso altri.

Perché si sentono "protette" dal denaro. Si sentono superiori e quindi ritengono non necessario rispettare gli altri. Credimi, il denaro, è uno specchio di tantissime cose, riguardo l'animo umano!

Ecco perché adoravo quella professione. Ho imparato, affinando istinto e percezione, a scendere in profondità delle persone, per toccare quello che sono. Poi ci sono quelli che, è più facile che ti raccontino cosa fanno a letto con la moglie, piuttosto che ti raccontino dei loro problemi economici e/o o ti forniscano le informazioni che servono. Con queste persone ci vuole pazienza, tanta pazienza, perché devi costruire quel rapporto di fiducia, in cui si possano sentire "capiti" e mai giudicati, sicuri e tranquilli, fino al punto di aprirsi completamente, per poi poter lavorare al meglio. Altrimenti non avrebbe senso il mio intervento.

È logico dire: se non mi dai le informazioni che mi servono, come faccio a lavorare bene? Ma è difficoltoso farlo comprendere. Insomma, la professione di promotore finanziario, è complessa, in quanto occorre essere un po' psicologo, avvocato, commercialista, medico, ecc.

E, laddove si fermavano le mie competenze (in settori specialistici) avevo creato una specie di “rete”, coinvolgendo alcuni miei amici professionisti, al fine di offrire un servizio completo a 360 gradi, per coprire tutte le esigenze del cliente. Naturalmente, ognuno di quei professionisti percepiva la sua parcella, ma il fatto che fossero collegati al sottoscritto, dava al cliente una certa sicurezza. Offrivo un vero servizio di “private banking” che di solito le banche, erogano solo ai miliardari. Io lo offrivo a tutti. Poi, facevo un’altra cosa: mettevo i miei clienti in contatto fra loro, al fine di sviluppare opportunità di lavoro. E ne sono uscite fuori. O di mettere a disposizione persone che potessero offrire qualcosa a chi ne avesse bisogno: ad esempio, se Tizio, doveva effettuare un regalo alla moglie per l’anniversario, lo mettevo in contatto con altro mio cliente, Caio, che era gioielliere. In tal modo, Tizio, aveva la certezza di pagare un buon prezzo per un oggetto effettivamente di quel valore.

Queste due cose: possibilità di lavoro, e contatti per favorire reciproche opportunità, erano molto gradite ai miei clienti. Ed è stato uno dei segreti del mio successo. Naturalmente, rispondevo in prima persona, riguardo a quei contatti. Era come se si sentissero parte di una specie di “Rotary club”, in cui ognuno, poteva mettere sul piatto, a favore di altri, la propria specialità.

Diciamo che svolgevo la mia attività in maniera un po’ fuori dagli schemi, ma che tuttavia mirasse al soddisfacimento di tutte le esigenze del cliente. Ero un vero e proprio punto di riferimento, per le persone. E loro, apprezzavano molto questo mio modo di concepire la mia attività: quella di “problem solver” per quanto possibile, a tutti i livelli. A fronte di singole situazioni spiacevoli prima descritte (per fortuna, una esigua minoranza), la stragrande maggioranza delle persone, hanno dato un senso al mio lavoro: abbiamo sofferto, gioito, scherzato, parlato insieme, e soprattutto raggiunto tutto quello che avevamo impostato in termini di obiettivi ed esigenze. Si è creato negli anni sia un solido rapporto professionale, ma soprattutto personale.

Di due coppie sono padrino dei rispettivi figli, di altre sono stato prescelto come testimone di nozze, di altre ancora, quando hanno raggiunto grazie ai nostri sforzi congiunti, l’obiettivo casa, hanno voluto che la prima “cena” nel loro “nido”, la facessimo insieme. Altri clienti, mi hanno prestato casa per le vacanze, ed altri ancora mi hanno aiutato quando ho avuto bisogno di loro nelle rispettive professioni.

Con molti ho instaurato dei bellissimi rapporti personali di amicizia. Insomma, la gratificazione che ne ho ricavato, unitamente alla crescita personale prim'ancora che professionale, hanno fatto si che trovassi questa professione come una delle più belle, gratificanti, e soddisfacenti da tutti i punti di vista. All'inizio dell'attività, quando devi crearti un portafoglio clienti è dura: molte porte chiuse in faccia: ma è una "palestra". Impari a comunicare con la gente. Una volta che hai imparato, i clienti arrivano.

Ma, quel che è più "divertente", è che quando ti sei costruito una solida clientela, è la stessa, che ti "manda" amici e parenti, o conoscenti che desiderano diventare clienti. Io lavoravo per loro, e loro, lavoravano per me. Davvero era una reciproca sinergia.

Ecco perché ritengo, al contrario delle banche, che la vera "ricchezza" non è data dai soldi del cliente, ma dal cliente stesso. Un cliente soddisfatto, ti rimedia altri clienti, e quindi altri soldi. Questi nuovi clienti, se a loro volta, sono soddisfatti, faranno altrettanto. Il portafoglio clienti, si autoalimenta da solo, e cresce senza che tu faccia nulla. E, a quel punto, non hai più bisogno di cercare clienti: arrivano da soli.

Segreto n. 43: se evolvi umanamente e professionalmente, e quindi lavori bene, chi ti ha "provato" ti manda spontaneamente altri potenziali clienti. I quali a loro volta faranno altrettanto. Non dovrai più cercare clienti.

Peccato che le banche, sottovalutino questo aspetto, e siano così miopi da preferire il soldo del cliente come obiettivo primario. Che poi, spesso, non a casi, regolarmente perdono per mancanza di professionalità, serietà e attenzione alle esigenze del cliente. Ma finché la gente continuerà a fidarsi delle banche (perché le ritiene "istituzioni"), e a dare loro soldi e fiducia senza che sia meritata, le banche, non avranno mai lo "stimolo" a cambiare. Esse ragionano solo quando perdono soldi.

Alle volte, ho dovuto cedere a colleghi più giovani alcuni miei clienti che non necessitavano di particolari attenzioni. Perché la serietà, importa necessariamente una selezione, se si desidera seguire come si deve tutti i clienti. Necessariamente, dopo aver lavorato sulla quantità, devi operare una selezione sulla qualità. Devi avere la forza, di capire e scegliere quanti clienti puoi e devi avere per poterli seguire al meglio tutti quanti. E, indirizzare gli altri a colleghi di cui hai piena fiducia.

Insomma, ai giovani, consiglio vivamente questa professione. È tutt'altro che facile, ma piena di soddisfazioni personali, professionali, ed economiche. Se ci pensi bene, non c'è limite alla possibilità di guadagno! E se lavori bene, saranno i clienti, soddisfatti, a lavorare per te, senza che tu debba poi impegnarti per rimediare altri clienti. Perché te li manderanno loro anche se non li richiedi. Pensa. Se hai 50 clienti e ognuno ti presenta almeno 2 persone, sono 100 potenziali clienti. Se ne chiudi anche solo la metà, hai già 100 clienti, e il gioco riparte: se ognuno di questi 100 clienti, ti presenta almeno 2 amici… e via così. Come vedi non è difficile reperire clienti.

All'inizio probabilmente lo è, ma se lavori bene con i primi, poi, a catena arrivano gli altri. Rifletti: non è il sogno di chiunque avere un professionista serio, fidato che ha a cuore la tua situazione?

Solo che devi trasferire alle persone questo concetto. Lo devono provare e verificare sulla propria pelle, e vedrai ce quando si fidano ed affidano a te, tutto diventa molto più semplice. Il tuo portafoglio clienti, sia autoalimenta da solo.

Arriverà un momento in cui sarai costretto a non accettare più nuovi clienti, per poterli gestire al meglio, o a cedere a colleghi più giovani e bisognosi di crescere, i tuoi clienti meno impegnativi e anche meno redditizi.

RIEPILOGO SEGRETI DEL GIORNO 9

- SEGRETO n. 42: se non si è umili, non s'impara e non si cresce: se ci si limita a sentire invece di ascoltare, non si entra nel cuore e nella testa di se stessi. E se non si riesce a farlo su se stessi, è impossibile farlo nei confronti degli altri. E quindi ottenere fiducia e soldi.
- SEGRETO n. 43: se evolvi umanamente e professionalmente, e quindi lavori bene, chi ti ha "provato" ti manda spontaneamente altri potenziali clienti. I quali a loro volta faranno altrettanto. Non dovrai più cercare clienti.

Conclusione

Siamo giunti al termine, e spero vivamente d'essere riuscito a trasmettere, soprattutto ai giovani, l'importanza e la necessità di istruirsi finanziariamente. In primo luogo perché si diventa padroni del proprio destino economico e finanziario, in quanto pienamente consapevoli delle proprie scelte, in secondo luogo per evitare "fraintendimenti" (e sono stato buono ad usare questo termine!) con le banche, le assicurazioni, e più in generale con chiunque vi proponga investimenti.

Oltre a ciò una maggior cultura apre la mente e la allena a vedere, trovare, approfittare delle opportunità che ogni giorno ci sono in qualsiasi mercato. Ti assicuro che ce ne sono molte, ovunque, ma occorre saperle riconoscere, vedere, e valutare.

Chi fa affari, non è fortunato. È allenato a saperli riconoscere. A farne, e a crearne laddove sembra non ve ne siano, agli occhi dei molti. Ecco perché non tutti, a parità di opportunità, emergono. È

una questione “personale”, non economica.
Fare soldi non è difficile. Come ti ho mostrato, puoi farne anche senza averne, e gestire al meglio se ne hai. La domanda che sorge spontanea a questo punto, è una sola: come mai, se fosse così facile, non lo fanno tutti?

La risposta è di una semplicità disarmante: perché non è così facile. Se lo fosse, lo farebbero tutti! Mi spiego: non è che non è facile nel senso che, tecnicamente, è complesso, o che richiede competenze o somme disponibili fuori dal comune, tutt’altro. Ma allora, se non è così facile, come si fa?

Nell’unico modo possibile che ti ho illustrato: amplia i tuoi orizzonti, fatti una tua cultura finanziaria, inizia e impara a “guardarti attorno” laddove invece gli altri si limitano a “vedere”, sfrutta le potenzialità immense che internet offre, dialoga con persone di cui puoi ottenere la fiducia, impara l’arte della comunicazione efficiente ed efficace; unisci le forze con chi, come te, ha simili intenzioni, leggi molti libri in materia di affari, e soprattutto, osa! Non è mai un azzardo se agisci con cognizione

di causa. Qualche errore sarà inevitabile, ma se agisci preparato, non ne commetterai di grossolani.
È un azzardo rimanere schiavi del denaro e lavorare per il denaro. È una condanna, rendersi conto di ciò e non fare niente per cambiare le cose. Quando acquisti un'auto, la utilizzi per andarci in giro. Quando compri un qualsiasi bene, lo fai in quanto quel bene ti serve per fare qualcosa. Il denaro, è un bene, un mezzo, come tanti altri. Assolve a delle funzioni. Con il denaro devi fare la stessa cosa, esattamente come quando acquisti dei beni che ti servono. Se ne hai, devi utilizzarlo per soddisfare le tue esigenze e realizzare i tuoi obiettivi, se non ne hai, come ti ho spiegato, puoi procurartene per poi realizzare quello che vuoi.

Il problema nasce quando il denaro è vissuto come un fine, piuttosto che come un mezzo. Se diventa un fine, si rimane schiavi del denaro. Conosco molta gente che definisco povera ma con un alto tenore di vita. **Il denaro, offre libertà, non schiavitù.** Ma dipende da come lo vivi.

Non è il denaro a renderti felice o infelice: come puoi immaginare, ci sono tante persone che hanno molto denaro e sono infelici. È il come lo utilizzi a renderti felice o meno. E, il come lo utilizzi, dipende da come vedi la vita. Se non hai compiuto quel processo di crescita personale di cui ho parlato prima, diventa quasi un fardello. Ti ricordi Paperon de' Paperoni, che era sempre infelice perché schiavo del suo denaro? Non era in grado di goderne, e neppure averne così tanto, gli dava serenità e buon umore. Quel signore di prima di cui ti ho parlato, nonostante avesse denaro, era arrabbiato col mondo intero; quel mio ex cliente scrittore, era un infelice cronico, e quella vedova del mio amico, è una donna sola, perché gretta e meschina. Erano tutte persone ricche.

Quindi non mi stancherò mai di ripetere che se non fai il salto di qualità che ti consente di crescere umanamente, tutto è inutile, anche riguardo al denaro. Non saresti in grado di goderne, e anzi, saresti vittima delle tue paure, delle tue ansie, e schiavo dei tuoi averi.

Se ci fai caso, le persone benestanti con tali caratteristiche, amplificano i loro limiti, perché nel loro caso, il denaro viene utilizzato per alimentare le loro debolezze. Spesso, si dice che solo quando si è sull'orlo del precipizio si acquista la ragione. È vero: perché in quel caso, causa forza maggiore, sei costretto a valutare cose cui normalmente non sei obbligato. Proprio come quando si perde una persona cara: dopo, si valutano e/o rivalutano tante cose. Non dobbiamo attendere soluzioni estreme per cambiare, per amare la vita in tutte le sue manifestazioni, denaro compreso.

L'uomo è un essere pensante, e in quanto tale, può controllare e gestire se stesso, per evolvere, al fine di prendere il meglio dalla vita. Troppe persone, vivono una vita inconsapevole, ostaggi del quotidiano. Troppe persone "non hanno tempo" per riflettere su se stesse. Nel frattempo gli anni passano, e si rischia di ritrovarsi in tarda età, nel periodo di bilanci della vita, accorgendosi che si sarebbe potuto fare meglio. Non necessariamente di più. Semplicemente meglio.

Ecco perché t'invito a fermarti un momento, e a riflettere se la vita che stai vivendo, è esattamente quella che desideri. La vita, ha due caratteristiche: come l'acqua, non torna mai indietro, e non scorre mai due volte nel medesimo posto. Nessuno nasce "imparato", tuttavia, se riesci a trovare nel settore che prediligerai, qualcuno che, ha operato prima di te con successo, ebbene, quella persona per te, varrà oro! Ti eviterà degli errori, e ti indirizzerà da subito al meglio. Il motivo per cui molti non riescono è perché non sono disposti realmente a mettere in discussione le loro credenze. Non fanno il salto di qualità che li porterebbe ad essere padroni consapevoli della propria vita finanziaria. Perché questo, oltre che impegno (nell'istruirsi finanziariamente), richiede il rivedere e il valutare tutto quanto fin'ora ti è stato inculcato.

Significa abbandonare certe credenze, prendere atto del mutato stato delle cose, imparare a vedere le medesime per come realmente sono. Quanti, secondo te, sono disposti a fare veramente un lavoro del genere su se stessi? Pochissimi. Ecco ancora perché la maggioranza della ricchezza è detenuta da una minoranza di persone.

Eppure sarebbe alla portata di tutti. Non mi sembra d'averti rivelato, in questo libro, cose fantasmagoriche. I segreti dell'ottimizzazione nella gestione del risparmio, in teoria, li

conoscono tutti, gran parte degli strumenti finanziari altrettanto, alcune tecniche nell'immobiliare anche.
Ma nonostante tutto, le persone, si ostinano a permanere in quello stato di ignoranza, o torpore finanziario, che le condanna a "combattere" per il denaro. I ricchi, hanno compreso l'importanza di queste cose, e le hanno applicate. Le classi medio basse, sono rimaste "impermeabili" a queste evoluzioni necessarie per avere un tenore di vita soddisfacente. Tranne le solite dovute eccezioni, ma t'assicuro non sono la maggioranza.

Ti dirò di più: nonostante avessi detto all'inizio che lo scopo di questo libro, non fosse quello di farti diventare milionario, i precetti e i suggerimenti che ti ho dato, sono gli stessi per farti diventare ricco!

Pensa: se utilizzi bene il debito, hai le potenzialità maggiorate di cui ti ho parlato, o senza utilizzarlo, se acquisti un piccolo appartamento che affitteresti subito, l'inquilino pagherebbe il mutuo al tuo posto. Ti ritroveresti fra "x" anni un bene che si è auto-pagato, che varrebbe centinaia di migliaia di euro. Potresti fare "shopping" nei mercati finanziari quando tutti scappano,

oppure fare entrambe le cose assieme. Non ti servirebbero grossi capitali per fare entrambi.
Potresti sfruttare internet per la tua attività, usufruendo di un canale pubblicitario la cui efficacia non ha precedenti nella storia. Io stesso, mi sto aprendo un personale sito internet, e ho pubblicato questo libro in forma elettronica (ebook) così evito di sostenere le spese di pubblicazione, e nel contempo, chiunque potrà acquistarlo da qualunque parte del mondo.

Come ti ho spiegato, molti miei amici, lavorano solo su internet, e si sono costruiti/avviati un'attività/professione, e stanno riportando enormi soddisfazioni. Tutto questo, coniugato con la gestione ottimale delle tue entrate, ti porterebbe in un lasso di tempo più che accettabile, a avere bei soldini in tasca, da poter impiegare per ulteriori affari.

Ho fatto acquistare a un mio amico, un immobile per i suoi figli, all'asta. Dal momento che non gli serve subito (i figli sono ancora minorenni) ha preso una casa in cui dentro, c'è una signora con le figlie, le quali hanno diritto a rimanere là fino a che le medesime non sono autosufficienti (hanno 24 e 27 anni), in base ad una sentenza di divorzio. Per questo motivo lo ha preso a sconto: ha pagato 420.000 euro, un immobile che ne vale circa 630.000 euro. Mentre andava a saldare l'acquisto in tribunale, l'ho chiamato e gli ho chiesto: «Come ci si sente ad essere proprietari?» Egli mi ha risposto: «veramente, sto solo andando a pagare».

Allorché gli ho risposto: «Strano modo di sentirsi, visto che hai realizzato un buon affare: quando venderai casa, riporterai un utile attorno ai 200.000 euro (ai valori di oggi, domani saranno sicuramente maggiori), cifra, superiore alla liquidazione che riceverai dopo la tua lunga carriera lavorativa!». Intendiamoci: ha valutato l'appetibilità della situazione, in caso contrario, non avrebbe partecipato all'asta, così come nel suo intimo, è consapevole d'aver fatto un affare.

Io al suo posto tuttavia, sarei stato euforico, per la soddisfazione d'aver fatto girare il mio capitale in maniera ottimale, e mi avrebbe colpito, oltre che indotto a riflettere, sul fatto che, in un solo colpo, avrei guadagnato una cifra pari ad una liquidazione conseguente a decine di anni di lavoro; ma lui forse non ha ancora compreso che ha fatto un qualcosa da ricco: ha impiegato il suo capitale in maniera intelligente, e riporterà un utile che neppure dopo 35 anni di lavoro, avrebbe realizzato, tramite la sua liquidazione. Con una operazione, ha guadagnato quanto riceverà come liquidazione! Egli mi ha detto: «Sì, ma in questi anni, dal momento che ci sarà dentro la tizia, non percepirò affitto, e avrò delle spese da sostenere.» Di nuovo, anche qui, non ha valutato le possibilità che quell'operazione poteva ulteriormente offrirgli; "vero", gli ho risposto, "ma se in questo periodo, metti un'ipoteca su quella casa, ti fai dare come contanti metà della cifra del suo valore reale (300.000 euro) e trovi altri affari, anche alle aste, o presso i fallimenti, vuoi scommettere che fai girare ulteriormente quel capitale?

Pensa: ti basta una operazione all'anno, e se riporti un utile diciamo del 10-20% annui, per circa 7 anni (questo è il periodo in cui non potrà disporre di quell'immobile fisicamente), avresti realizzato circa 250.000 euro di guadagno. Insomma, avresti investito inizialmente 420.000 euro: dopo 7 anni, riporteresti un guadagno di circa 200.000 euro, a cui andrebbero ad assommarsi gli altri 250.000 euro di guadagno infraperiodo.

Totale guadagno: 450.000 euro, più o meno. Su un capitale iniziale di partenza pari a 420.000 euro. Più del 100%! Questo esempio, per mostrare di quanto, spesso, sia un problema di mentalità. Non tutti vedono (io dico "vogliono vedere") le possibilità, opportunità, che ci sono. Perché non ritengono di aprire la loro monte, di ampliare la loro visione. Le possibilità ci sono dappertutto. La cultura finanziaria, da sola, non basta: se non si apre la mente al nuovo, al diverso, se non si percorrono strade alternative e si rimane nell'alveo di ciò che si conosce, con cui ci hanno cresciuto, che ci hanno insegnato, a mio avviso, si sprecano tante opportunità.

Per carità, non tutti desiderano diventare milionari, ma credo che tutti, desiderino, per quanto possibile avere maggiori soddisfazioni economiche. Non è per questo che lavoriamo tante ore al giorno? Allora, impariamo a non essere più schiavi del denaro (lavorando per esso), ma a fare in modo, che sia il denaro a lavorare per e con noi. Non è difficile.

Il difficile è imparare a vedere le cose in maniera diversa. Nonostante fosse per il proprio bene. Ecco perché la moltitudine delle persone, non cambia. Spesso ho sentito dire: ma sono troppo vecchio per certe cose! Si invecchia quando ci si rinchiude nelle proprie certezze, e non si ha più voglia di vedere cosa c'è oltre. Conosco gente che si è arricchita dopo i 50 anni. Non conta l'età che hai. Conta quello che vuoi. È vero che dopo gli "anta" forse hai meno tempo, ma a differenza dei giovani, si presuppone anche che tu abbia un po' di capitale da parte. Se non ce l'hai, direi che è il caso che tu lo costruisca!

Non conta lavorare tanto, conta lavorare bene, in maniera intelligente. Se poi, sei disposto a compiere quel salto di qualità, allora, utilizzando la leva del debito, puoi accorciare di molto, i tempi del tuo benessere finanziario. A condizione che tu sia preparato mentalmente e culturalmente per un passo del genere.

Il pericolo, non deriva da questo o da quello strumento. Perché le regole che ne disciplinano il funzionamento, sono sempre le medesime. Il pericolo, deriva sempre dall'ignoranza, e dal non voler cambiare la propria mentalità. Come detto, sono le persone ad essere pericolose, mai gli investimenti. I milionari, non hanno una marcia in più rispetto a te (i miliardari naturalmente sì), hanno solo compreso la necessità di agire in maniera diversa dal credo comune. Hanno imparato a vedere oltre le proprie credenze, e a rivedere quanto fin'ora gli era stato insegnato. I milionari, non s'interessano di chi va al governo, o di come vanno le contrattazioni collettive nazionali. I milionari, sono aggiornati sulle evoluzioni in tal senso, per cogliere tutte le opportunità, ad esempio fiscali, tributarie, che ogni nuova finanziaria, comporta.

Lo sai, ad esempio, che con la seconda finanziaria, varata dal governo Prodi, a livello societario, l'IRES e l'IRAP, sono calate? Da una somma impositiva percentuale pari al 38%, si è passati al 31% . Sai cosa significa a livello societario, una riduzione del 7%? Utilizzando una Società, lo sai che hai moltissime possibilità di sfruttare le agevolazioni fiscali, molto maggiori di quelle previste per le persone fisiche?

Anzi, per le persone fisiche, sono praticamente inesistenti, mentre per le persone giuridiche sono piuttosto ampie. Quanti sono a conoscenza di questo fatto? Ecco perché i ricchi, intestano tutto a società. Solo chi non conosce certi principi del diritto commerciale, societario e tributario, è contento di "possedere" nel senso di risultare intestatario di molte cose. T'assicuro che i ricchi, formalmente non sono titolari di quasi nulla. Proprio per ottimizzare l'incidenza fiscale. Tu dirai: ma io mica ho decine di appartamenti! Mica serve possederne decine per attuare l'ottimizzazione fiscale. Come vedi, l'istruzione ti porta a conoscere e a vedere cose che non immagini. Il tutto, secondo legge. Sia ben chiaro. Si possono sfruttare le leggi tributarie e fiscali a proprio vantaggio, ma per fare questo, occorre conoscerle, e farsi aiutare da un professionista del settore.

Una parcella, è ben spesa, se ti porta a risparmiare ottimizzando l'incidenza fiscale. Ma tutto questo, può valere se già disponi di beni materiali o immobiliari. Ricapitolando: il primo passo, consiste nell'assumere una mentalità più aperta; il secondo, nell'istruirsi finanziariamente. Già in questo modo, hai fatto il passo più importante.

Dopodiché allena la "vista": comincia a cercare affari, in settori a te più congeniali. Noterai come la gran parte di essi, non sono tali, ma ti servirà per allenare il tuo istinto, intuito finanziario. Dopo, quando ne avrai visti e valutati abbastanza (scartandone altrettanti) quando ti capiterà l'opportunità, la riconoscerai senza pensarci. Perché se hai tarato la tua vista in tal senso, sarà lei a farti soffermare sulla probabile occasione. A quel punto, gestisci la tua emotività, e analizza la cosa sotto tutti i punti di vista. Se non sei sicuro, fatti aiutare da qualche esperto del relativo settore, tenendo presente che vagliare la validità dell'opportunità spetta solo a te. I "tecnici" vedono le cose solo dal punto di vista tecnico, il che, spesso, non coincide con una visione di tipo imprenditoriale, la quale si basa anche su altri parametri, non solo tecnici.

E poi, buttati. **Scienza, coscienza e conoscenza** faranno sì che non commetterai errori macroscopici o grossolani. Come detto, potrà capitare che commetterai qualche errore: fa parte del gioco. Non ci si evolve se non tramite gli errori. Perché l'esperienza è la vera maestra di vita.

L'importante è che gli errori non siano devastanti. Ecco perché ho detto che, una volta acquisite scienza, coscienza e conoscenza, limiterai al minimo la possibilità d'errore. Tuttavia ricorda: il processo di crescita e di apprendimento, passerà necessariamente per qualche errore. L'importante è che tu li consideri delle opportunità, uno stimolo per continuare a imparare ed evolvere. Ci sono tanti libri da leggere, oltre a quelli tecnici che dovrai acquistare per specializzarti nei settori che t'interessano; libri di chi ce l'ha fatta partendo da zero, di chi ha compiuto questi percorsi e di chi ha cambiato la propria vita in meglio. Perché il cambiamento, avviene prima all'interno di se, e poi, consegue il risultato economico.

Alcuni autori, mettono a disposizione di chi fosse interessato la cosa più preziosa: l'esperienza umana che hanno dovuto fare per giungere a certi obiettivi che si erano preposti. Non è tanto importante che strumento hanno utilizzato per fare soldi, quanto piuttosto quel percorso individuale che hanno dovuto compiere per arrivare alle loro verità.

Chi si è fatto da solo, non teme mai di perdere le sue ricchezze, perché grazie a quel percorso compiuto, sa che in caso di caduta, può risollevarsi. Quell'esperienza personale, è l'unica cosa che non potrà mai perdere neppure se volesse. Perché è quella la vera ricchezza che nessuno potrà mai toglierti. Non ha prezzo, quindi. Chi invece non ha fatto quel percorso che l'ha portato ad evolvere, ha paura quando gli capita all'improvviso una fortuna. Perché non ha l'esperienza per gestirla, sia emotivamente, sia finanziariamente. La storia è costellata di persone che si sono ritrovate all'improvviso in possesso di fortune, ma che non hanno saputo sfruttare, gestire. Chi ha vinto alle lotterie, calciatori, persone dello spettacolo. Tutte persone che hanno creduto che il denaro, di per sé, conferisse qualcosa. Non è così. Il denaro è un mezzo. E ci vuole grande saggezza e responsabilità per gestire uno strumento così potente. Altrimenti è il denaro che ti fagocita e ti conduce al declino, alla rovina.

Come ti ho detto, il denaro è davvero una cartina di tornasole: amplifica quello che si è: se si è Uomini, ti consente di evolverti sempre più. In caso contrario, evidenzia e accentua i tuoi limiti, difetti, facendo si che i medesimi, decidano della tua vita, conducendoti alla rovina.

Ecco perché l'esperienza personale, di crescita, come uomini, è la vera maestra di vita: da sole, conoscenza, coscienza e scienza, non bastano. Il denaro è un aspetto della vita, e come qualunque altra cosa, nella tua vita, se non impari a gestire te stesso, non potrai gestire alcunché in maniera saggia e soddisfacente. Se impari ad andare i bicicletta, e poi, per anni non ci vai, pensi che quando la riprendi, non sarai più capace di pedalare? Hai fatto tua quell'esperienza. Da piccolo hai imparato a nuotare. Hai mai dimenticato come si fa?

I nostri pensieri sono diretta emanazione delle nostre emozioni. Il pessimista è colui che vede sempre il pericolo in agguato dietro ogni novità, e quindi, è un folle fautore del "sicuro", cercando in ogni cosa, di eludere, eliminare qualsiasi tipo di rischio. Ma il rischio maggiore nella vita, è proprio quello di non rischiare. Il mondo si sarebbe evoluto se l'uomo non avesse cercato di vedere oltre quanto conosceva? Se non si fosse avventurato laddove nessuno era mai stato prima? No.

Il pessimista è colui che pensa di controllare le cose, gli eventi, rimanendo nell'alveo di quello che conosce, ed arroccandosi all'interno di quanto conosce. L'ottimista non è un pazzo che ama il rischio, o un folle che agisce in maniera incosciente: è colui che vuole vedere oltre quello che appare, e che s'informa, studia, s'interessa a quanto non conosce. Quindi, è colui che impara a gestire al meglio il rischio, proprio perché come il pessimista lo teme. Tuttavia, non si fa bloccare dal rischio, come il pessimista nella sua evoluzione, nel suo agire: impara a conoscerlo, quindi a gestirlo, per non avere sorprese spiacevoli. Tutte e due le figure, non amano il rischio: la prima, ne è ostaggio e crede che evitandolo, scampi il pericolo; la seconda invece, sa che se impara a gestirlo, può approfittare delle opportunità che il mondo offre. Non ne è quindi ostaggio.

Ecco perché dico che le emozioni influiscono sul nostro modo di pensare. L'apertura mentale verso il nuovo e il diverso, arricchisce in tutti gli aspetti della vita. L'economico ne è solo uno. La crescita, è a livello personale, quindi non si può pensare di crescere finanziariamente, e di rimanere quello che si è negli altri aspetti. Anzi, prima si cresce personalmente, e solo poi, puoi evolvere economicamente e finanziariamente. La crescita quindi è globale. Per questo, come prima ti dicevo, non tutti compiono questo percorso, nonostante i segreti e le tecniche per fare soldi, siano pubblicate da decenni.

Il salto di qualità che devi fare, è a tutto tondo. O lo fai, o non lo fai. Se lo fai, imparerai a gestire le tue emozioni, e quindi a controllare i tuoi pensieri. Il concetto di abbondanza o di ricchezza, derivano dal come vedi la vita: se la vivi come una valle di lacrime in cui tutti ti fregano se non stai attento, quello ti capiterà. E, attirerai persone simili. Se invece vedi la vita come un'opportunità sotto tutti i punti di vista, ti capiteranno occasioni interessanti a livello economico, personale, affettivo.

Perché sarai predisposto a coglierle. Perché avrai la mente aperta al nuovo, al diverso, quindi ti raffinerai, e evolverai. Sarai occupato a valutarle, non preoccupato di evitarle. Perché solo il nuovo e il diverso, consentono di evolvere umanamente, di arricchirsi spiritualmente ed economicamente. Non che le fregature non vi siano, ma saprai riconoscerle per quello che sono, quindi sarai in grado di evitarle.

Molti pensano alla morte, a tutelarsi da chissà cosa, ma a mio parere sono così impegnati i queste attività, che si "scordano" di vivere appieno la loro vita. A molti fa paura la vita, piuttosto che la morte. Se è vero che in questa landa desolata chiamata terra, dobbiamo viverci, perché non farlo al meglio?Ma dipende da come vediamo, intendiamo, viviamo questa nostra vita. Se vedi un mondo povero, vivrai in un mondo povero. Se vedi un mondo ricco, vivrai in un mondo pieno di opportunità, per il semplice fatto che saprai riconoscerle. Ho visto troppa gente rinchiusa nella proprie volontarie prigioni (senza sbarre) inconsapevoli di quella reclusione che impediva loro di godere della vita.

Una volta, mi rimase impresso un potenziale cliente, che rimase tale: me lo presentò un amico: uomo sulla sessantina, bella casa e tre figli. Se ricordo bene era un commerciante in pensione. Ben piazzato economicamente. Ebbene in analisi, era tutto un lamento rabbioso: contro il governo di turno, la gente, il sistema. Odiava tutto e tutti. Mentre mi sciorinava con estremo vigore il suo malessere, vista l'età, la moglie, lo invitava a non agitarsi.

Ho provato tanta pena per quella persona. Arrivare a sessant'anni con quel livore dentro, che lo corrodeva e lo consumava. Mentre mi parlava, mi chiedevo cosa avesse ridotto quell'uomo (sicuramente un brav'uomo) in quello stato. Sprecare così tanta energia (t'assicuro che ne aveva) per sostenere quell'acredine così potente, invece che impiegarla per migliorare se stesso, e godere della vita! Eppure era in ottima salute, aveva una gran bella casa, una moglie devota, e tre splendidi ragazzi. In quel momento, pensavo che non sarei voluto arrivare a quell'età in quello stato. Era un uomo fortunato, ma sembrava non rendersene conto. Non era povero economicamente. Era povero come uomo. E ancora una volta mi appariva palese una grande verità: nonostante i soldi che avesse, era un uomo infelice, arrabbiato col mondo. A cosa servivano i soldi, in quelle circostanze?

Ecco perché ti dico che la crescita per un maggior benessere, fra cui ANCHE quello economico, deve essere a livello personale, prima di tutto. Altrimenti, si rimane insoddisfatti nonostante il denaro. E in quel caso, non servirebbe a nulla. Se non per campare. Ma nel suo caso, per "sopravvivere",

Puoi capire come mai rimase tale, ossia cliente potenziale. Nonostante parlammo ore, e gli spiegai chi sono, come lavoro, e perché lavoro in quel modo, non si fidò. Perché vedeva il mondo come un posto cattivo in cui tutti, lo avrebbero fregato. Non potei, né volli, fare nulla per lui. Non posso certo cambiare il modo di vedere il mondo ad una persona di sessant'anni! Però mi rimase impresso. Mi fece capire cosa non sarei voluto mai diventare. Purtroppo i tre figli di quella persona, cresciuti sotto l'influenza di quell'uomo, puoi immaginare come siano cresciuti: a mio avviso, sono già condannati. Perché quella è la realtà che è stata loro mostrata fin da piccoli, e quindi credono sia l'unica possibile. A meno che non si rendano conto di quanto sia una visione personale, oltre che sbagliata, del loro padre. Il guaio è che i figli sono tutti sopra i trent'anni!

Quindi come vedi, è fondamentale imparare a vedere oltre quello che ci è stato mostrato, che ci è stato insegnato, a scuola, a casa, nella società. La gente teme le crisi. Ma dimmi: le crisi, non sono forse i migliori periodi per acquistare? Di qualunque tipo di investimento si tratti. Invece di rinchiudersi nelle paure "collettive", se s'imparasse a pensare con la propria testa, sarebbe molto meglio.

Ma questa società, se ci hai fatto caso, da decenni fa sì che tu non sia più abituato a pensare autonomamente: ti dicono come ti devi vestire, come ti devi divertire, quanto è importante apparire, cosa devi fare professionalmente, che tipo di prodotto è alla moda che devi comprare (se non lo acquisti, sei emarginato perché non ti omologhi!), ti dicono che se non hai i soldi, per consumare, ti devi indebitare! E la gente, passivamente, si adegua. Il bello è che le persone credono di essere davvero libere di scegliere! Questa è la società che dovrebbe educarti? O che dovrebbe insegnarti qualcosa? Basta anche osservare la qualità dei programmi televisivi, dei varietà, dei film. Dal "Grande Fratello" al fatto che l'aspirazione delle giovanissime è quella di diventare "velina". Al fatto che, sotto le feste, il film campione d'incassi, da anni, è quello di Christian de Sica e Massimo Boldi. I libri più venduti, sono le barzellette di Totti, o simili.

Mentre i libri su chi è diventato milionario, li devi ordinare, perché essendo "poco commerciali" (ossia la gente non li compra e quindi non li legge) non li trovi nelle librerie. Però per Harry Potter, o la Playstation della Sony, fanno la fila! Una volta, essere insegnante presso le scuole, era una missione; oggi?

Quindi, stando così le cose, dovrai imparare a svincolarti da questo maldestro sistema mal funzionante che chiamiamo società. Dovrai imparare a vedere cosa di buono essa propone, e scartare il resto. Dovrai diventare responsabile della tua vita, ma per far questo, dovrai diventare consapevole di quello che funziona e di quanto non funziona. Dovrai imparare a ragionare con la tua testa, e non accettare passivamente, o peggio ancora, subire, quello che la nostra società, le nostre scuole, il nostro sistema, ti pone innanzi agli occhi. Altrimenti sarai solo un inconsapevole ingranaggio, di una macchina che t'assicuro, non ha assolutamente a cuore le tue sorti.

Se fosse una società degna di questo nome, tenderebbe all'elevazione del singolo, alla sua evoluzione, al suo benessere. Alla sua preparazione per la vita. Ecco perché, a mio avviso, non ci si può permettere il lusso di delegare ad altri, di chiunque si tratti, la responsabilità della propria vita.

Noi siamo il frutto delle nostre scelte. Ma il problema è che per poter scegliere quello che è meglio per noi, occorre saper vedere. E, come detto precedentemente, per aprire gli occhi, basta un attimo, ma per vedere, può non bastare una vita intera. Ancora una volta, come sempre, dipende tutto da noi. So di non averti detto praticamente in tutto il libro, nulla di nuovo. Ma spero che queste mie “riflessioni” ti portino a valutare quello che possa essere meglio per te, a prendere atto della direzione in cui il mondo moderno sta andando. Quasi mai, la realtà è per come appare. Nel bene o nel male. Occorre imparare a vedere per capire cosa è bene e cosa è male. Troverai entrambe le cose, ma a quel punto sarai consapevole nell’effettuare le scelte che ti appartengono. In caso contrario, la nostra vita è quel qualcosa che ci scorre addosso, mentre inconsapevolmente siamo occupati a fare altro.

www.ingramcontent.com/pod-product-compliance
Ingram Content Group UK Ltd.
Pitfield, Milton Keynes, MK11 3LW, UK
UKHW022029190726
13853UKWH00005B/2168